Knaur.

Knaur.

*Über die Autorinnen:*
Iris Berben ist als Schauspielerin international bekannt. Sie engagiert sich seit vielen Jahren mit Lesungen und anderen Veranstaltungen gegen Antisemitismus und Gewalt und wurde dafür u. a. mit dem Leo-Baeck-Preis ausgezeichnet.
Nicole Maibaum ist freiberufliche Journalistin und Autorin, u. a. für *Brigitte.de, Zeit Wissen* und *Freundin.* Sie hat erfolgreiche Ratgeber, Jugendbücher und einen Stadtkrimi veröffentlicht.

Iris Berben
Nicole Maibaum

*Frauen
bewegen die
Welt*

Knaur Taschenbuch Verlag

Besuchen Sie uns im Internet:
www.knaur.de

Vollständige Taschenbuchausgabe November 2010
Knaur Taschenbuch
Ein Unternehmen der Droemerschen Verlagsanstalt
Th. Knaur Nachf. GmbH & Co. KG, München
Copyright © 2009 bei Droemer Verlag.
Ein Unternehmen der Droemerschen Verlagsanstalt
Th. Knaur Nachf. GmbH & Co. KG, München
Alle Rechte vorbehalten. Das Werk darf – auch teilweise – nur mit
Genehmigung des Verlages wiedergegeben werden.
Konzeption und Realisation: Ariadne Buch, Christine Proske
Redaktion: Claudia Göbel
Umschlaggestaltung: ZERO Werbeagentur, München
Umschlagabbildung: FinePic®, München / Helmut Henkensiefken
Bildredaktion: Markus Röleke
Reproduktion: Vornehm, München
Satz: Adobe InDesign im Verlag
Druck und Bindung: CPI – Clausen & Bosse, Leck
Printed in Germany
ISBN 978-3-426-78205-7

2 4 5 3 1

# Inhalt

Vorwort

11

»Schon traurig, dass es etwas
Besonderes ist zu helfen«
*Nicole Lüdeking und Jana Böttner verhinderten
dank ihres Mutes und ihrer Zivilcourage
einen Mord*

15

»Die Mörder sollen mich lachen sehen«
*Esther Mujawayo, Mitbegründerin der Organisation Avega,
hilft Überlebenden des Genozids in Ruanda*

29

»Angst hat in meinem Leben keinen Platz mehr«
*Silvana Fucito brachte Mafia-Mitglieder vor Gericht
und mobilisiert andere Kaufleute, sich gegen
Schutzgelderpressung zu wehren*

47

»Ich dachte, ich müsste sterben«
*Phuntsok Nyidron saß als tibetische Nonne
fünfzehn Jahre in chinesischer Haft und setzt sich heute
für die Unabhängigkeit ihres Landes ein*

63

»Du musst dich entscheiden,
ob du weiter ein Opfer sein willst oder nicht«
*Eve Ensler schuf die* Vagina-Monologe,
*um Frauen die Scham und Angst vor ihrem Körper
und ihrer Sexualität zu nehmen*

81

»Jeder Wettkampfsieg ist eine gewonnene Schlacht
für die Frauen«
*Hassiba Boulmerka, die erste algerische Olympiasiegerin,
engagiert sich für die Menschenrechte von Frauen und
die Belange der Jugend*

97

»Gott hat mich nicht im Stich gelassen«
*Schwester Lea Ackermann engagiert sich mit ihrem Verein
Solwodi gegen Sextourismus und Menschenhandel*

111

»Die Welt wird nur zur Ruhe kommen, wenn die
Menschenrechte umfassend und universell sind«
*Shirin Ebadi kämpft für die Achtung der
Menschenrechte im Iran und erhielt als erste Muslimin
den Friedensnobelpreis*

129

»Jede Frau sollte eine Feministin sein«
*Rosa Logar hat das Thema* »Gewalt in der Familie«
*in Österreich maßgeblich in die Öffentlichkeit gebracht*

151

»Ich bin die Tochter meines Volkes«
*Rebiya Kadeer, einst reichste Frau Chinas,*
*kämpft seit ihrer Jugend für die Unabhängigkeit*
*der unterdrückten Uiguren*

165

»Ich bin eine Persona non grata«
*Anna Politkowskaja schrieb als Journalistin die Wahrheit*
*über den Tschetschenienkrieg und bezahlte dafür*
*mit ihrem Leben*

187

»Das System ist schmutzig, nicht die Frauen«
*Monika Hauser setzt sich mit ihrem Verein*
*Medica mondiale für traumatisierte Frauen in Kriegs-*
*und Krisengebieten ein*

203

»Emanzipation ist nur ein Begriff,
nur ein politisches Ereignis.
Aber Befreiung, das ist Freiheit«
*Die Schriftstellerinnen Maria Isabel Barreno,*
*Maria Teresa Horta und Maria Velho da Costa*
*schufen mit ihrem Roman* Neue portugiesische Briefe
*ein mutiges Manifest der Frauenbewegung*

221

»Manchmal sehe ich Licht am Ende des Tunnels«
*Monira Rahman betreut in Bangladesch*
*die Opfer von Säureattentaten*

233

»In Jugendlichen steckt mehr,
als manche meinen«
*Kristina Bullert ist Lehrerin in einer
ostdeutschen Kleinstadt und bringt ihren Schülern
die Zeit des Nationalsozialismus nahe*

251

»Vielen Eltern ist nicht bewusst,
was sie ihrem Kind antun«
*Rakiéta Poyga kämpft mit ihrem Verein
Bangr-Nooma für die Abschaffung der
weiblichen Genitalbeschneidung*

267

»Ich werde weder vergessen noch verzeihen!«
*Hebe de Bonafini ist eine der ersten »Mütter der
Plaza de Mayo« und fordert seit über dreißig Jahren,
die Mörder ihrer Kinder zu bestrafen*

281

»Bei uns in Bagdad werden jeden Monat
dreißig Frauen ermordet«
*Yanar Mohammed kämpft für die Gleichberechtigung
von Frauen im Irak und riskiert dabei ihr Leben*

295

»Jedes Kind hat eine Chance verdient«
*Tina Witkowski kümmert sich mit ihrem Verein Kahuza
um Kinder in Deutschland, die in Armut leben*

313

»Bäume sind ein lebendes Symbol für den Frieden«
*Wangari Maathai pflanzte in Kenia bereits über vierzig
Millionen Bäume und erhielt als erste Afrikanerin den
Friedensnobelpreis*

329

»Ich will nur eine Antwort:
Warum musste Casey sterben?«
*Cindy Sheehan verlor 2004 ihren Sohn im Irakkrieg und
mobilisiert seitdem weltweit Menschen gegen den Krieg*

351

Anhang

*Bildnachweis*

369

*Literatur- und
Internetadressen*

370

*Kontaktadressen*

375

# Vorwort

In meiner Kindheit und Jugend durfte ich viel Zeit mit meinen Großeltern verbringen, und gerade meine Großmutter lebte mir ohne viel Aufhebens vor, dass man hilft, wo man kann. Dass man wachsam ist und aufmerksam gegenüber seinen Mitmenschen. Meine Großeltern sind ein Vorbild in meinem Leben.

Als ich dann mit siebzehn Jahren im Fernsehen einen Bericht über den Sechs-Tage-Krieg in Israel sah, war ich gleichermaßen erschrocken und fasziniert, zumal diese Erfahrung noch eine politische Dimension erhielt: Ich lebte damals im Internat, und in der Schule wurde das Thema Drittes Reich fast ausgeklammert. Sprachlosigkeit und Verunsicherung der Lehrer waren dafür sicher einige der Gründe. Diese Nachrichtensendung zeigte mir nun ein Land, über das ich vorher nur sehr wenig gewusst hatte und mit dem wir doch auf so grausame Weise verbunden waren – verbunden durch den Holocaust. Ich wollte mehr darüber erfahren und reiste ein Jahr später nach Israel. Ich traf dort Überlebende des Holocaust – Begegnungen, die prägend waren für mein ganzes Leben. Auch rückte ein Gedanke immer mehr in den Vordergrund: Diese Zeit der Vernichtung, der unvorstellbaren Grausamkeiten darf man nicht vergessen. Das sind wir den Überlebenden wie den Toten schuldig und letztlich auch unserer Gesellschaft.

Im Lauf der Jahre wuchs dieser Gedanke, und ich konnte genauer werden in meinen Möglichkeiten, gegen das Vergessen zu arbeiten – mit Lesungen, Schülerdiskussionen, der Suche nach verloren geglaubten Texten und Gedichten und indem ich Präsenz zeigte für dieses Anliegen. Manchmal beschreibt man mich dafür als mutig oder als etwas Besonderes. Aber ich reagiere doch nur aus einer Empfindung heraus, die mir vorgelebt wurde. Vor allem von meinen Großeltern. Ich denke, es sollte etwas Selbstverständliches sein, dass wir nicht wegschauen, nicht weghören, sondern unsere Möglichkeiten ausschöpfen, dort zu helfen, wo es notwendig ist.

Natürlich gibt es Anlaufstellen, Ämter zum Beispiel, doch die beste Anlaufstelle ist man selbst. Wir können in jeder Situation helfen. Wir müssen nur sensibel für die Welt und unsere Mitmenschen sein. Obwohl die Frauen in diesem Buch aus den verschiedensten Teilen der Erde kommen, aus Afrika, Amerika und Europa, und sich für die unterschiedlichsten Dinge engagieren, verbindet sie eine gemeinsame Sache: der Mut und der Wille zu helfen! Sich da einzubringen, wo Menschen keine eigene Stimme erheben können. Es sind ganz normale Frauen, die aus eigener Kraft und Notwendigkeit handeln, und vielleicht motivieren ihre Lebensgeschichten auch andere dazu, etwas zu tun, sich einzusetzen.

Deshalb habe ich mich entschlossen, dieses Buch zu schreiben. Meine Koautorin Nicole Maibaum und ich haben eine Auswahl mutiger Frauen zusammengestellt, deren Leben und Handeln uns zeigen, was ein einzelner Mensch erreichen kann, wenn er für seine Werte eintritt. Und zwar ganz unabhängig von Bildung, Reichtum oder auch dem Land, in dem man lebt.

Nicole Lüdeking und Jana Böttner zum Beispiel. Ihre Namen sagen den meisten nichts. Dabei handelten die beiden mit großem Mut: Als sie nachts aus einer Disco in Brandenburg kommen und sehen, wie ein junger Kenianer von zwei Deutschen verprügelt wird, schreiten sie ein und helfen dem Opfer. Sie zeigen Zivilcourage und setzen dafür ihr Leben aufs Spiel. Genauso Monira Rahman aus Bangladesch, die sich um Opfer von Säureattentaten kümmert. Teilweise sind das noch junge Mädchen, die von ihren eigenen Vätern Säure eingeflößt bekommen, weil sie eine Schande für die Familie sind. Oder Esther Mujawayo, die im Völkermord von Ruanda ihren Ehemann verlor, ganz von vorn anfangen musste und heute trotzdem die Kraft hat, anderen Betroffenen des Genozids zu helfen. Auch Schwester Lea Ackermann, ausgebildete Bankkauffrau, gehört zu den mutigen Frauen, die wir vorstellen möchten. Sie gab ihren Beruf auf, trat einem Orden bei und macht sich jetzt stark gegen Menschenhandel und Sextourismus. Die Ärztin Monika Hauser, die durch einen Zeitungsartikel aufgerüttelt wurde, engagiert sich heute für traumatisierte Frauen aus Kriegs- und Krisengebieten wie dem Kongo oder Afghanistan und erhielt dafür den Alternativen Nobelpreis. Und die Journalistin Anna Politkowskaja, durch die die Öffentlichkeit erst von Greueltaten an der Zivilbevölkerung im Tschetschenienkrieg erfuhr, schwieg auch trotz etlicher Morddrohungen nicht. Im Gegenteil: Sie schrieb weiter, versuchte zu vermitteln und bezahlte ihren Mut mit dem Leben.

Die hier vorgestellten Frauen gehen und gingen einen geraden Weg. Für mich sind sie Vorbilder, und deshalb liegt es mir am Herzen, dass auch Sie mehr über sie erfahren.

*Iris Berben*

# »Schon traurig, dass es etwas Besonderes ist zu helfen«

*Nicole Lüdeking und Jana Böttner verhinderten dank ihres Mutes und ihrer Zivilcourage einen Mord*

*Die meisten hätten einfach weggesehen, hätten geschwiegen, im Hinterkopf Gedanken wie »Da kann man nichts machen« oder »Mir hilft auch keiner«. Nicole Lüdeking und Jana Böttner aber haben sich eingemischt, als ein anderer Mensch mit dem Tod bedroht und lebensgefährlich verletzt wurde. Als ich das erste Mal von den beiden jungen Frauen hörte, war ich beeindruckt und dachte nur: Von solchen Frauen, von solchen Mitmenschen, brauchen wir mehr!*

Sie findet ihr eigenes Leben »platt und ganz schön langweilig«, und wer nicht genau hinhört, wenn Nicole Lüdeking erzählt, schließt sich ihrer Meinung vielleicht an. Seit ihrer Geburt lebt sie in Brandenburg an der Havel, etwa siebzig Kilometer von Berlin entfernt. Sie hat kein schweres Schicksal erlitten. Sie ist kein Star, hat keine Millionen auf dem Konto. Im Gegenteil: Eine Zeitlang lebte sie von Sozialhilfe. Sie ist eine ganz normale junge Frau, mit einem ganz normalen Leben, wie es viele andere in Deutschland auch führen. Ihr gesunder Menschenverstand und ihre Überzeugung, dass man eingreifen muss, wenn ein Unrecht geschieht, machen Nicole Lüdeking aber zu etwas Besonderem, denn aus dieser Überzeugung heraus hat sie im Juli 2004 gemeinsam mit Jana Böttner, einer guten Bekannten, einem anderen Menschen das Leben gerettet.

Nicole Lüdeking ist ein Vorbild, auch wenn sie schnell abwinkt, wenn sie diesen Satz hört: »Mir ist das peinlich, das war doch keine große Geschichte. Das war selbstverständlich, eine Geste der Menschlichkeit, jeder andere hätte es auch getan.«

Die Geschichte, die sie gern herunterzuspielen versucht, beginnt in der Tat unspektakulär: An einem frühen Sonntagmorgen im Juli 2004 steht Nicole Lüdeking seit fast zwölf Stunden hinter dem Tresen der Discothek Piephahn in ihrem Heimatort. Es ist ein Nebenjob, denn von dem, was sie in ihrer Lehre verdient, von der Berufsausbildungsbeihilfe, dem Kindergeld und dem Unterhalt für ihr Kind allein kann sie ihre Kosten nicht decken.

»Es war schon eine anstrengende Zeit. Meine Tochter Alyna-Chantall wurde im August 2000 geboren, ich war damals einundzwanzig und mit meinem Freund bereits über fünf Jahre zusammen. Aber dann kriselte es. Wir hatten uns einfach unterschiedlich entwickelt und trennten uns daher.« Die beiden bleiben Freunde, doch durch den Alltag musste Nicole Lüdeking jetzt allein. Mit einem kleinen Kind und dazu alleinerziehend, findet sie keinen Job und rutscht in die Sozialhilfe. Ein Umstand, der ihr peinlich ist und über den sie nur ungern spricht. Fast zwei Jahre dauert es, bis sie auf eine ihrer unzähligen Bewerbungen eine positive Nachricht erhält und im September 2002 eine Lehre zur Raumausstatterin beginnen kann. Ein langweiliges Leben?

Geboren im Mai 1979, erlebt Nicole Lüdeking eine schöne Kindheit. »Meine Eltern trennten sich zwar, da war ich zweieinhalb Jahre, doch sie haben es geschafft, im Guten auseinanderzugehen«, erzählt sie. Die Mutter verliebt sich neu und heiratet wieder. 1985 kommt Nicoles Halbbruder zur Welt. Manchmal fühlen sich Stiefkinder wie das fünfte Rad am Wagen, doch der neue Mann an der Seite der Mutter nimmt Nicole an, die vier sind eine glückliche Familie. Ihren leiblichen Vater sieht sie alle zwei Wochen. Es herrscht kein Groll, sondern das, was ihr in ihrem Leben am wichtigsten ist: Liebe, Harmonie. Wenn sie erzählt, tauchen diese Begriffe immer wieder auf. »Ich mag keinen Streit, das war schon immer so. Ich war ein sensibles und empfindliches Kind. Als kleines Mädchen habe ich angefangen zu weinen, wenn sich andere Leute gestritten haben«, sagt Nicole Lüdeking.

Nach der Grundschule besucht sie die Polytechnische Oberschule. Anfangs kommt sie noch gut im Lehrstoff mit, doch als 1989 die Mauer fällt, gerät sie ins Trudeln. Alles um sie herum verändert sich, die Menschen, ihre Umgebung: »Nach der Wende hat man irgendwie die Orientierung verloren, ich zumindest. Ich spürte so eine Richtungslosigkeit. Plötzlich schien so vieles möglich, aber irgendwie auch nicht. Früher wäre keiner von uns Schülern auf die Idee gekommen, den Unterricht zu schwänzen. Plötzlich machten es viele, und ich ließ mich mitreißen.«

In den Noten sackt sie etwas ab, doch in der allgemeinen Beurteilung erwähnen die Lehrer jedes Mal, dass sie sich sehr hilfsbereit gegenüber ihren Mitschülern verhält. »Ich war nicht dumm, ich habe mich nur einfach nicht wohl gefühlt – mit mir, mit den anderen. Es war eine seltsame Zeit.« Sie braucht Halt im Leben. Menschen, denen sie vertrauen kann.

Und so ist sie glücklich, als sie mit sechzehn Jahren ihren Freund kennenlernt. Mit siebzehn zieht sie von zu Hause aus und in eine gemeinsame Wohnung mit ihrem Freund. Nur mit Mühe und immer wieder von den motivierenden Worten der Lehrer unterstützt, die an Nicole

Lüdeking glauben, hält sie bis zur zehnten Klasse durch und erreicht mit achtzehn Jahren die erweiterte Berufsschulreife. Dann kommt Tochter Alyna-Chantall, es folgt die Trennung von ihrem Freund und im Herbst 2002 der Beginn der Ausbildung zur Raumausstatterin. »Der Beruf hat mich damals fasziniert. Ich wollte selbst etwas gestalten, mit Farben arbeiten, kreativ sein.«

Ein Tag gleicht jetzt dem anderen. Es gibt keine Überraschungen, und Nicole Lüdeking rechnet auch nicht damit. Ihr Leben hat seinen Rhythmus gefunden, und sie ist ganz zufrieden so. Auch in den frühen Morgenstunden des 18. Juli 2004 scheint alles so wie immer zu sein. Zunächst jedenfalls.

Es ist kurz vor fünf Uhr. Nach und nach haben fast alle Gäste die Kneipendisco verlassen. Die wenigen verbliebenen Besucher machen sich zum Aufbruch fertig, und die Angestellten fangen an, die Stühle hochzustellen. Nicole Lüdeking wäscht die letzten Gläser ab, putzt den Tresen und rechnet die Einnahmen der Nacht zusammen. Jana Böttner, fünf Jahre jünger als sie und Stammgast im Piephahn, wartet auf sie. Böttner ist Soldatin bei der Bundeswehr, es ist ihr dienstfreies Wochenende, und sie hat mit anderen Fußballfans den Sieg ihres Lieblingsvereins Hertha BSC gefeiert. Nicole Lüdeking und Jana Böttner haben den gleichen Heimweg, und wenn es sich einrichten lässt, gehen sie zusammen nach Hause.

Unter den letzten Gästen sind auch der damals sechsundzwanzigjährige Thorsten Z., ein Oberfeldwebel der Bundeswehr, sein gleichaltriger Kumpel Andreas A. sowie zwei Afrikaner, Oskar M. und Jeff Z. aus Kenia. Fast zeitgleich mit diesen vier Männern verlassen Nicole Lüdeking und Jana Böttner die Disco. Während sich die

19

jungen Frauen noch von anderen Bekannten verabschieden, hören sie im Hintergrund, wie Thorsten Z. anfängt, die Kenianer anzupöbeln.

»Die beiden Deutschen wollten Streit, das hat man gemerkt. Sie motzten herum, schimpften, dass es den Ausländern viel zu gut in Deutschland gehe. Die Kenianer sagten immer wieder nur: ›Peace, peace!‹ Sie wollten einfach keinen Ärger«, erinnert sich Nicole Lüdeking. Gemeinsam mit Jana Böttner versucht sie, auf die Männer einzureden und sie zu beschwichtigen. Doch die jungen Frauen merken schnell, dass es aussichtslos ist. Jana Böttner hat ihr Handy schon in der Hand. Sie will die Polizei rufen, aber damit Thorsten Z. und Andreas A. sie dabei weder beobachten noch hören können, gehen die zwei Frauen kurz um die Häuserecke. Plötzlich hören sie Glasscherben klirren. Sie rennen zurück und sehen, dass Thorsten Z. eine abgebrochene Flasche in der Hand hält und Oskar M. mit einer klaffenden, stark blutenden Halswunde auf den Schienen der Straßenbahn liegt.

Nicole Lüdeking und Jana Böttner eilen zu den Männern. Thorsten Z. ist in Rage und versucht, ein zweites Mal auf den Verwundeten loszugehen. Doch da versperrt ihm Nicole Lüdeking den Weg. Sie packt Thorsten Z. am Arm und hindert ihn daran, weiter zuzustechen und den schwerverletzten Kenianer womöglich zu töten. Die Polizei sei schon unterwegs, und er solle aufhören, ruft Lüdeking.

»Es war ganz komisch: Angst hatte ich in diesem Moment nicht, ich habe auch gar nicht weiter darüber nachgedacht, dass dieser Thorsten natürlich viel stärker ist als ich. Es war einfach so ein Instinkt. Da wird einem anderen Menschen Unrecht angetan. Da musste ich doch dazwischengehen. Ich meine, was, wenn er die Halsschlagader getroffen hätte ...?«

Ein Anwohner hört den Lärm, doch statt zu helfen, geht er nur auf seinen Balkon und brüllt wütend herunter: »Ruhe! Sonst ruf ich die Polizei.« Dann wird die Tür zugeknallt. Thorsten Z. und Andreas A. laufen weg.

Wenige Minuten später trifft die Polizei am Tatort ein. Der verletzte Oskar M. wird sofort in ein Krankenhaus gebracht. Nicole Lüdeking und Jana Böttner müssen mit aufs Revier, um ihre Aussage zu Protokoll zu geben. »Wir haben alles erzählt, aber wir wussten die Namen der Täter nicht. Die haben wir erst später erfahren«, sagt Lüdeking. Da eine andere Kellnerin der Disco Thorsten Z. mit Namen kennt, kommt es bereits am nächsten Morgen zu einer Gegenüberstellung.

Was Nicole Lüdeking für ganz selbstverständlich hält, empfinden andere als etwas Besonderes. Nur zwei Tage nach dem Vorfall meldet sich die Bürgermeisterin bei ihr und lädt sie gemeinsam mit Jana Böttner ins Rathaus ein. »Die Polizei hatte sie informiert und von Jana und mir erzählt.« Bei dem Empfang ist auch die Ausländerbeauftragte von Brandenburg an der Havel anwesend, alle sprechen lobende Worte, es gibt Blumen und Glückwünsche. Ihre Mutter und ihre Oma finden es »klasse«, was Nicole Lüdeking da gemacht hat. Doch es gibt auch Menschen in ihrem Heimatort, die nicht verstehen können, warum sie eingegriffen hat. Sie gilt als Verräterin, wird bedroht, und es gibt sogar Versuche, sie zu einer Falschaussage zugunsten von Torsten Z. zu bewegen.

Auch Jana Böttner macht die Erfahrung, dass die Resonanz auf ihr Einschreiten nicht nur positiv ist. So stolz ihr Ehemann auf sie ist – die beiden haben erst wenige

Wochen zuvor geheiratet – und so gut die meisten Kollegen bei der Bundeswehr ihren couragierten Einsatz finden – es gibt dort auch einige, die Jana Böttner ein »Kameradenschwein« nennen. Schließlich ist der Täter, Thorsten Z., ebenfalls bei der Bundeswehr, im Dienstgrad sogar höhergestellt als sie. »Noch schlimmer aber fand ich die Reaktionen von verschiedenen Mitbürgern. Da kamen Sätze wie: ›Hättest du den Schwarzen nicht liegen lassen können?‹ Manche Leute haben mir auch empfohlen, die Aussage vor Gericht zurückzuziehen«, sagt Jana Böttner.

Doch keine der beiden Frauen lässt sich einschüchtern. Mitte Januar 2005 erscheinen sie vor Gericht, um ihre Aussagen zu machen. Selbst als kurz vor dem Prozess ein Bekannter des Angeklagten auf Nicole Lüdeking zukommt und fragt: »Finden Sie es schön, einen unschuldigen Familienvater ins Gefängnis zu bringen?«, lässt sie sich in ihrer Überzeugung nicht erschüttern. »Ich würde es wieder so machen«, meint sie.

So sagen die beiden Frauen aus, und Thorsten Z. wird am 8. Februar 2005 vom Potsdamer Landgericht zu vier Jahren und sechs Monaten Gefängnis verurteilt. Der Mitangeklagte Andreas A., der sich später selbst gestellt hatte, erhält eine zweijährige Bewährungsstrafe. Bei der Urteilsverkündung geht der Vorsitzende Richter Frank Tiemann von einer »latent fremdenfeindlichen Einstellung« aus. Zwar gehörten beide Angeklagten nicht zur rechten Szene, doch in den Köpfen vieler Menschen – so Tiemann – mache sich »immer mehr braune Soße« breit.

Mit dem Strafmaß hatten die Angeklagten sogar noch Glück. Die Staatsanwaltschaft war bei ihrem Antrag von versuchtem Mord ausgegangen und hatte für Thorsten Z., der mittlerweile aus der Bundeswehr entlassen worden ist, neun Jahre Gefängnis gefordert.

Der Vorsitzende Richter belässt es nicht bei der Verkündung des Urteils, sondern nutzt die Gelegenheit, um das mutige Eingreifen von Nicole Lüdeking und Jana Böttner zu würdigen. »Beide haben dem Opfer durch ihr couragiertes Einschreiten das Leben gerettet«, betont er, und an Thorsten Z. gewandt, fügt er hinzu: Vor allem Nicole Lüdeking müsse der Angeklagte auf Knien danken, dass sie ihn daran gehindert habe, noch einmal zuzustechen. Nur deswegen sei es bei einer Verurteilung wegen gefährlicher Körperverletzung geblieben.

Aber auch von anderer Seite erhalten die beiden jungen Frauen für ihre Courage Anerkennung. Unter anderem werden Nicole Lüdeking und Jana Böttner am 30. Mai 2006 mit dem Gustav-Heinemann-Preis ausgezeichnet, einer Ehrung für Personen oder Organisationen, die sich um Freiheit und Gerechtigkeit in eigenverantwortlicher Haltung verdient gemacht haben.

Nicole Lüdeking ist diese ganze Aufregung um ihre Person fremd. »Das war ein Wirbel!«, lacht sie. »Presse hier und Presse da, Interviews, Fotos, wirklich seltsam. Es ist doch völlig normal, dass man jemandem hilft. Man muss eigentlich nicht so ein Aufhebens davon machen.« Aber die Journalisten löchern sie mit Fragen, immer wieder wollen sie wissen, warum sie geholfen hat, was sie in diesem Moment bewegte. Doch für Nicole Lüdeking war ihr Einschreiten an diesem Sommertag so selbstverständlich, dass sie es nicht mit vielen Worten erklären kann. Manchmal sagt sie nur: »Ich habe halt das Robin-Hood-Syndrom.«

»Ich bin neugierig auf Menschen, und ich finde, jeder ist individuell und hat ein Recht auf Leben. Vielleicht hat mich das ganz unbewusst angetrieben«, sagt Nicole Lüdeking. Und Jana Böttner erklärt: »Das steckt einfach in mir, dieser Instinkt. Bereits in der Schule habe ich versucht, zu vermitteln und zu schlichten, wenn sich andere gestritten oder geprügelt haben. Wenn ich mitbekomme, dass irgendjemandem etwas Unrechtes geschieht, dann regt sich da was in mir, und ich mische mich ein.«

Jana Böttner war schon immer zielstrebig und verfolgte ihren Weg. 1984 in Brandenburg an der Havel geboren, erlebt sie eine glückliche Kindheit. Sie besucht das Gymnasium, schreibt gute Noten und hat viele Hobbys. »Volleyball, Geräteturnen, Gitarre und Keyboard, ich habe eine ganze Menge gemacht«, erzählt sie. Nach Abschluss der zehnten Klasse verlässt sie die Schule und verpflichtet sich für acht Jahre als Soldatin auf Zeit beim Panzergrenadierbataillon 421. »Warum ich zur Bundeswehr gegangen bin, die Frage kann ich gar nicht so genau beantworten«, sagt Jana Böttner. »Irgendwie kam nie etwas anderes für mich in Frage. Das ist einfach so.« Nach Auflösung des Bataillons Ende 2007 wechselt sie in das Ausbildungszentrum Munster.

Warum ihr Einschreiten an diesem Julimorgen 2004 für so einen enormen Presserummel gesorgt hat, dafür glaubt Jana Böttner eine Erklärung zu haben: »Wir waren zwei Frauen. Ich glaube, das hat vielen imponiert und war etwas Besonderes. Wären wir zwei Männer gewesen, hätte das Ganze wahrscheinlich nicht für solch einen Trubel gesorgt.«

Schnell kehrt sie wieder in ihr altes Leben als Hauptgefreite, zurück. »Der Empfang bei der Bundeswehr hat mich wirklich umgehauen«, erzählt Jana Böttner. Sie wird zu einem kurzfristig einberufenen Bataillonsappell befohlen. Die Kompanien marschieren ein, stellen sich auf, und der Kommandeur hält eine Ansprache. »Er lobte mein Einschreiten, es sei beispielgebend gewesen für alle Soldaten des Bataillons.« Sie wird nach vorn befohlen und in aller Form ausgezeichnet. Außerdem erhält sie sieben Tage Sonderurlaub. »Die Zeremonie hat zehn Minuten gedauert. Bestimmt war ich knallrot im Gesicht. Das Herz pochte wie verrückt. Und ich war stolz auf mich. Danach haben mir alle gratuliert.«

Jana Böttner ist es egal, dass manche hinter ihrem Rücken lästern. Für die bleibt sie das »Kameradenschwein«, für sie selbst aber zählt die Gerechtigkeit. So will sie bei der Verurteilung der Täter auch unbedingt anwesend sein und nimmt sich dafür einen Tag Urlaub. Mit dem Richterspruch ist sie zufrieden. »Auf keinen Fall hat der Angeklagte zu viel bekommen. Er hat nichts bereut, hat irgendwie durch die Leute hindurchgeguckt und kurz gegrinst. Dabei möchte ich nicht wissen, was passiert wäre, wenn wir nicht da gewesen wären.«

Im Januar 2006 bringt Jana Böttner ihre erste, im Juli 2008 die zweite Tochter zur Welt. Sie ist glücklich und verfolgt zielstrebig ihren Weg. Trotz der beiden Kinder möchte sie im Berufsleben nicht kürzer treten und kehrt jeweils bereits nach einer kurzen Elternzeit zur Bundeswehr zurück.

Auch Nicole Lüdeking lebt ihr ganz normales Leben weiter. Sie arbeitet wieder als Raumausstatterin und lernt wenige Monate nach dem Vorfall einen neuen Mann kennen, die beiden verlieben sich. Ein Jahr später kommt die gemeinsame Tochter Mia Marina zur Welt. Alles scheint in bester Ordnung zu sein, doch als die Kleine ein knappes Jahr alt ist, fällt Nicole Lüdeking auf, dass etwas mit ihr nicht stimmt: »Die Entwicklungen in der Krabbelbewegung waren nur langsam, auch abstützen konnte sich Mia Marina nicht, es schien ihr die Kraft zu fehlen.«

Als sie mit ihrem Kind zum Arzt geht, stellt dieser bei dem kleinen Mädchen eine spinale Muskelatrophie fest, einen fortschreitenden Muskelschwund. »Die Ärzte können mir leider auch nicht viel mehr zum Verlauf der Krankheit sagen. Nur dass sie zum Tod führt. Aber wie schnell, das wissen sie nicht. Vielleicht wird Mia Marina mit sechs Jahren sterben, vielleicht auch erst mit zwanzig, vielleicht wird sie aber auch älter«, sagt Lüdeking.

Die Krankheit ihrer Tochter hat nicht nur ihren Alltag umgekrempelt, sondern auch ihr Denken verändert. In ihrem Beruf als Raumausstatterin zu arbeiten erscheint ihr plötzlich sinnlos. Sie möchte eine andere Richtung einschlagen, am liebsten will sie Menschen helfen, die in einer ähnlichen Situation sind wie Mia Marina. So fängt sie im Sommer 2007 ein Fachstudium zur Heilerziehungspflegerin an. Dass sie wieder weniger verdient, nimmt sie in Kauf, denn schon in den ersten Wochen nach Beginn der Ausbildung merkt Nicole Lüdeking, dass sie die richtige Entscheidung getroffen hat. Die Arbeit mit den Kindern macht ihr Spaß, und die Mädchen und Jungen mögen sie.

»Meine Mutter unterstützt mich, sie nimmt zum Beispiel meine beiden Töchter, wenn ich lernen muss. Ich wüsste wirklich nicht, was ich ohne sie machen würde«, sagt Nicole Lüdeking.

Oskar M., der Kenianer, dem Nicole Lüdeking und Jana Böttner das Leben gerettet haben, ist fort. Lüdeking vermutet, dass er vielleicht in eine große Stadt wie Berlin gegangen ist oder zurück in seine Heimat. Jeff Z. aber lebt noch in Brandenburg an der Havel; Nicole Lüdeking begegnet ihm manchmal auf der Straße. »Beide haben sich bei Jana und mir bedankt. Das war mir richtig unangenehm«, sagt Nicole Lüdeking. »Sie waren erst drei Tage in unserem Ort, als die Sache geschah. Sie kamen aus Eisenhüttenstadt, aus dem Asylbewerberheim. Ist doch schlimm, dass sie dann gleich so etwas erleben mussten.«

Zu Jana Böttner hat sie nur noch selten Kontakt. »Manchmal sehen wir uns zum Beispiel auf dem Spielplatz, denn Jana hat ja auch kleine Kinder«, sagt Nicole Lüdeking. »Aber wir verabreden uns nicht richtig. Wir kannten uns ja nur durch den Piephahn, und den gibt es mittlerweile auch nicht mehr. Irgendwie haben sich da die Wege getrennt. Wir haben uns aus den Augen verloren.«

Es passt nicht zu Nicole Lüdeking, etwas aufzubauschen. Was 2004 geschah, liegt für sie weit zurück. Im Grunde vergisst sie es sogar mehr und mehr, denn für sie war es nichts Besonderes. Manchmal ist das fast ein wenig schade. Denn so selbstverständlich, wie es für Nicole Lüdeking war, beherzt dazwischenzugehen, als die Auseinandersetzung zwischen vier Männern eskalierte, ist es für viele andere Menschen natürlich nicht. Das hat man ihr in den Monaten danach zwar immer wieder gesagt, die Bürgermeisterin, die Ausländerbeauftragte, der Richter, ihre Familie, aber Nicole Lüdeking glaubt nicht daran, dass andere in einem solchen Moment wegschauen und schnell weitergehen würden. Sie will nicht wahrhaben, dass sie, Nicole Lüdeking, da doch etwas Besonderes geleistet hat.

Viele meinen, ein Leben sei erst dann interessant, wenn es von Sensationen oder einem tragischen Schicksal geprägt ist. So gesehen, mag Nicole Lüdeking ein wenig aufregendes Leben führen. Aber sie ist glücklich. Danach gefragt, was sie in ihrer Freizeit gern tut, sagt sie schlicht: »Steine sammeln. Auf dem Spielplatz, auf der Straße, wo auch immer ich einen interessanten Stein sehe, nehme ich ihn mit.« Die Steine erinnern sie an die Orte und erzählen ihr Geschichten.

»Ich glaube, ich bin schnell zufriedenzustellen«, sagt sie. »Ich bin einfach froh, wenn ich im Kleingarten in meiner Laube sitze, zusammen mit meinen Kindern, meiner Mutter und meiner Oma. Wir haben uns alle lieb, das ist mir wichtig. Ich sagte es ja, im Grunde ist mein Leben ziemlich einfach, aber ich mag es. Denn es ist eigentlich ganz schön.«

# »Die Mörder sollen mich lachen sehen«

*Esther Mujawayo, Mitbegründerin der Organisation Avega, hilft Überlebenden des Genozids in Ruanda*

*»Land der tausend Hügel« wird Ruanda wegen seiner vielen Vulkanberge oft genannt, und manche kennen es vielleicht auch, weil es das Zuhause der Gorillaforscherin Dian Fossey war, deren Leben unter dem Titel* Gorillas im Nebel *verfilmt wurde. Ruanda liegt in Ostafrika. Es ist ein sehr armes Land mit einer wunderschönen Natur. Doch 1994 ereignete sich dort ein unfassbarer Völkermord: Angehörige der Volksgruppe der Hutu ermordeten Angehörige der Tutsi – Männer, Frauen, Kinder, Alte. Die Hutu wollten die Tutsi ausrotten. Innerhalb von nur hundert Tagen starben bei den Massakern fast eine Million Menschen. Auch Esther Mujawayo verlor in diesen Tagen ihren Ehemann, ihre Eltern und Geschwister. Statt sich jedoch hinter ihrer Trauer zu verstecken, entschloss sie sich zu kämpfen – für ihre Kinder und gegen das Vergessen.*

Alle Jahre wieder, immer Anfang April, schleichen sich diese Gefühle in das Leben von Esther Mujawayo. Meist ist da zuerst die Trauer, dann kommen Wut und Rachegedanken hinzu, und während sich die anderen Menschen um sie herum auf den Frühling freuen, fragt sich Esther Mujawayo einmal mehr, wie das alles nur geschehen konnte. Wie konnte Gott etwas so unfassbar Brutales nur zulassen?

Der April geht vorüber, der Mai kommt, und mit ihm weitere Erinnerungen. Esther Mujawayo denkt an ihren Ehemann Innocent, an ihre Eltern, an ihre Schwestern Stéphanie und Rachel, an ihre Tanten, Onkel, Cousinen und Cousins. Sie alle sind tot. Über dreihundert Menschen ihrer Großfamilie mussten sterben. Es ist eine Flut von grausamen Bildern, von Massengräbern, zerstörten Häusern und verkohlten Ruinen, die unweigerlich immer zu dieser Jahreszeit in ihr aufsteigt.

Doch die Tage ziehen vorüber, und irgendwann Anfang Juni hat Esther Mujawayo erneut beschlossen, zu lachen und stark zu sein. Dann sagt sie sich: »Die Menschen, die mich töten wollten, sollen mich lachen sehen. Sie sollen sehen, dass ich nicht am Ende bin. Sie haben ihr Ziel nicht erreicht.« Es ist nur eine kleine Genugtuung, doch sie gibt ihr Kraft und motiviert zum Weiterleben. Auch wenn die Erinnerungen zurückkehren werden, immer wieder, und ganz bestimmt Anfang April. Sie gehören zu ihrer Vergangenheit und zu ihrer Zukunft.

»Es war der 7. April 1994, morgens um sechs Uhr. Mein Mann Innocent, unsere Mädchen und ich schliefen noch, als plötzlich ein Freund und Kollege anrief und fragte, ob wir Radio gehört hätten«, erinnert sich Esther Mujawayo. Der ruandische Präsident Habyarimana und der Präsident von Burundi sind bei einem Flugzeugabsturz in Kigali getötet worden. Boden-Luft-Raketen haben das Flugzeug zerstört. Noch weiß keiner, wer sie abgefeuert hat, doch Mujawayo ahnt, dass das Attentat für Unruhe sorgen wird.

Schon als Esther Mujawayo am 10. September 1958 zur Welt kommt, ist Ruanda ein politisch tief gespaltenes Land: Auf der einen Seite gibt es die Volksgruppe der Hutu, die in der Mehrheit sind, auf der anderen Seite stehen die Tutsi. Mujawayo wird als eine Tutsi geboren, im Haus ihrer Eltern auf dem Hügel Mwirute, nahe Ruandas Hauptstadt Kigali. »Mein Vater war Pastor und Lehrer. Er hat mir und meinen Schwestern erklärt, dass man sich nicht schämen soll für etwas, das man sich nicht ausgesucht hat«, erzählt sie. »Er war ein sehr weiser Mann. Meine Eltern hatten nur Töchter, und in Ruanda heißt das normalerweise, dass man gar keine Kinder hat. Mein Vater aber hat meiner Mutter immer gesagt, dass sie stolz auf uns sein kann.«

Die Worte des Vaters klingen einfach, aber bereits als junges Mädchen muss Esther Mujawayo feststellen, dass es nicht so leicht ist, sich nicht zu schämen. Als Tutsi ist sie in Ruanda eine Bürgerin zweiter Klasse. Obwohl sie eifrig lernt und in der Grundschule zu den Besten zählt, wird ihr die Zulassung zum Gymnasium verwehrt. Kaum ein Tutsi-Kind erhält diese Zulassung.

Dass Esther Mujawayo doch die Chance bekommt, hat sie einigen glücklichen Zufällen und vor allem dem guten Ruf ihres Vaters zu verdanken: Ein Freund der Familie, der sieht, wie traurig Esther über die Ablehnung ist, erzählt dem Bildungsminister davon, und da dieser aus derselben Region stammt und zudem ihren Vater kennt, schreibt er eigenhändig eine Empfehlung für das Mädchen. Sie darf weiter zur Schule gehen und macht ihr Abitur als Klassenbeste, während in ihrem Land nach wie vor die Meinung herrscht, dass es eine Sünde sei, Tutsi zu sein.

1973 kommt es zu Unruhen, Mujawayos Elternhaus wird zerstört, und es ist ein Glück, dass kein Familienmitglied umkommt. Das Haus wird neu aufgebaut, das Feld neu bestellt, neue Rinder werden herangezüchtet. Esther Mujawayo lässt sich zur Grundschullehrerin ausbilden und arbeitet bis 1979 in einem Internat. Da sie in Ruanda nicht die Erlaubnis zum Studium erhält, entschließt sie sich, für einige Jahre ins Ausland zu gehen.

Sie bekommt ein Stipendium des Ökumenischen Rats der Kirchen und studiert von 1979 bis 1985 in Belgien an der Universität Löwen erst Sozialarbeit, anschließend Soziologie und macht darin den Master. Mitte der achtziger Jahre kehrt Mujawayo nach Ruanda zurück und arbeitet zunächst ein Jahr als Lehrerin, bevor sie 1990 als Soziologin bei der britischen Entwicklungshilfeorganisation Oxfam in Kigali anfängt.

»Sicher, in beruflicher Hinsicht habe ich wirklich viel dem hohen Ansehen meines Vaters zu verdanken. Ich weiß nicht, ob ich ohne ihn heute da wäre, wo ich bin«, sagt Esther Mujawayo.

Ihr privates Glück aber schafft sie sich selbst. Mit fünfzehn verliebt sie sich in den zwei Jahre älteren Innocent, einen Cousin, ebenfalls ein Tutsi. Auch Innocent geht nach Belgien, um dort zu studieren, und später, im Juni 1987, als die beiden wieder zurück in Ruanda sind, heiraten sie. Wie ihre Mutter bringt Esther Mujawayo nur Mädchen auf die Welt: erst Anna, dann Amélia, und als drittes Baby wird Amanda geboren.

Die Jüngste ist gerade einmal sechs Monate alt, als im April 1994 der ruandische Präsident ermordet wird. Die Unruhen, die darauf folgen, sind mit früheren nicht zu vergleichen: Schnell werden die Tutsi beschuldigt, für das Attentat auf den Präsidenten verantwortlich zu sein, und die Hutu machen Jagd auf sie.

Es ist ein gezieltes Morden. Mit Macheten bewaffnet, verlassen Hutu-Männer morgens das Haus; von ihren Frauen verabschieden sie sich mit dem Satz: »Ich gehe jetzt zur Arbeit.« Die »Arbeit« besteht darin, durch die Gegend zu ziehen und Tutsi umzubringen. Männer und Frauen, Väter und Mütter, sogar Priester, Ärzte und

Richter werden in jenen Tagen zu Mördern, und selbst Kindern werden Macheten in die Hand gedrückt, damit sie töten können.

Angesichts der Überzahl der Hutu bleibt den Tutsi nur, zu fliehen und irgendwo Unterschlupf zu suchen. Doch selbst Kirchen sind nicht länger Zufluchtsstätten. Weil sie um ihr eigenes Leben fürchten, öffnen Geistliche und Ordensschwestern den Mördern die Türen, hinter denen verängstigte Tutsi Schutz gesucht haben. Auch Esthers Eltern, die sich in eine Kirche geflüchtet haben, werden dort zusammen mit anderen Tutsi von den eigenen Nachbarn brutal ermordet.

»Es ist so unbegreiflich, ich verstehe das nicht. Lehrer vergewaltigten und töteten Schüler, einstige Freunde und Nachbarn wurden zu Mördern, einige hackten sich ihre Opfer sogar zurecht, auch meiner Schwester Rachel haben sie erst die Arme abgeschlagen, um sie danach in die Latrine werfen zu können«, sagt Esther Mujawayo.

Bei ihren Vorträgen Jahre später erspart sie ihren Zuhörern diese grausamen Details, denn viele Menschen können und wollen nicht glauben, wie bestialisch das Morden war.

Etliche tausend Ausländer werden von französischen und belgischen Elitetruppen aus dem Land gebracht. Weil auch einige Soldaten ermordet wurden, reduzieren die Vereinten Nationen ihre Blauhelmtruppen drastisch, anstatt sie aufzustocken und den Massakern Einhalt zu gebieten. Währenddessen flieht Esther Mujawayo mit Ehemann Innocent und ihren drei Töchtern in ein nahe gelegenes katholisches Gymnasium, wo sich schon andere Tutsi versteckt haben. Und es werden von Tag zu Tag mehr. Rund hundert sind es schließlich, und die Ordensschwestern erlauben den Schutzsuchenden, die Lebensmittelvorräte für das nächste Schuljahr anzubrechen.

Die Zeit vergeht langsam. Die Tutsi im Gymnasium leben abgeschieden von der Außenwelt, zwischen Hoffnung und Angst. Nur Schüsse, Schreie und Gebrüll dringen zu ihnen durch die Mauern, und jedes Mal halten sie inne, ducken sich und wissen: »Jetzt haben sie wieder einen umgebracht.«

Drei Wochen bleibt das Versteck geheim, dann werden sie verraten.

Am frühen Abend des 30. April 1994 stürmt ein Trupp Hutu die Schule. Frauen und Kinder müssen sich auf die eine Seite des Raumes setzen, die Männer auf die andere. »Wir wussten, dass man unsere Männer umbringen würde. Es war klar, da gab es keine Hoffnung mehr, und das war so schlimm«, erzählt Mujawayo. Die Männer müssen aufstehen und den bewaffneten Eindringlingen folgen, sie müssen gehen, ohne sich von ihren Familien zu verabschieden. Innocent blickt noch einmal kurz zurück und sagt zu Esther: »Bring meine Töchter weit weg!«

Es ist das letzte Mal, dass Mujawayo ihren Mann sieht. Kurz darauf wird Innocent getötet und in eines der vielen Massengräber geworfen.

Die Töchter Anna, Amélia und Amanda sind noch zu jung, um zu begreifen, was gerade geschieht. Esther ist nur von dem einen Gedanken beherrscht, dass sie versuchen muss, wenigstens das Leben ihrer Kinder zu retten. Sie fliehen und erreichen das Hôtel des Mille Collines in Kigali, das später durch den Film *Hotel Ruanda* bekannt werden wird. Esther Mujawayo wohnt mit ihren Töchtern und zehn weiteren Personen in einem Doppelzimmer. Als sie im Fernsehen ausländische Berichte über die

Unruhen in Ruanda sieht, ist sie schockiert: »Keiner hat die Lage als so dramatisch eingestuft, wie sie war. Die Vertreter der amerikanischen Regierung zum Beispiel sprachen nur von einem ›Chaos‹ und sahen keinen Grund zu helfen.«

Drei Monate dauert das Morden. Erst am 4. Juli 1994 gelingt es der RPF, der Ruandischen Patriotischen Front, einem Zusammenschluss von Tutsi, die bereits Ende der fünfziger Jahre ins benachbarte Uganda geflüchtet waren, den Hutu-Terror zu beenden.

»Ich fühlte mich leer und einsam und fragte Gott, warum er mich überhaupt am Leben gelassen hat. Wie sollte ich denn weitermachen – meine Familie, sie waren doch alle tot. Meine ganze Geschichte, meine Vergangenheit war ausgelöscht.«

Esther Mujawayo ringt mit ihren Gefühlen. Sie ist sechsunddreißig Jahre alt, und am liebsten wäre sie tot, wie die anderen.

Aber da gibt es ja noch ihre drei Töchter: Anna, mit fünf Jahren die älteste, Amélia, drei Jahre, und Amanda, die jüngste, gerade einmal sechs Monate alt. Nach dem Tod des Vaters ist ihnen nur die Mutter geblieben. Esther Mujawayo weiß, dass sie für ihre Kinder da sein muss. Sie rafft sich auf und beschließt: »Esther, wenn du überleben willst, musst du dir bewusst machen, was dir geblieben ist, und nicht, was du verloren hast.«

In den Tagen und Wochen nach dem grausamen Morden irren überall Menschen umher und suchen die Leichen ihrer Angehörigen. Auch Esther Mujawayo macht sich auf die Suche. Zufällig trifft sie die Schwester ihres Mannes Innocent, die ebenfalls überlebt hat. Sie finden seine tote Mutter, Onkel und Tanten und begraben sie.

Ihren Mann aber kann Esther Mujawayo nicht finden. Erst ein Jahr später, als ein Massengrab geöffnet wird und die Leichen offiziell bestattet werden sollen, sieht sie ein Skelett mit sehr langen Beinen, die in Jeans stecken. »Aber wenn ich sage, dass es sich um Innocent gehandelt hat, würde ich lügen. Ich weiß es nicht«, sagt Mujawayo. So sucht sie mit den Töchtern ein beliebiges Grab aus, eines, das im Schatten der Eukalyptusbäume liegt. Es wird zu einem Ort der Ruhe und der Trauer, an dem sie oft darüber sprechen, wie es weitergeht.

Nachdem sie in der Kinderfrau Marie Bonnö eine Betreuerin für ihre Mädchen gefunden hat, kann Mujawayo wieder ihrer Arbeit bei Oxfam nachgehen. Die Arbeit gibt ihr ein Stück weit das Gefühl, ein normales Leben zu führen, und abends ist Esther Mujawayo so erschöpft, dass sie müde ins Bett fällt.

Sie versucht es, doch trotz aller Bemühungen stellt sich kein geregelter Alltag ein. Esther Mujawayo bleibt mit ihren Gedanken und Gefühlen allein. Früher gab es Innocent, jetzt fehlt ihr jemand zum Reden, zum Zuhören, jemand, der ihr helfen könnte, das Unbegreifliche zu verstehen. Und weil sie mitbekommt, dass es auch anderen Witwen so geht, gründet sie am 15. Januar 1995 zusammen mit etwa fünfzig anderen Frauen in Kigali die Gruppe Avega. Das ist die Abkürzung für »Association des veuves du génocide d'avril«, auf Deutsch: »Vereinigung der Witwen des April-Völkermords«. Es ist eine Selbsthilfeorganisation, die Frauen wollen sich gegenseitig stützen.

»Für mich war es wichtig zu reden, zu weinen und zu schreien. Uns war nicht bewusst, dass wir uns dadurch gegenseitig therapieren«, erzählt Esther Mujawayo. »Viele von uns glaubten, dass sie verrückt werden würden. Denn es war alles so unvorstellbar.«

Einmal in der Woche treffen sich die Frauen. Sie sind füreinander wie Schwestern, jede erzählt ihre Geschichte, die anderen hören zu und verstehen. Doch der Genozid wird weitere Opfer fordern.

»Ich selbst bin verschont worden, denn ich war den Männern wohl schon zu alt, aber von uns Frauen, die den Genozid überlebten, wurden etwa 80 Prozent vergewaltigt. Und mehr als die Hälfte der vergewaltigten Frauen wurde mit HIV infiziert«, sagt Mujawayo. »Es kam oft vor, dass ein Täter sein Opfer vergewaltigte und sagte: ›Ich töte dich nicht; was ich dir vermache, ist schlimmer als der Tod‹, weil er die Frau mit dem Virus zurückließ.«

Die Avega-Treffen geben Esther Mujawayo Kraft. Die Arbeit bei Oxfam dagegen zermürbt sie. Keiner ihrer überwiegend britischen Kollegen ist von dem Genozid betroffen. Alle waren sie vorher aus dem Land gebracht worden. Immer öfter gerät sie mit Kollegen aneinander, denn viele zeigen Mitleid mit den mittlerweile unzählig in die Nachbarländer geflüchteten Hutu. Mujawayo spürt, dass es so für sie nicht weitergehen kann, und ihre Kollegen sind derselben Ansicht. »Oxfam bot mir an, für ein Jahr eine bezahlte Auszeit zu nehmen«, erzählt Mujawayo. Sie nimmt das Angebot an.

1996 geht sie mit ihren Töchtern und einer Freundin, die durch den Völkermord ebenfalls zur Witwe wurde, nach Norwich, einer Universitätsstadt im Osten Englands. Hier beginnt sie eine Ausbildung zur Psychotherapeutin mit Schwerpunkt in personenzentrierter Gesprächsführung. Sie möchte fragen lernen und verstehen, damit sie den anderen Witwen von Avega besser helfen kann.

Das Jahr in England tut ihr gut. Parallel zum Studium fängt sie eine Therapie an. In kleinen Gruppensitzungen mit anderen Studenten erzählt sie ihre Geschichte, und zum ersten Mal kann sie vor fremden Menschen weinen. Sie spürt, dass diese Menschen sie mögen und annehmen. »Diese Aufmerksamkeit war mir anfangs fast zu viel, ich konnte nicht damit umgehen. Ich fragte mich, warum sie mich mögen, wo mich doch andere bekämpft haben«, sagt Esther Mujawayo. Sie denkt in diesen Monaten häufig an die anderen Witwen in Ruanda. Jede von ihnen müsste erfahren, dass sie anerkannt und gemocht wird, so wie Mujawayo es in Norwich erlebt.

Trotz dieser positiven Erfahrung kommt ihr in keiner Minute der Gedanke, mit ihren Kindern in England zu bleiben. Sie kehren nach Kigali zurück, und Mujawayo nimmt ihre Arbeit bei Oxfam wieder auf. Auch Oxfam sieht die Not der Witwen, und so kann Esther Mujawayo dort als Therapeutin mit den Frauen von Avega arbeiten. Sie unterstützt sie bei Anträgen für Kleinkredite zum Wiederaufbau der niedergebrannten Häuser, sie organisiert medizinische Versorgungsmöglichkeiten für die HIV-Infizierten, vor allem aber gibt sie ihnen, was diese Frauen sonst nirgends haben: Verständnis und ein offenes Ohr.

Esther Mujawayo wird gebraucht. Und genau das macht ihr zu schaffen, als sie den sechs Jahre älteren Helmut Keiner wiedertrifft, einen evangelischen Pfarrer aus Deutschland. Im Auftrag der Vereinten Evangelischen Mission lebte Helmut Keiner mehrere Jahre in Ruanda, bis kurz vor dem Völkermord. Durch seine Arbeit als

Geistlicher hatte er Mujawayos Vater kennengelernt und war zu einem Freund der Familie geworden. »Helmut kehrte nach Ruanda zurück, weil er helfen wollte. Ich habe mich gefreut, ihn wiederzusehen, und am Anfang war er für mich wirklich nur ein Freund, der für uns da war und mir zuhörte.« Nicht einmal im Traum denkt Esther Mujawayo daran, jemals wieder mit einem Mann zusammen zu sein. Noch immer liebt sie Innocent, immer noch vermisst sie ihn. Helmut ist einfach ein warmherziger Mann, der ihr das Gefühl gibt, wichtig zu sein.

Zwei Jahre wehrt sie sich gegen die Sympathie. »Es war nicht leicht. Ich habe mich geschämt für mein Glück und wollte es nicht zulassen. Ich hatte Angst, dass die anderen Frauen, die Witwen, mir Vorwürfe machen und sagen, dass ich sie betrüge, dass das alles nicht gerecht ist. Ich hatte Angst, dass sie mich beschuldigen und glauben, ich würde einfach gehen, sie vergessen und weit weg ein neues Leben anfangen.«

Doch es sind die anderen Witwen, die Esther Mujawayo dazu ermutigen, noch einmal ein neues Glück zu beginnen. Sie reden ihr zu und geben ihr die Kraft, den großen Schritt zu wagen. So zieht sie 1999 mit ihren drei Töchtern zu Helmut Keiner nach Deutschland, in das niederrheinische Städtchen Neukirchen-Vluyn. Noch im selben Jahr heiratet das Paar.

»Ich habe mich oft gefragt, was Innocent mit den Worten ›Bring meine Töchter weit weg‹ meinte«, sagt Mujawayo. »Ob er ahnte, dass es mich in meinem Leben noch einmal in ein anderes Land führen würde? Auf alle Fälle denke ich, dass er mir nicht böse ist. Uns allen geht es gut, und auch wenn meine Töchter sich bestens mit Helmut verstehen und wir viel über den Umzug nach

Deutschland und die Heirat geredet haben, gehört Innocent natürlich weiter zu meinem, zu unserem Leben.«

Anna kommt aufs Gymnasium, Amélia und Amanda besuchen eine Grundschule. Die drei Mädchen finden schnell Freunde, und eine Studentin gibt für ein halbes Jahr Nachhilfeunterricht, so dass Mutter und Töchter sich bald auch auf Deutsch unterhalten können. Esther Mujawayo ist glücklich, zumal es keineswegs sicher war, dass alles gutgehen würde: »Natürlich hatte ich mir Sorgen gemacht, wie wir in Deutschland angenommen werden. Wir haben schließlich eine andere Hautfarbe, und die Sprache mussten wir auch erst lernen.«

Esther Mujawayo richtet sich in dem Pfarrhaus mit dem schönen großen Garten ein, und beim psychosozialen Zentrum in Düsseldorf findet sie eine Anstellung als Traumatherapeutin. Zu ihr kommen vor allem afrikanische Flüchtlinge, die ähnlich wie sie in ihren Heimatländern Gewalt erfahren haben. »Die Gespräche mit diesen Menschen, die Rat und Hilfe suchen, tun mir selbst gut«, sagt Mujawayo. »Ich spüre, dass ich lebe, dass ich da bin und etwas schaffe. Diese Arbeit gibt meinem Leben auch einen Sinn zurück.« Allerdings arbeitet sie nur neunzehn Stunden pro Woche in dem Zentrum, weil sie Zeit haben möchte für sich und ihre eigene Vergangenheit, für ihre Familie und auch für die Frauen von Avega in Ruanda.

Als sie 2001 wieder nach Ruanda fährt und durch die Straßen von Kigali geht, ist sie erschrocken und schockiert: Die alten Bäume sind verschwunden, man hat sie gefällt und neue dafür gepflanzt. Auch die alten Häuser und Hütten gibt es nicht mehr; statt die beschädigten Wohngebäude wieder aufzubauen, wurden sie abgerissen und durch neue ersetzt. Nichts erinnert mehr an die Zeit vor dem Genozid – nichts *soll* mehr daran erinnern. »Der Völkermord wird vergessen und verdrängt. In der Gesellschaft, auch bei den Politikern herrscht ein Klima des Schweigens. Selbst wir Überlebenden werden an den Rand gedrängt, und am liebsten würde man uns mundtot machen. Wir stören, weil wir die Menschen daran erinnern, was sie getan oder zumindest nicht verhindert haben«, erzählt Mujawayo.

Dieses Schweigen will sie nicht akzeptieren. Wäre das nicht so, als ob ihr Mann Innocent, ihre Eltern, ihre gesamte Familie nie existiert hätten? Als wäre schon vergessen, was passiert ist? Das macht Esther Mujawayo Angst. Sie will gegen das Schweigen angehen. Sie will, dass auch andere Menschen, auch im Ausland, die Geschichte des Genozids erfahren, zur Mahnung und Erinnerung, damit so etwas nicht noch einmal geschieht.

Deshalb setzt sie sich hin und fängt an, gegen das Vergessen anzuschreiben. Gemeinsam mit der französischen Journalistin Souâd Belhadad bringt sie ihre Geschichte zu Papier, auf Französisch, ihrer zweiten Muttersprache.

»Für mich war das Schreiben wichtig«, sagt Mujawayo. »Mit dem Völkermord habe ich meine Familie verloren und damit in gewisser Weise auch einen Teil meiner eigenen Geschichte. Das Buch hat mir ein Stück meines Lebens zurückgegeben.« Unter dem Titel *SurVivantes* (»überlebende Frauen«) erscheint das Buch 2004 in Frankreich und kann sich schon wenig später auf den Bestsellerlisten etablieren. Die deutsche Fassung kommt 2005 unter dem Titel *Ein Leben mehr* heraus.

Esther Mujawayo hat sich eine Gegenwart geschaffen, in der das Geschehene nach wie vor eine große Rolle spielt. »Auch in der Familie, mit meinen Töchtern, reden wir immer wieder über den Genozid, und das halte ich auch für wichtig. Ich möchte nicht, dass sie Hass empfinden, sondern dass sie die politischen Umstände in Ruanda verstehen und sehen, wie manipulierbar Menschen sind.« Mindestens alle zwei Jahre reist die ganze Familie nach Ruanda.

Die drei Mädchen haben in Deutschland ein neues Zuhause gefunden. Anna hat mittlerweile ihr Abitur gemacht und studiert, die anderen beiden gehen noch aufs Gymnasium. Auch ihre Mutter fühlt sich wohl in Europa. Manchmal, wenn sie Zeit hat, liest Esther Mujawayo, sie geht spazieren, trifft sich mit einer Freundin oder zupft im Garten Unkraut. »Heimat, das ist Deutschland, aber auch Ruanda. Mein erster Mann Innocent und ich waren ein sehr glückliches Paar. Auch diese Erinnerungen an unsere gemeinsame Zeit helfen mir. Ich habe dieses Glück in mir gespeichert und für mich bewahrt«, sagt sie.

Trotz ihres neuen Glücks hat Mujawayo ihr Versprechen gehalten und die Witwen von Avega nicht vergessen – im Gegenteil. Auf internationalen Konferenzen in Südafrika, Großbritannien oder Belgien hält sie regelmäßig Vorträge über den Völkermord, sie liest aus ihrem Buch und sammelt für verschiedene Projekte. »Ich weiß, dass der Genozid vielen Menschen egal ist. Für sie ist Ruanda weit weg, sie meinen, das sei eine Sache unter Afrikanern, und darum interessiert es sie nicht. Anfangs tat mir dieses Denken, diese Ignoranz, sehr weh, jetzt aber sehe ich es als Bestärkung. Ich gebe nicht auf, ich will darüber erzählen«, sagt sie.

Medizinische Behandlungsmöglichkeiten zu finanzieren ist wegen der hohen Anzahl von HIV-infizierten Frauen weiterhin ein zentrales Anliegen von Avega. Daneben sammelt Esther Mujawayo vor allem für ein Projekt mit dem Namen »Eine Kuh für jede Witwe«. »Hier in Europa werden die Menschen oftmals danach bemessen, wie viel sie auf ihrem Bankkonto haben. In Ruanda dagegen zählt, wie viele Kühe du hast. Wenn du eine Kuh hast, gehörst du dazu – du zeigst, dass du lebst.«

In den Gefängnissen von Ruanda sitzen noch immer fast vierzigtausend Menschen, die im Genozid getötet haben. Die staatliche Justiz ist überfordert. Jährlich können nicht mehr als tausend Urteile gesprochen werden.

Unterdessen ist Avega gewachsen. Aus den einst fünfzig Gründerinnen sind über 35 000 Mitglieder geworden. Einige von ihnen leben wie Mujawayo im Ausland. »Manchmal telefoniere ich an einem Tag mit einer Witwe in Amerika, am nächsten mit einer Witwe in Belgien und dann wieder mit einer Witwe in Australien«, erzählt Esther Mujawayo. Doch die meisten Frauen leben nach wie vor in Ruanda, auch zahlreiche Hutu sind zurückgekehrt, und so wohnen Täter und Opfer heute oftmals wieder Tür an Tür.

»Natürlich ist das seltsam«, sagt Mujawayo. »Manchmal hört man lautes Geschrei, weil wieder ein Tutsi auf einen Hutu zustürmt und ihn zur Verantwortung ziehen will. Manchmal werden auch noch Menschen getötet. Ein Tutsi bringt einen Hutu um, weil dieser ein Mörder ist. Oder ein Hutu bringt einen Tutsi um, weil dieser gegen einen Mörder aussagen will. Bei vielen Menschen brodelt es noch immer unter der Oberfläche.«

Solche Szenen und Gefühle gehören zum Alltag in Ruanda, genauso wie der hohe Anteil von Frauen an der Bevölkerung. Einige Wohngebiete werden »Witwenghettos« genannt, und bei der Frauenquote im Parlament liegt Ruanda mit fast 50 Prozent in der zweiten Kammer weltweit an der Spitze, noch vor Schweden und Dänemark.

Esther Mujawayos Stimme klingt fest, als sie sagt: »Die Frauen warten nicht mehr auf ihre Männer, denn die sind schon lange tot. Die Frauen haben ihr Schicksal selbst in die Hand genommen. Wenn, wie in jedem Jahr, Anfang April diese Erinnerungen kommen, sind die Frauen stark.«

## »Angst hat in meinem Leben keinen Platz mehr«

*Silvana Fucito brachte Mafia-Mitglieder vor Gericht und mobilisiert andere Kaufleute, sich gegen Schutzgelderpressung zu wehren*

*Viertausend Tote in den vergangenen dreißig Jahren – die Camorra, wie die Mafia in und um Neapel genannt wird, diktiert seit Jahrzehnten den Alltag der Neapolitaner. Die Clans verlangen Schutzgeld von den Kaufleuten, sie steuern den Drogen- und Waffenhandel, organisieren die illegale Müllbeseitigung und verschaffen sich durch Korruption und Erpressung Großaufträge im Baugewerbe. Über fünfzehn Milliarden Euro nimmt die Camorra auf diese Weise jedes Jahr ein. Wer nicht spurt, sondern sich ihr in den Weg stellt, wird brutal unter Druck gesetzt oder getötet. Der Kampf gegen die Camorra ist schwierig und gefährlich. Aber es bewegt sich etwas: Gab es in Neapel im Jahr 2002 gerade einmal acht Anzeigen wegen Schutzgelderpressung, waren es 2006 an die neunhundert. Das ist zwar nur ein kleiner Anteil, denn in der Region Kampanien, zu der Neapel gehört, sollen etwa vierzigtausend Kaufleute Schutzgeld zahlen. Doch es ist ein erster Erfolg, genauso wie das Durchgreifen von Polizei und Justiz: Etliche Camorra-Mitglieder wurden in den vergangenen Jahren verhaftet und verurteilt. Langsam keimt in Neapel die Hoffnung auf, dass die Vorherrschaft der Camorra doch irgendwann ein Ende hat. Und dies liegt auch an dem Mut von Silvana Fucito. Sie ist für viele Kaufleute zu einem Vorbild geworden.*

Sie versteckt sich nicht. Wer ihre Adresse wissen will, dem sagt sie, wo sie wohnt, auch ihre Telefonnummer ist kein Geheimnis. Wie selbstverständlich tritt Silvana Fucito jeden Tag vor die Tür, geht zum Bäcker oder in den nächsten Supermarkt. All das wäre nicht weiter er-

wähnenswert, würde die kleine Frau mit den blondge-
färbten Haaren dabei nicht jedes Mal ihr Leben riskieren.
Sie hat Morddrohungen erhalten, ihr Mann wurde mit
einem Messer angegriffen und zusammengeschlagen.
Deshalb steht auch immer ein Polizeiauto vor ihrer Haustür in Neapel. Zwei Beamte begleiten die Italienerin, die
stets adrett im Hosenanzug gekleidet ist, auf Schritt und
Tritt und versuchen, sie zu schützen. Bislang ist es ihnen
gelungen.

Bis zu ihrem zweiundfünfzigsten Lebensjahr war Silvana Fucito, die 1950 in Neapel geboren wurde, eine
durchschnittliche Italienerin, Ehefrau und Mutter. »Ich
glaube, in den Augen Außenstehender oder von Ausländern ist mein Leben in vielen Dingen typisch italienisch«,
meint sie. »Zum Beispiel komme ich aus einer kinderrei-
chen Familie. Ich hatte drei Brüder und drei Schwestern.
Mein Zwillingsbruder Mimmo und ich waren die Jüngs-
ten. Obwohl ich in eher ärmlichen, einfachen Verhältnissen groß geworden bin, hat mir nie etwas gefehlt. Meine
Eltern waren sehr liebevolle Menschen.«

Ihr Vater betreibt in Neapel ein kleines Geschäft mit
Elektrogeräten, die Mutter kümmert sich als Hausfrau
um die sieben Kinder. Silvana Fucito geht zur Grundschule, später auf ein Gymnasium, und nach dem Schulabschluss beginnt sie, im Geschäft ihres Vaters zu arbeiten.

»Das Verhältnis zwischen uns Geschwistern war immer sehr eng, selbst als wir schon erwachsen waren, haben wir noch viel miteinander unternommen. Bis ein
jeder von uns verheiratet war, wohnten wir ja auch noch
zu Hause.« Als ihr Zwillingsbruder Mimmo seinen Eltern mit sechsundzwanzig Jahren ein Mädchen als seine

49

Verlobte vorstellt, weiß Silvana noch nicht, dass dies auch für ihr eigenes Glück von Bedeutung sein wird: Bei einem Abendessen mit Mimmo und seiner Verlobten lernt sie deren Bruder, den gleichaltrigen Gennaro Petrucci, kennen. Silvana und Gennaro verlieben sich ineinander und werden ein Paar. »Am 2. September 1978 gab es eine große Hochzeit, wo wir alle vier geheiratet haben. Mimmo gab seiner Frau das Jawort und ich meinem Gennaro.«

Über ihre Zukunft muss sich Silvana Fucito in den folgenden Jahren keine Gedanken machen. Alles ist wie in festen Bahnen vorgegeben. Ihr Mann hat von seinen Eltern einen gutlaufenden Großfachhandel für Farben und Lacke übernommen. Die Geschäftsfläche beträgt fünfhundert Quadratmeter im Erdgeschoss eines Wohnhauses und liegt in San Giovanni a Teduccio am östlichen Rand von Neapel. Silvana unterstützt Gennaro im Betrieb und hilft bei Verkauf, Buchhaltung und Bestellung. 1981 dann wird ihre Tochter Maria-Pia geboren, drei Jahre später erblickt Marcella das Licht der Welt, und 1992 kommt noch ein Nachzügler: Sohn Ciro.

»In diesen Jahren konnte ich meinem Mann natürlich seltener im Geschäft helfen. Meist war ich doch eher zu Hause und habe mich um die Kinder gekümmert.« Erst als auch ihr Sohn in die Schule geht, ist Silvana Fucito wieder öfter im Geschäft.

Exakt zu dieser Zeit, Anfang 1999, beginnen die Besuche der Camorra.

»Die Eltern von Gennaro, die vor uns das Geschäft betrieben, hatten nie Probleme mit der Mafia. Aber im Lauf der Zeit mehrten sich in Neapel die Clans. Neue entstanden, sie teilten die verschiedenen Stadtviertel unter sich auf, und so waren auch wir irgendwann einmal dran. Eines Tages standen sie bei uns im Laden.«

Zu Beginn verlangen die Mitglieder des Clans, der sich »Aprea« nennt, nur ein paar Farbeimer gratis, und da sie keinen Ärger wollen, erfüllen Silvana Fucito und ihr Mann die Forderungen. Einige Monate später werden kleinere Geldbeträge verlangt, und auch die begleicht das Paar. Doch nach knapp einem Jahr sollen Silvana und ihr Mann schon Schecks in Höhe von mal fünftausend, mal sechstausend Euro einlösen. »Wir ahnten, dass es ungedeckte Schecks waren, und haben uns geweigert.«

Bei der Camorra löst die Weigerung großen Ärger aus, und Silvana und ihr Mann bekommen zum ersten Mal zu spüren, wozu die Mafia fähig ist: »Eines Abends kam Gennaro nach Hause, er blutete im Gesicht, und ich war total erschrocken. Sie hatten ihn in ihr Auto gezerrt, mit einem Messer bedroht und über mehrere Stunden geschlagen. Er hatte zwar keine schlimmen Verletzungen, aber da ahnte ich bereits, dass dies nur eine Warnung war. Die Camorra würde sich nicht zufriedengeben. Sie würde nicht lockerlassen, ehe wir ihnen irgendwie entgegenkommen.«

In den nächsten beiden Jahren tauchen Clan-Mitglieder einzeln oder zu zweit im Laden auf, lassen ihre Pistolen aus dem Hosenbund blitzen und machen unmissverständlich klar, was geschehen könnte, wenn Silvana und ihr Mann sich nicht gefügig zeigen. Das Paar zahlt kleinere Geldbeträge und schaut schweigend zu, wenn die Clan-Mitglieder Waren einstecken.

Doch die Camorra gibt sich damit nicht zufrieden. Im Sommer 2002 fordert der Clan sage und schreibe hunderttausend Euro Schutzgeld von Silvana und ihrem Mann.

So viel haben die beiden nicht, und so viel Geld wollen sie auch aus Prinzip nicht bezahlen.

»Die Forderungen wurden immer dreister. Sie wollten ja nicht nur Geld, sie wollten uns auch vorschreiben, dass wir Mitglieder ihres Clans einstellen. Darauf gingen wir nicht ein, wir wollten uns nicht zu Sklaven dieser Leute machen lassen.«

Einige Wochen vergehen, eine Zeit, in der Silvana Fucito jeden Tag befürchtet, dass die Mafia zuschlägt. »Ich hatte Angst, dass sie meinem Mann etwas antun oder mir oder gar den Kindern. Aber dass mit dem Geschäft etwas passiert, damit habe ich nie gerechnet. Es lag schließlich im Erdgeschoss eines siebenstöckigen Wohnhauses, die Camorra würde doch nicht Unschuldige mit hineinziehen. Dachte ich zumindest.«

Umso entsetzter ist Silvana Fucito, als am 19. September 2002 gegen dreiundzwanzig Uhr die Polizei an ihrer Haustür klingelt. Die Beamten fordern Silvana und ihren Mann auf, sofort mitzukommen. Die Camorra hat Brandsätze in ihr Geschäft geworfen und ein Großfeuer entfacht.

Als das Paar nur wenige Minuten später den Laden erreicht, stehen die mehr als hundert Bewohner des Hauses schon auf der Straße. Über zwanzig Familien mussten evakuiert werden. Mütter halten schreiende Babys auf dem Arm, Kinder starren fasziniert in das Feuer, ohne zu begreifen, was da geschieht, Männer schütteln ungläubig die Köpfe. Mitten unter ihnen müssen Silvana Fucito und ihr Mann mit ansehen, wie sich ihre über Jahrzehnte aufgebaute Arbeit in einen Haufen Asche verwandelt.

Diesen Anblick hält Silvana Fucito nicht aus. Sie handelt. Noch in derselben Nacht geht sie zur Polizei, nennt die Namen von fünfzehn Clan-Mitgliedern und erstattet Anzeige gegen sie. »Mit dem Feuer hatte es die Camorra endgültig übertrieben. Sie hatten schließlich nicht nur unser Geschäft zerstört, sondern auch das Leben von über hundert Unschuldigen in Gefahr gebracht! Das war zu viel für mich, und so habe ich gar nicht darüber nachgedacht, welche Konsequenzen eine Anzeige gegen die Camorra haben könnte. Es kam für mich in diesem Moment einfach nichts anderes in Frage.«

Die Löscharbeiten dauern sechsunddreißig Stunden, und erst als das Feuer besiegt ist, zeigt sich das ganze Ausmaß der Katastrophe: Der Schaden am Haus beläuft sich auf rund vier Millionen Euro.

»Mein Mann hat geweint, er war verzweifelt. Denn in Neapel eine Versicherung zu finden, die einen vor Brandanschlägen schützt, das gibt es nicht. So waren auch wir nicht versichert.« Nachdem sich der erste Schock gelegt hat, setzen sich Silvana Fucito und ihr Mann an den Tisch und überlegen, wie es weitergehen soll. Sie haben kein Geschäft mehr, aber zehn Angestellte, die für ihre Familien sorgen müssen und für die sie sich als Inhaber der Firma verantwortlich fühlen. Auch an ihre eigene Zukunft müssen sie denken. Jahrelang hat der Fachhandel einen ordentlichen Gewinn abgeworfen, so dass sie sich ein Leben im Wohlstand leisten konnten. Von einem Tag auf den anderen sind sie ruiniert.

Aber so leicht gibt Silvana Fucito nicht auf. Sie verkaufen ihr Ferienhaus am Meer und ihr Boot. »Wir brauchten ja dringend Geld, um uns eine neue Existenz aufzubauen.« Einen Teil des Erlöses stecken sie in den Wiederaufbau des zerstörten Wohnhauses. Sie wollen zwar an anderer Stelle einen neuen Lacke- und Farben-

53

handel eröffnen, doch zunächst wollen sie den Familien ihr Zuhause zurückgeben.

Als Silvana Fucito und ihr Ehemann im Januar 2003 einige Straßen entfernt einen neuen Laden eröffnen, kehrt ein Stück Alltag in ihr Leben zurück. In den ersten Tagen befürchten sie, dass die Camorra gleich wieder zur Stelle sein wird. »Doch sie kamen nicht mehr. Es erstaunte mich selbst. Aber die Camorra ist ja auch nicht dumm. Ich hatte sie angezeigt; hätten sie uns überfallen oder erneut bedroht, hätten sich die Clan-Mitglieder selbst nur noch weiter belastet«, sagt Fucito.

Doch statt sich still zu freuen, dass die Camorra sie in Ruhe lässt, geht Silvana Fucito in die Offensive. Sie will, dass sich etwas ändert, dass die Mafia ihre Stadt nicht weiter terrorisiert. »Dieser Wille und die Kraft waren stärker als die Angst.«

Sie will andere Geschäftsleute davon überzeugen, dass es sich lohnt, gegen die Camorra vorzugehen, und zieht in ihrem Stadtteil von Haus zu Haus, um mit den Menschen zu reden. »Bei meinen ersten Besuchen sagten die meisten, dass sie kein Schutzgeld bezahlen, was natürlich eine Lüge war. Aber die meisten schämen sich für ihre Schwäche.« Fucito zeigt Geduld, kommt einige Tage später wieder, und nach wenigen Wochen hat sie bereits fünf andere Ladeninhaber für ihren Kampf gegen die Camorra gewinnen können. »Einige Pfarrer haben uns unterstützt. Sie boten an, dass wir uns in ihren Kirchen, in den Sakristeien, treffen können. Alles musste unter großer Geheimhaltung laufen, die Kirche war der einzige Ort, an dem wir uns sicher fühlten.«

Gennaro hat Verständnis, dass seine Frau ihm nicht mehr wie früher jeden Tag im Geschäft hilft, sondern stattdessen an den Türen von anderen Kaufleuten klingelt. Er sieht, dass sich der Einsatz auszahlt. In den folgenden Wochen und Monaten schließen sich Fucito weitere Händler an. Ihr Sinneswandel wird nicht zuletzt dadurch befördert, dass sich im März 2003 ein Dachverband von Kaufleuten in Neapel gegen Schutzgelderpressung gründet, die »Federazione delle Associazioni Antiracket e Antiusura Italiane«, und dass im Juli 2003 die ersten von Fucito angezeigten Clan-Mitglieder verhaftet werden. Es ist ein Zeichen dafür, dass die Stadt Neapel mit den Geschäftsleuten an einem Strang zieht und der Camorra das Handwerk legen will.

Um die Problematik in ihrem Viertel gezielt zu erfassen, gründet Fucito gemeinsam mit den ersten Gleichgesinnten im Februar 2004 zudem die Vereinigung »San Giovanni per la legalità« – »San Giovanni für die Rechtsgültigkeit«. Sie wird Präsidentin dieses Stadtteilverbands.

Im November 2004 beginnt der Prozess. Sooft es ihre Zeit zulässt, sitzt Silvana Fucito im Gerichtssaal und verfolgt die Verhandlungen – meist gemeinsam mit anderen Mitgliedern der Federazione delle Associazioni Antiracket e Antiusura. Sie sagt aber auch als Zeugin aus. »Ich wollte den Männern ins Gesicht sehen. Es fiel mir schwer. Ich habe mich geschämt. Nicht für mein Handeln, sondern für das, was die Angeklagten getan haben.«

Die führenden Politiker der Stadt sind sich der Gefahr bewusst, in die sich Fucito durch ihre Auftritte vor Gericht begibt, und stellen sie unter Polizeischutz. Zwei Beamte begleiten Fucito überallhin, selbst zu den alltäglichen Terminen und Besorgungen wie einem Friseurbesuch, einem Abstecher in ein Café oder beim Lebensmitteleinkauf. »Natürlich musste ich mich daran gewöhnen, dass immer zwei Polizisten um mich herum sind. Da wird mir immer wieder die Situation bewusst, in der ich lebe, aber auch die Situation in unserer Stadt.«

Eine italienische Mamma, die plötzlich der Mafia den Kampf ansagt, sorgt auch über die Grenzen Italiens hinaus für Anerkennung und Aufsehen. Das amerikanische Magazin *Times* verlieh Fucito 2005 den Titel »Europäische Heldin des Jahres«. Diese Medienpräsenz und Aufmerksamkeit ist der Italienerin wichtig. Nur mit breiter Rückendeckung und großem, auch internationalem Zuspruch kann sie neue Mitglieder für die Vereinigung gegen Schutzgelderpressung gewinnen.

In dem Prozess, der sich bis ins Jahr 2006 hinzieht, sprechen die Richter die fünfzehn Angeklagten schuldig. Alle werden zu Haftstrafen verurteilt, einige der Clan-Mitglieder müssen bis zu zwölf Jahre ins Gefängnis. Fucito ist mit dem Ausgang zufrieden. Die Richter lassen keine Gnade walten, und auch die Polizei gibt sich eisern. Einige der Angeklagten waren vor dem Urteilsspruch untergetaucht, aber die italienischen Ermittler hefteten sich an ihre Fersen und arbeiteten dabei eng mit Kollegen aus verschiedenen Ländern zusammen. So konnte zum Beispiel im Oktober 2007 ein führendes Clan-Mitglied in Hamburg festgenommen werden. Der Täter war in Abwesenheit zu acht Jahren Freiheitsstrafe verurteilt worden.

»Diese internationale Zusammenarbeit, dieses breitflächige Netzwerk der Polizei ist für uns Camorra-Gegner sehr wichtig«, erklärt Silvana Fucito. »Die Mafia breitet sich verstärkt auch im Ausland aus und verlangt Schutzgelder. Wird dann wie in Hamburg ein Clan-Mitglied geschnappt, so macht das den Menschen Mut, ihre Angst zu vergessen und gegen die Mafia auszusagen. Ich begleite häufig Geschäftsinhaber zu Prozessen und rede ihnen gut zu, versuche, ihnen Kraft zu geben. Wenn sie sich unsicher fühlen, schweigen die meisten aus Furcht vor Übergriffen lieber weiter. Sehen sie aber, dass die Täter tatsächlich verurteilt werden und dass durchgegriffen wird, sind sie auch bereit, Namen zu nennen.«

Im Lauf der Jahre ist die Initiative gegen die Schutzgelderpressung durch die Camorra gewachsen. Rund fünfhundert Geschäftsleute haben sich im Großraum Neapel in verschiedenen Organisationen zusammengeschlossen. In fast jedem Viertel der Millionenstadt gibt es eine Vereinigung gegen die Mafia. »Jeder Clan arbeitet anders, zudem gibt es viele kleine Grüppchen. Allein bei mir im Viertel gibt es sieben verschiedene Clans. Es ist daher wichtig, dass die Kaufleute sich in ihrem Stadtteil organisieren, um die Problematik gezielt zu bekämpfen. Der Dachverband unterstützt sie mit Informationen, mit Rechtsberatung und psychologischer Hilfe. Alles ist kostenlos.«

Wie die anderen Vorsitzenden von Stadtteilvereinigungen prüft auch Fucito vorsichtig, wen sie in ihre Gruppe San Giovanni per la legalità aufnimmt. Schließlich besteht die Gefahr, dass die Camorra Spitzel einschleust, um Fucito und ihre Mitstreiter auszuspionieren. Es ist ein Risiko, das nie ganz verschwinden wird. Um die Gefahr so gering wie möglich zu halten, besucht Silvana Fucito die Kaufleute regelmäßig in ihren Geschäften und führt intensive Gespräche. So sind aus den anfangs sechs Mitgliedern mit der Zeit sechzig geworden.

Es ist ein gut funktionierendes Netzwerk. Die Ge-

schäftsinhaber informieren sich gegenseitig über Schutz-
geldzahlungen, neue Clans und fällige Termine. Steht bei
einem Unternehmen wieder eine Schutzgeldübergabe an,
schickt Fucito an dem Datum die Polizei vorbei, die dann
alle Beteiligten festnimmt – sowohl die Clan-Mitglieder
als auch den Ladeninhaber. So geraten die Geschäftsleute
nicht in Verdacht, dass sie selbst im Vorfeld die Polizei
gerufen haben.

Silvana Fucito hofft, dass diese Maßnahmen und Hil-
fen langfristig greifen und die Bewegung wächst. Sie
ist überzeugt davon, dass die Camorra nur schwächer
wird, wenn die Bürger Stärke zeigen. »Wir hätten allerdings viel früher anfangen müssen, aber es hat sich ja
nie einer getraut. So konnte sich die Mafia derart extrem
ausbreiten, dass die Bekämpfung heute sehr langwierig
und schwierig ist«, meint Fucito. »Da zahlreiche Händler
nur ungern oder gar nicht über Schutzgeld sprechen, gibt
es keine genauen Zahlen. Doch man kann davon ausge-
hen, dass in der ganzen Region Kampanien, zu der auch
Neapel gehört, rund vierzigtausend Kaufleute Schutzgelder zahlen. Damit diese Zahl schrumpft, müssen wirklich
alle zusammenhalten, die Bürger, die Stadt und der
Staat.«

Regelmäßig reist Fucito daher durchs Land. Sie hält
Vorträge in Schulen und Universitäten, um bereits die
jungen Leute über die Machenschaften der Mafia aufzuklären und um ihr Rechtsbewusstsein zu stärken. Mitunter kommt es vor, dass einer der jungen Zuhörer den
Kopf schüttelt und abwinkt, weil er später gar keinen
eigenen Laden führen möchte. Doch dann erzählt Fucito
weiter. »Schließlich geht es ja nicht nur um die Schutzgelderpressung. Die Camorra hat fast überall ihre Finger

mit im Spiel, sei es die illegale Müllbeseitigung, der Rauschgifthandel, das Baugewerbe.«

Bis hinauf nach Norditalien, beispielsweise in Turin, referiert sie vor Kaufleuten – »Da oben ist die Schutzgelderpressung noch nicht so verbreitet. Die wissen gar nicht, was auf sie zukommen kann« –, und regelmäßig verfolgt sie Prozesse gegen die Mafia, auch in Süditalien und auf Sizilien. »Angst hat in meinem Leben keinen Platz. Wirklich, es fehlt mir mittlerweile die Zeit, um darüber nachzudenken. Ich bin manchmal für drei, vier Tage unterwegs und spreche mit den Leuten über die Mafia und wie wir sie bekämpfen können. Ich denke wirklich nicht über Angst nach, sondern darüber, was ich bewegen kann, gemeinsam mit anderen.«

Längst ist ihre Erfahrung auch im Ausland gefragt. Sie bekam Besuch von einer Kaufleutevereinigung aus Serbien und wurde nach Irland eingeladen, um über das organisierte Verbrechen in Italien zu berichten. Ihr Mann Gennaro arbeitet unterdessen weiter im Geschäft. »Irgendjemand muss ja auch Geld verdienen. Schließlich mache ich alles ehrenamtlich. Die Reisen und Vorträge oder die Begleitung anderer Kaufleute vor Gericht, das zahle ich alles aus eigener Tasche.«

Silvana Fucito ist eine starke und mutige Frau, die in ihrem Heimatland für viele zu einem Vorbild geworden ist. Nachbarn, die sie in der Anfangszeit mieden, weil sie um ihr eigenes Leben fürchteten, gratulieren ihr heute. Polizisten aus anderen Städten reisen in Bussen an, um diese couragierte Frau mit eigenen Augen zu sehen und ihr die Hand zu schütteln.

2007 zeichnete sie Staatspräsident Giorgio Napolitano als »Ritterin der Arbeit« aus, und der italienische Fernsehsender RAI drehte einen Fernsehfilm über ihre Geschichte.

Ihr Mann und ihre drei Kinder sind stolz auf sie, obwohl sie auch die Schattenseiten der Popularität zu spüren bekommen. Wenn Silvana Fucito sich nicht zwischendurch immer mal wieder bewusst eine Auszeit nähme, bekäme die Familie sie kaum zu Gesicht. »Das stimmt schon, Freizeit kenne ich fast gar nicht. Aber wenn ich dann doch mal etwas Ruhe habe, male ich gern, sticke oder stricke«, sagt Fucito. Vor allem strickt sie dann Babysachen für ihr erstes Enkelkind, das Maria-Pia Ende 2008 zur Welt brachte.

Ihr Privatleben, die Familie, versucht die Italienerin von ihrem Engagement gegen die Mafia komplett freizuhalten. Sie achtet streng darauf, dass kein Pressefotograf Aufnahmen von ihren Kindern macht. So können ihre Angehörigen bis heute ein normales Leben führen und brauchen keine Leibwächter.

Silvana Fucito denkt viel darüber nach, was ist und was sein könnte. Wenn sie durch die Straßen von Neapel geht, zieht ihr der stechende Geruch der überall hingeworfenen Müllsäcke in die Nase. Seit die Stadt gegen die illegalen Deponien der Camorra vorgeht, stockt die Entsorgung. Die Bürger wehren sich gegen neue Verbrennungsanlagen. Zwar werden seit dem Frühjahr 2008 Zehntausende Tonnen Müll im Ausland entsorgt, auch in Deutschland und der Schweiz, doch noch im Herbst 2008 türmten sich mehrere Tausend Tonnen Müll in den Straßen und warteten auf ihre Abholung. Es ist ein Chaos.

Fucito sieht Polizisten auf ihren Motorrädern und in Autos vorbeifahren, etwa dreizehntausend Beamte sollen es sein, so viele wie in keiner anderen Stadt Italiens. Die

Arbeitslosenquote liegt bei fast 30 Prozent, und im Schnitt bringt die Camorra jeden dritten Tag einen Menschen um. Trotz dieser ernüchternden Zahlen und Umstände hat Silvana Fucito nie mit dem Gedanken gespielt, ihrer Heimatstadt den Rücken zu kehren. Sie ist hier geboren, genauso wie ihre Kinder, und so hofft sie, dass es mit der Zeit besser wird und sie mit ihrem Mann Gennaro in einem friedlicheren Neapel alt werden kann.

# »Ich dachte, ich müsste sterben«

*Phuntsok Nyidron saß als tibetische Nonne fünfzehn Jahre in chinesischer Haft und setzt sich heute für die Unabhängigkeit ihres Landes ein*

*Tibet liegt auf einem Hochplateau im Himalaya. Es ist eine wunderschöne, friedliche Landschaft, doch sie ist geprägt von einem zum Teil blutigen Konflikt: Die Tibeter streben nach Unabhängigkeit von der Volksrepublik China, diese aber betrachtet Tibet als ihr Gebiet. 1950 marschierte die Armee Mao Tse-tungs in Tibet ein und unterwarf es dem kommunistischen China. Beim Volksaufstand der Tibeter neun Jahre später wurden Zehntausende von ihnen getötet. Der Dalai Lama, das Oberhaupt der Tibeter, floh in dieser Zeit aus seiner Heimat und lebt seitdem in Indien im Exil. Auch während der Kulturrevolution in den sechziger Jahren wurden viele Klöster und Tempel von den Chinesen zerstört, und wieder mussten Tibeter sterben. Die Unruhen im März 2008 forderten erneut Todesopfer. Über hunderttausend Tibeter sind bereits aus ihrem Land geflüchtet. Denn viele von jenen, die weiter in ihrer Heimat leben und loyal zum Dalai Lama stehen, werden verhaftet und gefoltert. Einige, wie die Nonne Phuntsok Nyidron, wachsen dabei über sich hinaus.*

Manchmal, wenn Phuntsok Nyidron in der Dämmerung aufwacht, fällt es ihr schwer, sich zu orientieren. Für einen kurzen Augenblick sind da wieder die Angst und die Hoffnungslosigkeit, mit der jahrelang jeder einzelne Tag für sie begann. An einem solchen Morgen braucht Nyidron einen Moment, um in der Wirklichkeit anzukommen. Dann löst sich das beklemmende Gefühl, und die Erleichterung setzt ein: Sie ist in Freiheit, sie lebt, die Menschen um sie herum glauben ihr und akzeptieren sie. Es wird kein Tag sein, an dem man sie foltert und misshandelt. Aber immer wieder keimt kurz die Angst in ihr auf.

»Ich wurde 1970 im Bezirk Phenpo Lhundrup, im Osten der tibetischen Hauptstadt Lhasa, geboren«, erzählt Nyidron. Ihre Eltern sind Bauern, jeden Tag müssen sie hart arbeiten, um ihre Kinder ernähren zu können. Phuntsok Nyidron ist die Drittälteste von sieben Geschwistern, und schon als junges Mädchen muss sie beim Hüten der Yak-Rinder helfen. »Keiner von uns konnte in die Schule gehen, wir mussten mit aufs Feld, auf die Wiesen und unseren Eltern helfen, damit wir alle genügend zu essen hatten.« Sie genießt die Nähe zu ihren Schwestern und Brüdern, sie sind eine Gemeinschaft, die zusammenhält.

Als ihre ältere Schwester, kaum erwachsen geworden, ein Kind erwartet, fragt sich Phuntsok Nyidron, wie die Familie das schaffen soll: »Ich sah, was meine Eltern durchmachten. Auch das Enkelkind musste versorgt werden, also mussten sie noch mehr arbeiten. Das bedrückte mich.« Sie möchte ihrer Mutter und ihrem Vater nicht zur Last fallen und äußert daher kurz vor ihrem achtzehnten Geburtstag den Wunsch, Nonne zu werden. »So mussten sich meine Eltern wenigstens um mich nicht mehr sorgen«, sagt Nyidron. »Zudem ist es in Tibet Brauch, dass in einer Familie mindestens ein Kind ins Kloster geht, damit es eine religiöse Ausbildung erhält.«

Die Eltern merken, dass es ihrer Tochter ernst ist mit dem Vorhaben, und so unterstützen sie sie. Der Vater bringt Phuntsok Nyidron in den Grundzügen Lesen und Schreiben bei, und wenige Monate später, Anfang 1988, tritt sie in das Kloster Michungri ein.

Die junge Frau hofft, dort mehr über die Philosophie des tibetischen Buddhismus zu erfahren. Bevor sie jedoch überhaupt mit dem Studium anfangen kann, müssen sie und ihre acht Mitschwestern sich erst einmal darum kümmern, dass das Kloster wiederaufgebaut wird. Wie viele andere buddhistische Stätten Tibets wurde auch das Kloster Michungri während der Kulturrevolution zerstört. Die Nonnen ziehen daher von Dorf zu Dorf und bitten die Menschen um kleine Geldspenden und Nahrungsmittel.

Bis zu diesem Zeitpunkt hat Phuntsok Nyidron von den Konflikten zwischen den Chinesen und den Tibetern nur gehört, aber bereits wenige Wochen nach ihrem Eintritt in die Ordensgemeinschaft wird sie Augenzeugin der Auseinandersetzungen: Anfang März 1988 pilgert sie mit ihren Mitschwestern anlässlich des Mönlam-Gebetsfestes in die Altstadt von Lhasa zum buddhistischen Jokhang-Tempel. Als sie ihr Ziel erreichen, demonstrieren dort bereits Mönche aus dem Kloster Ganden. »Ich war schockiert. Die chinesischen Soldaten gingen mit Waffen auf die Ordensmänner los. Die Mönche wehrten sich, indem sie Steine warfen, und wir Nonnen halfen ihnen, diese Steine zu sammeln.« Nyidron und ihre Mitschwestern haben großes Glück, dass sie nicht bestraft werden.

Die Stimmung zwischen Tibetern und Chinesen ist aufgeheizt, und im März 1989 wird nach großen Unruhen sogar das Kriegsrecht verhängt. Trotzdem ist Phuntsok Nyidron mit anderen Nonnen in Lhasa, als am 10. Dezember desselben Jahres dem Dalai Lama in Oslo der Friedensnobelpreis verliehen wird. »Wir sahen, dass andere Tibeter aus Freude über die Preisverleihung Rauchopfer darbrachten. Auch wir wollten zeigen, dass wir uns mit dem Dalai Lama freuen. Auf dem Heimweg kam uns die Idee, am folgenden Tag friedlich zu demonstrieren und so auf die Missstände bei der tibetischen Bevölkerung aufmerksam zu machen.«

Die Nonnen wissen, dass es eine riskante Sympathiebekundung ist. Sie haben miterlebt, wie die Mönche von chinesischen Soldaten angegriffen wurden. Doch das kann die Frauen nicht von ihrem Plan abhalten. Sie wollen ihrer Loyalität gegenüber dem Dalai Lama – »Seiner Heiligkeit«, wie die Tibeter ihn nennen – unbedingt Ausdruck verleihen.

Am nächsten Tag gehen sie in das alte Wohnviertel rund um den Tempel Jokhang. Die Nonnen tun sich jeweils zu zweit zusammen, denn größere Gruppen von Ordensleuten würden gleich aufgehalten und kontrolliert werden. »Der Platz war voller Zivilpolizisten. Wir wollten uns nach und nach immer zu zweit vor einem Geschäft versammeln, doch als sechs von uns ankamen, standen vor der Tür schon Beamte, die offenbar ahnten, was wir vorhatten. Wir konnten nicht auf die letzten beiden von uns warten, und so riefen wir dreimal hintereinander laut unsere Parole: ›Freiheit für Tibet!‹ Gleich darauf packten uns die Polizisten und zerrten uns über den Platz zu einem Auto. Angst hatte ich nicht. Es ist mein Glaube, und von dem bin ich überzeugt. Ich hatte geahnt, dass man uns festnehmen würde, doch das war es mir wert.«

Als die letzten beiden Nonnen den Platz erreichen, erzählen Beobachter des Geschehens ihnen, was passiert ist. Statt ängstlich zu fliehen, halten die Nonnen zu ihren Mitschwestern, rufen laut ihre Forderungen und lassen sich bewusst ebenfalls verhaften.

Die Frauen werden ins Gutsa-Gefängnis gebracht, das nur wenige Kilometer von Lhasa entfernt liegt. Man trennt sie voneinander. Dann wird jede Nonne von zwei Männern verhört, einem Chinesen und einem Tibeter. Immer wieder fragen sie die Frauen, wer die Anstifterin der Demonstration gewesen sei, und weil die Nonnen nicht reden, wenden die Aufseher Foltermethoden an. Auch der Tibeter quält seine Landsfrauen.

»Meine Finger wurden mit einer Nähmaschine durchlöchert, wie sie zum Vernähen von Schuhen verwendet wird. Sie drückten mir Zigaretten im Gesicht aus, banden mir elektrisch geladene Drähte an die Zunge, schlugen zu zweit oder dritt mit Eisenstangen auf mich ein, bogen mir den linken Arm nach hinten, zerrten meinen rechten Arm über die Schulter und fesselten mir die Hände auf dem Rücken. Ich schrie, aber ich weinte nicht. Sie sollten mich nicht kleinkriegen. Ich wusste, dass sie meinen Widerstand brechen wollten, doch das sollte ihnen nicht gelingen.«

Zwischendurch essen die Männer an einem Tisch. Sie unterbrechen aber auch ihre Pause immer wieder, um erneut auf die Nonne einzuschlagen, setzen sich dann wieder hin und unterhalten sich, als sei nichts geschehen.

Sie binden Phuntsok Nyidron wieder die Arme auf dem Rücken zusammen und hängen sie daran auf, so dass ihre Füße nicht mehr den Boden berühren. Erneut schlagen die Peiniger mit Eisenstangen auf sie ein. Sie zeigen kein Erbarmen mit der Nonne. »Immer wieder fragten sie mich, wer die Anführerin gewesen sei. Irgendwann sagte ich einfach, dass ich es war.«

Bis zum Abend wird sie daraufhin weiter gefoltert. Dann werfen die Männer sie in eine kalte Zelle, in der nur eine dünne Matte auf dem harten Steinboden liegt. »Mir tat alles weh, der Rücken, die Finger, der ganze Körper. So konnte ich mich weder abstützen noch hinknien und habe mich nur noch auf die Matte fallen lassen«, sagt Phuntsok Nyidron.

Als sie am nächsten Morgen aufwacht, schmerzt ihr Leib noch immer. Ihre Finger sind angeschwollen und bluten, doch den Folterknechten ist das egal. Sie holen Phuntsok Nyidron aus der Zelle und foltern sie erneut. Einige der Nonnen erfahren von einem Gefängniswärter, dass sie zu drei Jahren Haft verurteilt worden seien, Nyidron aber lassen die Wächter im Ungewissen. Sie weiß nicht, wie lange sie an diesem grausamen Ort bleiben muss.

Wochen vergehen, in denen die besorgten Eltern Phuntsok Nyidron nur ein Mal besuchen dürfen. »Wir konnten dabei jedoch nicht wirklich miteinander reden. Polizisten standen in unserer Nähe und beobachteten uns. Da ich meine Eltern nicht gefährden wollte – sie sollten da nicht mit hineingezogen werden –, hielten wir nur gegenseitig unsere Hände, und ich fragte, wie es ihnen und meinen Geschwistern ginge.«

Nach fast drei Monaten Haft findet schließlich ein Prozess gegen die Nonnen statt. Gemeinsam mit ihren Ordensschwestern wird Phuntsok Nyidron nach Lhasa gebracht und vor Gericht gestellt. Eine vage Hoffnung keimt in ihr auf, dass sie und die anderen Schwestern vielleicht ihr Handeln erklären können, dass die Richter vielleicht gnädig sind und sie als Nonnen wieder in ihr Kloster zurückkehren dürfen. Doch die Ernüchterung folgt schnell: Als politische Gefangene haben die Frauen kein Anrecht auf einen Verteidiger.

»Das Urteil fiel sehr hart aus. Bis zu diesem Tag dachten einige von uns, sie müssten nur für drei Jahre im Gefängnis bleiben. Doch die Richter stockten die Strafe sogar noch auf. Meine Mitschwestern sollten für acht und ich als Anstifterin der Demonstration für neun Jahre ins Gefängnis.« Aber Phuntsok Nyidron hadert nicht mit ihrem Schicksal. Sie ist fest überzeugt von ihrem Glauben und dem Kampf für die Freiheit ihres Landes. Dafür nimmt sie die hohe Strafe in Kauf.

Nach dem Urteil werden die Nonnen vom Gutsa-Gefängnis in die Haftanstalt Drapchi in Lhasa verlegt. Drapchi gilt als das härteste Gefängnis in Tibet und ist für seine besonders drastischen Formen der Gehirnwäsche berüchtigt. »Stundenlang wurden wir dazu gezwungen, kommunistische chinesische Parolen auswendig zu lernen und aufzusagen. Weigerten wir uns, wurden wir wieder brutal geschlagen.«

Im Frauentrakt der Anstalt Drapchi, wo Nyidron inhaftiert ist, sitzen zweihundert Gefangene, die alle den gleichen tristen und grausamen Alltag erleben. Einige von ihnen müssen mit bloßen Händen Fäkalien als Düngemittel auf den Feldern verteilen, andere spinnen Garne oder sitzen in der Fabrik und weben Teppiche. Der vorgegebene Akkord ist unmenschlich, es ist schier unmöglich, ihn zu schaffen. Teilweise arbeiten die Frauen bis spät in die Nacht, um das Soll zu erfüllen. Gelingt es einer Frau trotzdem nicht, die Vorgaben einzuhalten, wird sie bestraft. Man schlägt sie oder verweigert ihr das Essen. »Meistens aber erteilten die Wächter Besuchsverbote«, sagt Nyidron. Selbst schlafen legen dürfen sich die müden Häftlinge erst, wenn ein Wärter es ihnen befiehlt. Doch wirklich zur Ruhe kommen die Gefangenen auch dann nicht. In den meisten Zellen kriechen nachts große Spinnen herum und Ratten, die sogar Menschen beißen.

Wochen und Monate vergehen. Als die Wärter den Nonnen versichern, dass diese am tibetischen Neujahrsfest, Losar, 1992 nicht Gefängniskleidung tragen müssen, sondern ihre Nonnentracht anlegen dürfen, freuen sich die Frauen. Nur einige Tage später ziehen die Beamten das Versprechen allerdings wieder zurück. »Wir fühlten uns betrogen. Und da sich an diesem Tag auch der Beginn des Aufstands unserer Landsleute im Jahr 1989 jährte, beschlossen wir, trotzdem unsere Zivilkleider anzuziehen. Wir wollten damit auch verdeutlichen, dass unser Widerstand nicht gebrochen war.«

Als die Soldaten sehen, dass sich die Nonnen über das Verbot hinwegsetzen, wollen sie drei der Frauen in Isolationshaft bringen. Aber die Nonnen lassen sich nicht trennen, sie klammern sich aneinander, es kommt zu einem Tumult. »Die Soldaten begannen, immer zu zweit oder zu dritt auf uns einzuschlagen. Ich war schon halb bewusstlos«, erzählt Phuntsok Nyidron. Zum Glück bekommen einige Insassen aus einem Männertrakt die brutale Aktion mit und rufen laut über den Gefängnishof: »Da wird jemand umgebracht!«

Es gleicht einem Wunder, dass die Soldaten daraufhin aufhören, die Frauen zu schlagen. »Diese Gefangenen haben mir das Leben gerettet, ich hätte den Tag sonst wohl nicht überlebt.«

Das Leben hinter den Mauern vollzieht sich fast komplett abgeschirmt von den Augen der Öffentlichkeit. Konnten die Frauen anfangs einmal im Monat drei Besucher empfangen, dürfen sie eine nach der anderen nur noch jeweils eine Person benennen, die sie besuchen soll.

»Manchmal wurde uns der Besuch ganz gestrichen, einfach so oder eben, weil wir bei den Arbeiten das Soll nicht erfüllt hatten. So hatten wir teilweise monatelang keinen Kontakt zu unseren Familien, und diese wussten nicht, wie es uns geht.«

Um ihren Angehörigen mitzuteilen, dass sie noch leben, und auch um ihren tibetischen Landsleuten zu zeigen, dass sie zwar misshandelt werden, ihr Widerstand aber nach wie vor ungebrochen ist, nimmt Phuntsok Nyidron gemeinsam mit dreizehn anderen Nonnen im Juni 1993 Freiheitslieder und Botschaften auf einer Tonkassette auf.

»Ein Mitgefangener hatte einen Rekorder eingeschmuggelt, und wir beschlossen, heimlich einige Lieder damit aufzunehmen und das Band dann aus dem Gefängnis zu schmuggeln.« Sie wollen die Kassette an einem bestimmten Tag in den Abfall werfen, die Verwandten sollen dann im Gefängnismüll vor dem Gebäude danach suchen. Das Vorhaben glückt tatsächlich, und die Kassette gelangt nicht nur in die Hände der Familienmitglieder, es wird sogar eine CD veröffentlicht. Die Botschaft der singenden Nonnen geht um die ganze Welt. Damit haben die Frauen nicht gerechnet.

Für diese Popularität zahlen sie jedoch einen hohen Preis: Ihre Haftstrafen werden um mehrere Jahre verlängert. Phuntsok Nyidrons Strafe weitet man um acht Jahre aus, ein Dreivierteljahr lang darf sie keinerlei Besuch empfangen. Sie erfährt noch nicht einmal, dass ihre Mutter sich in dieser Zeit große Sorgen um sie macht und im Krankenhaus behandelt werden muss. Erst als 1994 Nyidrons Bruder stirbt, gibt es ein kurzes Wiedersehen mit der Familie. Die Gefängnisleitung gibt der Nonne eine Stunde Freigang, damit sie bei dem Bestattungsritus dabei sein kann. Aber sie hat keine Zeit, um mit ihren Eltern zu trauern, denn nach dieser Zeremonie muss sie in den grausamen Alltag der Haftanstalt zurückkehren, sie muss Fäkalien ausbringen und Teppiche weben. Und immer wieder wird sie misshandelt, wenn den Wärtern gerade danach ist. Wieder ziehen Jahre ins Land.

Am 1. Mai 1998 – die Chinesen feiern den Tag der Arbeit – findet im Gefängnishof eine feierliche Kundgebung statt, bei der die chinesische Flagge gehisst wird und der auch die tibetischen Gefangenen beiwohnen sollen. Doch kaum haben sie den Platz betreten, rufen sie: »Lang lebe der Dalai Lama!« Alle Mönche und Nonnen fallen ein, und es kommt zu einem gewaltsamen Tumult.

Obwohl die Atmosphäre noch drei Tage später angespannt ist, befiehlt die Gefängnisleitung einigen Insassen, erneut an einer Zeremonie teilzunehmen. »Wir empfanden es als Pflicht, unsere Liebe und unseren Glauben für Tibet kundzutun. Als wir sahen, wie sich die Gefangenen im Hof versammelten, begannen wir durch die Gitterstäbe in den Hof unsere Freiheitsparolen zu rufen«, sagt Nyidron. Chaos bricht aus. Die Aufseher schießen auf die versammelten Gefangenen, von denen viele blutüberströmt zu Boden gehen. Wachen stürmen die Zellen, schleifen Nyidron und ihre Mitschwestern auf den Hof und schlagen wutentbrannt mit elektrischen Schlagstöcken und Gewehrkolben auf sie ein.

»Ich dachte wirklich, sie wollen uns alle umbringen. Immer wieder schlugen sie uns, ich weiß nicht, wie lange das so ging. Später erzählten andere Gefangene, diese Ausschreitungen hätten zwei oder drei Stunden gedauert.«

Die Gefängniswärter belassen es nicht bei Schlägen. Als weitere Strafe werden Phuntsok Nyidron und einige andere Schwestern für sechs Monate in Isolationszellen gesperrt. »Meine Zelle war sehr klein und nach oben hin offen, damit die Wachen mich ständig beobachten konnten. In der Nacht knipsten sie sogar noch das Licht an, und ich konnte keinen richtigen Schlaf finden. Körperlich ging es mir daher sehr schlecht. Ich bekam auch weniger zu essen als sonst. Täglich gab es nur ein Weißbrot und eine Schale Wasser mit ein paar Gemüsebrocken darin.«

Nur wenige Wochen später, an einem Morgen Anfang Juni 1998, hallt ein gellender Schrei durch den Gefängnistrakt. Erst später erfahren Phuntsok Nyidron und ihre Mitschwestern, dass an diesem Tag fünf Nonnen eines anderen Klosters tot in ihrer Zelle aufgefunden wurden. Auch sie saßen im Gefängnis, weil sie friedlich gegen die Chinesen aufbegehrt hatten. Die Behörden gaben als Grund für den Tod der Nonnen »Selbstmord« an. Nyidron und die anderen Frauen sind allerdings davon überzeugt, dass die Schwestern an den Folgen der exzessiven Folter gestorben sind. »Wir hörten davon, dass die Körper und Gesichter der Nonnen dermaßen geschwollen und entstellt waren, dass man sie kaum identifizieren konnte«, berichtet Nyidron. Drei andere Nonnen sterben ebenfalls in der Haft, weil sie politische Gefangene sind, denen die Wärter jegliche medizinische Behandlung verwehren.

Auch Phuntsok Nyidron fürchtet in diesen Jahren häufig, sie werde die Gefängnismauern nicht mehr lebend verlassen. »Ich dachte oft, ich würde im Gefängnis sterben. Sei es wegen der Misshandlungen oder weil ich wegen der schlechten Nahrung und der unhygienischen Verhältnisse krank werden würde.«

Während andere Nonnen ihre Strafen nach und nach abgesessen haben und das Gefängnis verlassen dürfen, bleibt Phuntsok Nyidron weiter in Haft. Als im September 2003 wieder zwei der »singenden Nonnen«, wie sie mittlerweile in der Öffentlichkeit genannt werden, aus dem Gefängnis kommen, ist Nyidron die Letzte von ihnen, die noch in ihrer Zelle sitzt. »Ich hatte immer das Gefühl, dass meine Mitschwestern nur körperlich nicht mehr anwesend sind. Mit ihrem Geist fühlte ich mich nach wie vor verbunden. Das hat mir die Stärke gegeben, auch allein durchzuhalten.«

Außerhalb der Gefängnismauern machen sich der Dalai Lama und die gesamte Exilregierung, die politischen Vertreter anderer Staaten und zahlreiche Tibet-Unterstützungsgruppen für Phuntsok Nyidron stark und fordern ihre Freilassung von der chinesischen Regierung. Phuntsok Nyidron selbst bekommt von alledem nichts mit und ist völlig überrascht, als sie im Februar 2004 – ein Jahr vor dem offiziellen Ende ihrer Haftzeit – vorzeitig entlassen wird.

»Ich saß mit anderen Gefangenen im Gemeinschaftsraum, als plötzlich eine Wächterin hereinkam, mir auf die Schulter klopfte und sagte, ich solle schnell mitkommen.« Die Aufseherin bringt sie in die Zelle, wo ihr ein Beamter verkündet, sie sei frei. Ihre Schlafmatte ist bereits zusammengerollt worden. »Ich konnte mich gar nicht richtig freuen, denn ich konnte nicht glauben, dass es wirklich vorbei sein sollte. Dass ich tatsächlich lebend aus dem Gefängnis kommen würde!«

Die Polizei bringt sie mit dem Auto nach Hause zu

ihren Eltern. Mehrere Nächte wagt Phuntsok Nyidron nicht einzuschlafen, aus Furcht, am nächsten Morgen doch wieder in ihrer Zelle aufzuwachen.

Die bei Phuntsok Nyidron langsam einsetzende Freude über ihre Entlassung bekommt einen Dämpfer durch die neuen Lebensumstände: Ein Aufpasser der chinesischen Regierung hat sich im Haus ihrer Familie einquartiert und überwacht nicht nur sie selbst auf Schritt und Tritt, sondern auch ihre Eltern und Geschwister. »Es war schlimm. Ich war raus aus dem Gefängnis, aber nicht wirklich frei. Ich stand unter Hausarrest, und weil ich meine eigentliche Strafe ja noch nicht komplett abgesessen hatte, gab es diesen Aufpasser.«

Obwohl sie große Schmerzen hat, lässt der Wachmann sie im ersten Jahr nicht zum Arzt gehen. Noch mehr als die Einschränkung ihrer eigenen Bewegungsfreiheit jedoch belasten Phuntsok Nyidron die Beschränkungen, denen ihre Familie unterworfen ist. Im Gefängnis war nur sie das Opfer, seit sie aus der Haft entlassen ist, müssen alle ihre Angehörigen leiden. »Jeder, der jemanden in unserer Familie besuchen wollte, musste seinen Pass vorzeigen und seinen ganzen Lebenslauf aufschreiben«, erzählt sie. »Alles wurde kontrolliert. Es gab kein Privatleben mehr.«

Zum tibetischen Neujahrsfest Anfang März 2006 fährt plötzlich ein Auto mit dem Gemeindepräsidenten und einem Abgesandten vom Büro für Außenbeziehungen bei Phuntsok Nyidrons Familie vor. »Die Männer fragten mich, ob ich in die USA gehen wolle, um mich dort medizinisch behandeln zu lassen. China würde sogar den Flug bezahlen, die amerikanische Regierung käme für die Behandlungskosten auf«, erzählt Phuntsok Nyidron.

»Ich wollte gesund werden und für mich selbst sorgen. Ich wusste, dass das in Tibet nicht möglich sein würde, weil ich weder ins Kloster zurückkehren noch arbeiten gehen konnte. Ehemalige politische Gefangene finden höchstens Arbeit, wenn sie ihren Hintergrund verbergen.« Deshalb nimmt sie das Angebot des Gemeindepräsidenten an.

Schweren Herzens verabschiedet sich Phuntsok Nyidron am 15. März von ihren Eltern und Geschwistern und steigt in das Flugzeug nach Amerika. Sie hat ein flaues, bedrückendes Gefühl, denn sie weiß, dass sie ihre Heimat lange Zeit nicht wiedersehen wird. Vielleicht würde sie sogar nie wieder tibetischen Boden betreten. »Die Situation würde sich dann nur noch verschlimmern. Ich würde noch mehr unter Beobachtung stehen, weil man mich des Kontakts mit dem Westen bezichtigen würde.« Sie versucht, ihre traurigen Gedanken fürs Erste zu verdrängen.

In Washington angekommen, wohnt sie bei einer tibetischen Familie. Drei Monate bleibt Nyidron in den USA und sucht viele Male verschiedene Mediziner auf, um sich untersuchen und behandeln zu lassen. Nach der langen Haftzeit leidet sie vor allem unter akuten Herzproblemen und hohem Blutdruck. Zudem hat sie Nierensteine, die ihr große Beschwerden bereiten.

Aber Phuntsok Nyidron nutzt ihren Aufenthalt in Amerika auch, um an der New York University den Reebok-Menschenrechtspreis endlich persönlich entgegenzunehmen, der ihr bereits 1995 verliehen worden war. Der Preis ehrt junge Menschen, die sich unter hohen persönlichen Risiken gewaltfrei für die Menschenrechte in ihrem Land einsetzen. Da Nyidron seinerzeit noch in chinesischer Gefangenschaft war, hatte der Hollywood-Schauspieler Richard Gere an ihrer Stelle die Auszeichnung entgegengenommen. »Ich war sehr gerührt, nach über zehn Jahren diesen Preis selbst in Händen zu halten. Es hat mir gezeigt, dass die Menschen mich und damit die Problematik von uns Tibetern nicht vergessen haben.«

In New York trifft sie auch andere tibetische Nonnen wieder, mit denen sie im Gefängnis von Drapchi saß. Einige von ihnen wollen in den USA bleiben, andere erzählen ihr von der Schweiz. Sie sagen, die Landschaft dort ähnle der tibetischen, und die Regierung nehme Tibeter sehr freundlich auf. Fast viertausend Exil-Tibeter haben in der Schweiz ein neues Zuhause gefunden, in keinem anderen europäischen Land leben mehr ihrer Landsleute. Phuntsok Nyidron wird neugierig, und da sie nicht in ihre Heimat zurückkehren kann, beschließt sie, sich die Schweiz einmal genauer anzusehen. Sie knüpft Kontakte zu Tibetern dort. Im Juni 2006 fliegt sie nach Zürich und kommt dort bei einer tibetischen Familie unter.

»Die erste Zeit in der Schweiz hatte ich große Schwierigkeiten«, erzählt Phuntsok Nyidron. »Alles war neu, die Menschen, die Umgebung. Ich verstand die Sprache nicht, ich sprach ja nur Tibetisch, auch kein Englisch, so dass ich Probleme hatte, mich zu orientieren oder auch einfach nur einzukaufen.« Zum Glück aber haben sich die Exil-Tibeter in der Schweiz zu einem großen, gut funktionierenden Netzwerk zusammengeschlossen, und Phuntsok Nyidron fühlt sich schon nach kurzer Zeit gut aufgehoben. Sie tankt Kraft und kümmert sich um ihre Gesundheit, die Nierensteine werden operiert, und sie besucht Sprachkurse, um Deutsch zu lernen. Regelmäßig nimmt sie an friedlichen Demonstrationen, Kundgebungen und Kongressen teil, um über die Zustände in Tibet aufzuklären.

Anfang Juli 2008 wagt sie einen weiteren Schritt in die Selbständigkeit und bezieht am Stadtrand von Zürich eine eigene kleine Wohnung. »Ich fühle mich wohl in diesem Land. Ich möchte weiter Deutsch lernen und eine Ausbildung machen. Wenn ich die Gelegenheit erhalte, könnte ich mir zum Beispiel gut vorstellen, in einem Pflegeheim für ältere Menschen zu arbeiten«, erzählt sie.

Lange kann sie die Verbindung zu ihren Eltern und Geschwistern in Tibet aufrechterhalten. Sie telefonieren etwa einmal im Monat miteinander. Doch als es im März 2008 wieder zu großen Unruhen zwischen Tibetern und Chinesen kommt und es viele Tote und Verletzte gibt, bricht der Kontakt ab. Phuntsok Nyidron betet seitdem jeden Tag für ihre Familie.

»Ich mache mir große Sorgen um sie, überhaupt um die Situation der Tibeter. Es ist wichtig, dass die Weltgemeinschaft endlich verstärkt Hilfe leistet und sich einmischt in den Konflikt zwischen Tibet und China. Tut sie es nicht, und es geht so weiter, wird es immer wieder zu Unruhen kommen, und irgendwann wird es uns Tibeter nicht mehr geben.«

Gern würde sie nach Tibet reisen, um sich selbst ein Bild von der Lage im Land zu machen und um ihre Familie und die Geschwister zu sehen. Doch Nyidron weiß, dass sie als ehemalige politische Gefangene sofort wieder von der Polizei beobachtet werden würde. Sie wird daher abwarten müssen, wie sich der Konflikt zwischen Tibet und China entwickelt.

»Gesundheitlich habe ich noch immer große Probleme. Ich fühle mich auch nicht wirklich frei. Manchmal spüre ich ohne aktuellen Grund plötzlich eine Bedrohung.« Trotz dieser Nachwirkungen der Folter, des Gefängnisaufenthalts und der fortdauernden Angst steht für sie aber fest: »Mein Lebensende möchte ich in Tibet, meiner Heimat, verbringen. Es ist mein großer Wunsch, dort, wo ich geboren bin, auch zu sterben. Ich hoffe, dass er sich erfüllt.«

# »Du musst dich entscheiden, ob du weiter ein Opfer sein willst oder nicht«

*Eve Ensler schuf die Vagina-Monologe, um Frauen die Scham und Angst vor ihrem Körper und ihrer Sexualität zu nehmen*

*Zahlen gibt es reichlich: Laut einer Untersuchung der Universität Bonn beispielsweise befriedigen sich 86 Prozent der Frauen regelmäßig selbst. Eine Studie der Universität Göttingen brachte ans Licht, dass bei 56 Prozent der Frauen sexuelle Bedürfnisse unerfüllt bleiben. Befragungen der Universität Leipzig ergaben, dass jede dritte Frau mit ihrem Körper unzufrieden ist. Und die Universität Tübingen fand heraus, dass jede fünfte Frau zwischen fünfundzwanzig und fünfunddreißig schon zwei bis drei Seitensprünge hinter sich hat. Auch wenn die Sexualität heute kein Tabuthema mehr ist, ist das Verhältnis vieler Frauen zum eigenen Körper oft noch immer problematisch. Dagegen will Eve Ensler etwas tun. Sie möchte das Denken und Fühlen der Frauen verändern.*

Es ist nur ein Wort, gerade einmal sechs Buchstaben lang: Vagina. Lange hat es das Dasein eines medizinischen Fachbegriffs gefristet. Und vermutlich hätten es niemals so viele Frauen ausgesprochen und sich mit dem auseinandergesetzt, was es bezeichnet – gäbe es Eve Ensler nicht. Die amerikanische Schriftstellerin und Theaterautorin hat der Vagina buchstäblich ins Rampenlicht verholfen.

Anstoß dazu gibt ihr Mitte der neunziger Jahre ein Gespräch mit einer Freundin über die Wechseljahre. Ensler ist verblüfft und schockiert, welche Hemmungen die Freundin hat, offen über ihr Geschlechtsorgan und über Sex zu sprechen. Eine starke Ablehnung klingt aus ihren Worten heraus.

Ist diese Freundin eine Ausnahme oder denken andere

Frauen ebenfalls schlecht über ihre Vagina? Eve Ensler unterhält sich mit anderen Freundinnen. Die meisten wollen anfangs nur zögerlich über Sex sprechen, dann aber geraten sie in einen Redefluss, und nach den Gesprächen nennt jede Frau noch eine weitere, mit der Ensler sich unbedingt unterhalten solle.

Was mit purer Neugierde beginnt, wird zu einem großen Projekt: Erst sind es zwanzig, dann fünfzig, dann hundert Frauen und am Ende, nach zwei Jahren Recherche, hat Ensler über zweihundert Frauen über ihr Verhältnis zu ihrer Scheide und ihrer sexuellen Lust interviewt. »Wonach riecht deine Vagina?«, »Was würdest du deiner Vagina anziehen, wenn du könntest?«, »Welche drei Worte würde sie sagen, wenn sie könnte?« – das sind nur einige ihrer Fragen.

Die interviewten Frauen sind unterschiedlich alt. Ein sechsjähriges Mädchen erzählt, ihre Vagina dufte nach Schneeflocken, eine zweiundsiebzigjährige Frau hat ihre Scheide noch nie gesehen. Die Gesprächspartnerinnen kommen aus allen Schichten der Gesellschaft und aus verschiedenen Ländern. Managerinnen sind genauso darunter wie Prostituierte, Afroamerikanerinnen genauso wie Frauen mit asiatischen Wurzeln, Christinnen, Musliminnen, Jüdinnen.

Ensler protokolliert jede Unterhaltung, schreibt auf, was die Frauen über ihre Sexualität, über ihre Beziehung zum eigenen Körper und ihre Vagina erzählen. Es sind Erfahrungsberichte über die Menstruation, den ersten Orgasmus, das Kinderkriegen oder lesbischen Sex. Einige wirken amüsant, andere stimmen nachdenklich und traurig, so zum Beispiel der Bericht einer bosnischen Frau, die von ihrer Vergewaltigung im Krieg erzählt. Viele Frauen sehen ihre Vagina als etwas Dreckiges an, einige nehmen sie als gefährliche Zone wahr.

Diese Erzählungen gehören an die Öffentlichkeit, ist Eve Ensler überzeugt. Sie will damit Diskussionen anregen, Tabus brechen und Frauen zum Nachdenken über ihre Beziehung zu ihrer Vagina animieren. In den Jahren zuvor hat sie ehrenamtlich in Frauenhäusern gearbeitet. Sie weiß von daher, aber auch aus eigener Erfahrung, dass Frauen schnell bereit sind, sich selbst die Schuld dafür zu geben, wenn sie zu Opfern männlicher Gewalt werden. Da Ensler bereits verschiedene Theaterstücke geschrieben hat, konzipiert sie auch diese Arbeit als Bühnenwerk und nennt es schlicht: *Die Vagina-Monologe.*

»Einige Leute redeten mir zu, ich sollte unbedingt den Titel ändern. Sie meinten: ›Bist du verrückt, du kannst doch nicht über Vaginas sprechen!‹« Doch sie bleibt dabei. 1996 trägt Ensler die *Monologe* erstmals vor, im Keller des Cornelia Street Café, einem Lokal mit Kleinkunstbühne im New Yorker Greenwich Village. Im selben Jahr erhält sie dafür den Obie Award als bestes neues Stück, gewissermaßen den »Oscar« für Theaterschaffende.

Wer ist diese Frau, dass sie sich solch einem Thema widmet und damit vor Publikum aufzutreten wagt?

Eve Ensler wird am 25. Mai 1953 in New York geboren und wächst mit zwei Geschwistern in Scarsdale, einem Vorort von New York, auf. Ihr Vater verdient als Geschäftsführer bei einem Nahrungsmittelhersteller ein gutes Gehalt, die Mutter, die aus einfachen Verhältnissen kommt, arbeitet als Hausfrau.

Ensler erlebt eine traumatische Kindheit: Von ihrem fünften bis zu ihrem zehnten Lebensjahr missbraucht ihr

Vater sie sexuell. Anschließend kommt es zwar nicht mehr zu sexuellen Übergriffen, doch muss sie weiter seine Gewaltausbrüche über sich ergehen lassen. Ist der Vater in Rage, schlägt er sie mit einem Gürtel oder schleudert sie gegen die Wand. »Da sind manche Dinge, an die ich mich erinnere. Aber auch Dinge, die habe ich vergessen«, sagt sie in einem Interview mit dem *People*-Magazin. Mit ihrer Mutter spricht sie in dieser Zeit nicht über den Missbrauch. Sie weiß nicht, ob diese zumindest etwas davon ahnt oder ob ihr sogar klar ist, was geschieht.

Eve Ensler ist wütend darüber, was sie erleben muss. Wie so viele Missbrauchsopfer hat sie aber auch Schuldgefühle wegen der Übergriffe des Vaters. Auf der Highschool beginnt Ensler, sich mit Alkohol und Drogen zu betäuben, um diese Gefühle zu verdrängen. Sie schafft es trotzdem, die Schule zu beenden, besucht im Anschluss das Middlebury College in Vermont und schreibt 1975 eine Abschlussarbeit über das Phänomen des Selbstmords in der zeitgenössischen Dichtung.

Als sie sich für eine Ausbildung an der renommierten Yale Drama School bewirbt, wird sie angenommen, doch ihr Geld reicht nicht aus, um das Studium zu finanzieren. So zieht sie in das zwei Fahrstunden entfernte New York und jobbt als Kellnerin. Sie hat Beziehungen zu Frauen wie zu Männern und versucht, irgendwo Halt und Liebe zu finden. Eines Abends im Jahr 1976 landet sie in einer New Yorker Kneipe, dem West Fourth Street Saloon. Hier lernt sie den zwölf Jahre älteren Richard McDermott kennen, Besitzer und Barkeeper des Lokals. Die beiden werden ein Paar, und McDermott ermutigt Ensler, eine Entziehungskur zu machen. Tatsächlich schafft sie es, auf diese Weise die Sucht zu überwinden.

Mit vierundzwanzig Jahren ist sie trocken und entdeckt ein Mittel, mit dem sie ihre Vergangenheit auf andere Art und Weise als mit Alkohol verarbeiten kann – das Schreiben. Gegenüber CNN sagt sie: »Beim Schreiben konnte ich eine andere Person sein, als ich selbst war, und diese andere Person konnte all die Gefühle und Gedanken für die Zukunft zulassen, wie ich es selbst nicht schaffte. Ich musste daher schreiben, und das Gefühl habe ich heute noch.«

Sie engagiert sich bei der Organisation »Chelsea Against Nuclear Destruction United« und bringt ihre Eindrücke zu Papier. So entsteht ihr erstes Theaterstück, das sich mit dem Ausstieg aus der Atomenergie beschäftigt. Es wird in verschiedenen Kirchen und bei Demonstrationen aufgeführt.

1978 heiraten Eve Ensler und Richard McDermott, und obwohl sie bereits die dritte Ehefrau an seiner Seite ist, gelingt es ihr, auch eine enge und intensive Bindung zu McDermotts Sohn Mark aufzubauen, der nur sechs Jahre jünger als sie ist. 1979 adoptiert sie den neunzehnjährigen Mark sogar. Der junge Mann steckt selbst in einem Chaos der Gefühle: Seine leibliche Mutter war von einem Geliebten erschossen worden, als er fünf Jahre alt war. Der Junge wuchs bei der Großmutter auf und kam erst nach deren Tod zu seinem Vater. Später trieb er sich in Bars herum und wurde Alkoholiker.

Eve Ensler erkennt in dem jungen Mann ein Stück weit sich selbst und versucht, ihn auf die rechte Bahn zu bringen. Sie ermutigt ihn in seinem Wunsch, Schauspieler zu werden, so dass er sich aufrafft und an der Fordham University ein Schauspielstudium beginnt. Wie eng und vertraut die Beziehung der beiden ist, zeigt sich, als Eve

Ensler eine Fehlgeburt erleidet: Ihr ungeborener Sohn hätte Dylan heißen sollen, und zu Ehren seiner Stiefmutter ändert Mark McDermott daraufhin seinen Vornamen in Dylan. Heute ist er unter diesem Namen ein bekannter Schauspieler.

1988 lassen sich Richard McDermott und Eve Ensler scheiden. Als einen der Gründe für die Trennung gibt Ensler zwar den Wunsch nach Unabhängigkeit und Freiheit an, gegenüber der *New York Times* sagt sie dazu aber im September 1999: »Die Trennung versetzte mich schon in Panik, ich befand mich noch immer in der Aufarbeitung meiner Kindheit.«

Nur wenige Monate später lernt Eve Ensler den sechs Jahre älteren israelischen Psychotherapeuten und Filmemacher Ariel Orr Jordan kennen. »Er ist ein unglaublich freundlicher, freigebiger Mensch. Doch ich fühle mich zu beiden Geschlechtern hingezogen, zu Frauen wie Männern. Ich glaube nicht daran, dass man Menschen besitzen kann«, so Ensler zur *New York Times*.

Aber auch die neue Beziehung bewahrt sie nicht vor den immer wieder in ihr aufsteigenden Erinnerungen an die Erlebnisse ihrer Kindheit. Ensler stürzt sich ins Schreiben. Schon früher war es für sie die einzige Möglichkeit, Distanz zu den traumatischen Erfahrungen herzustellen und sich so selbst zu schützen. In einem Interview mit *People* erklärt sie: »Der Weg, um bei Verstand zu bleiben, war das Schreiben und der Glaube daran, anderen Menschen damit helfen zu können, sich besser zu fühlen.«

In den folgenden Jahren entstehen weitere Theaterstücke, und: Sie arbeitet ihre eigene Vergangenheit auf. Nachdem der Vater 1989 gestorben ist, spricht sie mit der

Mutter zum ersten Mal über die sexuellen Misshandlungen. Ensler zufolge stellt sich heraus, dass die Mutter vermutlich von den Übergriffen wusste, doch die Abhängigkeit von ihrem Mann war zu groß, als dass sie es gewagt hätte, sich zum Schutz ihrer Kinder von ihm zu trennen.

Im *People*-Magazin äußert sich Ensler 2001: »Sie hatte drei Kinder und keinen anderen Ort, wo sie hätte hingehen können. Ein Teil von dem, was ich nun lernen muss, ist zu vergeben.« Mit der Mutter über die Geschehnisse zu sprechen ist ein erster wichtiger Schritt dazu. »Als ich als Erwachsene endlich fähig war, mit meiner Mutter zusammenzusitzen und über die sexuelle und körperliche Gewalt zu sprechen, die mir mein Vater als Kind angetan hatte, war dies ein unglaublicher Moment. Ich glaube, alles anzusprechen, das war der Moment, in dem meine Mutter und ich uns befreien konnten«, sagt Ensler in einem Interview mit dem National Public Radio im März 2006.

Sie legt den Selbsthass ab, die Depressionen lassen nach, und es gelingt ihr, ein offenes Verhältnis zu ihrer Sexualität zu entwickeln. Dabei hilft ihr die Arbeit an den *Vagina-Monologen*, die im Jahr nach der Erstaufführung 1996 in den USA auch als Buch erscheinen.

Ensler geht mit dem Stück auf Tournee, bei jeder Aufführung spricht sie das Wort »Vagina« etwa hundertdreißigmal; sie trägt die einzelnen Erzählungen vor, mal weinend, mal lachend, mal lauter, mal flüsternd. Und nach allen Vorstellungen, in jeder Kneipe, jedem Café, Theater und Frauenhaus, wo Eve Ensler vor einer Gruppe von Frauen liest, suchen die Zuhörerinnen das Gespräch. »Nach jeder Show kamen Frauen zu mir und erzählten, wie sie vergewaltigt oder missbraucht worden waren. Ich spürte ihre verzweifelte Lage, sie wollten sich mitteilen, mit jemandem darüber sprechen, und ich hatte das Gefühl, dass ich dabei irgendwann verrückt werde«, erzählt Ensler gegenüber CNN.

Aus dem, was ihr die Frauen erzählen, könnte Ensler problemlos weitere »Vagina-Monologe« zusammenstellen, doch sie kommt zu dem Schluss, dass sie es nicht bei einem Theaterstück belassen möchte. Vielmehr will sie Frauen dazu ermutigen, sich aus ihrer sexuellen Unterdrückung in der Gesellschaft zu befreien, und sie dazu mobilisieren, die Gewalt gegen Frauen zu bekämpfen. Im Gespräch mit der Zeitung *Jerusalem Post* sagt Ensler im Dezember 2002: »Ich wurde verletzt und verraten. Aber da kommt ein Moment im Leben, wo du eine grundlegende Entscheidung treffen musst. Entweder du lässt deine Identität einnehmen von dem Gefühl, ein Opfer zu sein, und dein Leben ist erfüllt von Bitternis und Misstrauen, oder aber du fragst dich, ob du nicht doch jemand anderes sein willst.« Eve Ensler beschließt, die Vergangenheit hinter sich zu lassen.

Als die *Vagina-Monologe* am 14. Februar 1998, dem Valentinstag, im Hammerstein Ballroom Theater in Manhattan aufgeführt werden, ist es keine gewöhnliche Vorstellung. Längst füllt das Stück große Theater, an diesem Abend sind an die zweitausendfünfhundert Zuhörerinnen gekommen. Zum ersten Mal liest Ensler die Monologe nicht selbst, sondern lässt sie von prominenten Schauspielerinnen wie Whoopi Goldberg, Glenn Close und Winona Ryder vortragen. Die Akteurinnen verzichten auf Gagen, stattdessen soll der Gewinn aus den Eintrittsgeldern engagierten Frauenprojekten zufließen. Eve Ensler nennt die Veranstaltung schlicht »V-Day«, das »V« des Valentinstags steht dabei sowohl für »Vagina« wie auch für »Victory«, Sieg. Und ihre Idee geht auf: Am Ende des ersten V-Days können über zweihundertfünfzigtausend Dollar an New Yorker Organisationen verteilt werden, die sich gegen Gewalt an Frauen und Mädchen einsetzen.

Aufgrund der prominenten Unterstützung wird Eve Ensler in den folgenden Monaten auch über die Grenzen der USA hinaus bekannt. 1999 erscheinen die *Vagina-Monologe* als Buch in Deutschland, Frankreich und Spanien, und während im selben Jahr am 14. Februar – dem Valentinstag – in New York erneut ein V-Day stattfindet, gibt es zeitgleich einen V-Day im Londoner Old Vic Theater. Es ist der erste V-Day in Europa. Wieder lesen bekannte Schauspielerinnen die Monologe, darunter Kate Winslet, Cate Blanchett, Sophie Dahl und Melanie Griffith. Alle verzichten auf ein Honorar, die Einnahmen kommen Initiativen zugute, die Gewalt gegen Frauen bekämpfen. Dieses Konzept setzt sich in den folgenden Jahren fort, und es gibt V-Days unter anderem in Frankreich, Luxemburg, Deutschland, Italien, Kanada und Israel.

Den Valentinstag hat Ensler mit Bedacht gewählt. Gerade am sogenannten Tag der Liebenden schenken viele Männer ihren Frauen oder Freundinnen Blumen oder Schmuck, und manche wollen damit ihr schlechtes Gewissen beruhigen, weil sie die Partnerin vorher seelisch oder körperlich misshandelt haben. Als Ensler am 10. Februar 2001 den V-Day eröffnet, erklärt sie: »V-Day ist die Vision eines menschlichen Lebens, in dem Mädchen und Frauen frei leben können, sicher und gleichberechtigt und mit Würde. V-Day wird nicht enden, bevor nicht die Gewalt gegen Frauen gestoppt ist.«

Die V-Day-Bewegung breitet sich über den ganzen

Globus aus. Jedes Jahr hat der V-Day einen anderen nationalen Schwerpunkt und weist zum Beispiel auf die Situation der irakischen oder der afghanischen Frauen hin. Über fünfundachtzig Schauspielerinnen, darunter Hollywoodstars wie Salma Hayek, Jane Fonda, Susan Sarandon, Calista Flockhart, Brooke Shields und Teri Hatcher, prominente Sängerinnen wie Alanis Morissette und Melissa Etheridge sowie Showgrößen wie die Moderatorin Oprah Winfrey haben die *Monologe* bereits vorgetragen. Auch in Deutschland haben Schauspielerinnen die *Monologe* gelesen, unter anderem Katja Riemann, Hannelore Elsner, Ulrike Folkerts, Esther Schweins und ich.

Mehr als fünfzig Millionen Dollar sind durch Eintrittsgelder und Spenden seit dem ersten V-Day zusammengekommen, sie fließen in den V-Day-Fonds, der weltweit Projekte im Kampf gegen Gewalt an Frauen unterstützt. In Kenia wurde ein »V-Day Safe House« eröffnet, das fünfzig jungen Mädchen Schutz vor genitaler Verstümmelung bietet und ihnen eine Schulausbildung ermöglicht. Nach dem Bosnienkrieg wird in Sarajewo eine Konferenz gesponsert, um Frauen aus den verschiedenen Krisenregionen zusammenzubringen, die über ein friedliches Miteinander diskutieren. Für ein Frauenhaus in Ägypten werden Möbel gekauft, und auch auf Haiti eröffnet ein V-Day Safe House als Zufluchtsort für misshandelte Frauen. Mehrmals wählt das amerikanische Finanz- und Lifestyle-Magazin *Worth* die V-Day-Organisation daher zu einer der hundert besten Hilfsorganisationen der Welt.

Die *Vagina-Monologe* werden in über vierzig Sprachen übersetzt und erobern über die Grenzen der USA hinaus die internationalen Theaterbühnen. In mehr als hundert Ländern feiert das Stück Premiere, darunter

Deutschland, die Schweiz und Österreich, aber auch Kroatien, die Türkei, China oder der Libanon. Während vor den Türen der Theater bisweilen gegen das Stück demonstriert wird, wie zum Beispiel im Libanon, ist im Zuschauersaal bereits der letzte Platz ausverkauft. Fast immer ist es das gleiche Bild: Anfangs treibt es der einen oder anderen Besucherin – und so manchem Besucher – die Schamesröte ins Gesicht, sobald das V-Wort ausgesprochen wird, hier und da ist auch verlegenes Kichern zu hören. Doch im Lauf der Vorstellung wandelt sich die Atmosphäre, und am Ende gibt es stehenden Applaus. Wieder einmal hat es das Stück geschafft, viele Frauen zu einem neuen Blick auf ihre Sexualität anzuregen – oder auch herauszufordern.

Als Botschafterin der V-Day-Bewegung reist Ensler in die unterschiedlichsten Länder, um sich über die oft katastrophalen Lebensumstände von Frauen zu informieren. So fliegt sie im Jahr 2000 mit der Schauspielerin Calista Flockhart, der Hauptdarstellerin der Fernsehserie *Ally McBeal,* nach Kenia. Dort sprechen die beiden mit einheimischen Frauen über Genitalverstümmelung und protestieren mit ihnen gegen die grausame Beschneidungspraxis. Ende 2002 reist Ensler nach Tel Aviv, wo mit Geldern aus der V-Day-Bewegung ein Frauenhaus eröffnet werden konnte. Für die engagierte Jüdin, die als Dank für ihre Spenden an die United Jewish Community mit dem »Lion of Judah« ausgezeichnet wurde, ist diese Reise nach Israel ein ganz besonderes Erlebnis.

2004 fährt Ensler mit den Schauspielerinnen Sally Field und Jane Fonda in die mexikanische Grenzstadt Ciudad Juárez. Sie wollen die Behörden dazu bringen, endlich ernsthafte Ermittlungen zum Verbleib der fast dreihundert Frauen im Alter von zwölf bis zwanzig Jahren einzuleiten, die in den zehn Jahren zuvor vergewaltigt und ermordet worden sind. Viele der grausam verstümmelten Leichen fand man in der Wüste. Eve Ensler spricht mit den verzweifelten Müttern der Getöteten und marschiert zum Protest mit ihnen durch die Stadt.

Mit Unicef macht Ensler sich gegen die Vergewaltigungen von Mädchen und Frauen im Kongo stark und spricht auch in Krisengebieten wie dem Irak und Afghanistan mit »V-Day Sisters«, Frauen, die gegen die sexuelle und gesellschaftliche Unterdrückung kämpfen.

Neben diesen zahlreichen Aktionen und Reisen unterrichtet Ensler im Fach Szenisches Schreiben an der Universität New York und arbeitet als Schriftstellerin, Theaterautorin und Regisseurin. Auch mit dieser Arbeit verfolgt sie ihre Mission, in den Köpfen der Frauen etwas zu bewegen, damit sie sich freier fühlen, sich lösen von gesellschaftlichen Zwängen. In ihrem Theaterstück *The Good Body* (Der gute Körper) beschäftigt sie sich beispielsweise mit dem gesellschaftlichen Druck, den Schönheitsideale auf Frauen ausüben. Ähnlich wie bei den *Vagina-Monologen* hat sie dazu Frauen aus verschiedenen Ländern und Kulturen über ihre Beziehung zum eigenen Körper befragt. Mit dem Stück führt Ensler dem Publikum vor Augen, dass das Streben nach einem Ideal, die Sucht nach schönheitsmäßiger Perfektion und der Ärger über vermeintliche Problemzonen nicht die persönlichen Probleme von Einzelnen sind, sondern dass alldem eine verbreitete gesellschaftliche Einstellung zugrunde liegt.

In einem Interview mit der Zeitschrift *Brigitte* sagt Ensler: »Wir leben immer noch in einer von Männern dominierten Welt, und da wird Frauen nicht beigebracht, laut, wild und fordernd zu sein. Nein, wir sollen still sein, unsere Beine geschlossen halten, uns anständig benehmen – wir können die ganze Liste durchgehen. Und dazu passt das Schönheitsideal des Dünnseins sehr gut. Frauen sollen dünn sein, damit sie nicht zu viel Platz einnehmen in der Welt.«

Die dunkelhaarige Frau mit dem Pagenschnitt will wachrütteln mit dem, was sie tut. Ihr persönlicher Weg war steinig, doch sie hat nicht aufgegeben.

Seit der Trennung von ihrem langjährigen Lebenspartner Ariel Jordan im Dezember 2005 lebt sie allein in einem Apartment in New York. Entspannung findet die überzeugte Buddhistin in der Meditation und beim Singen und Hören von spirituellen Liedern. Das Bekenntnis zum Buddhismus widerspricht für sie nicht ihrer Zugehörigkeit zur jüdischen Gemeinde und ihrer Verbundenheit mit diesem Glauben. Für Eve Ensler ist der Buddhismus vielmehr ein weiteres Puzzleteil in ihrem Dasein. So schreibt sie im *Ode Magazine* im Oktober 2005: »In meinem Leben habe ich mich immer wieder definiert, mal als Feministin, mal als Buddhistin, Jüdin, Vegetarierin, als Aktivistin gegen Atomkraft, als Bisexuelle oder als Dramatikerin. Ich wollte ein Teil von etwas sein. Ich wollte mich selbst nie verlieren. Jede dieser Identitäten schützt mich vor meinem dunklen Schatten, meinen sexistischen Impulsen, meiner Gewalt.«

Das Verhältnis zu ihrem Adoptivsohn Dylan ist noch immer eng und vertraut. Als zum Beispiel Enslers Stück *The Treatment* (Die Behandlung) 2006 in New York uraufgeführt wird, in dem es um das Kriegstrauma von Soldaten geht, gehört Dylan McDermott zum Ensemble.

»Ich hoffe, ehrlich gesagt, dass einmal eine Zeit kommt,

in der ich nicht mehr gebraucht werde, wo ich nicht mehr die Geschichten erzählen muss«, sagt Eve Ensler gegenüber dem Nachrichtensender CNN. Noch aber wird sie dringend gebraucht. In Cross River, einem Vorort von New York, werden drei Schülerinnen vom Unterricht suspendiert, weil sie bei einer Schulveranstaltung Anfang März 2007 aus den *Vagina-Monologen* vorgelesen haben. Die Zehntklässlerinnen hatten dies mit ihren Lehrern im Vorfeld abgesprochen, und die Erzieher signalisierten ihr Einverständnis, sofern die Mädchen das »V-Wort« nicht aussprechen. Daran hielten die Schülerinnen sich jedoch nicht, sondern trugen auch die Passage vor: »Mein kurzes Kleid ist eine Flagge der Befreiung in der Armee der Frauen. Ich erkläre diese Straßen, alle Straßen, zum Land meiner Vagina.« Das ist zu viel für den Direktor der Highschool. Er suspendiert die drei Mädchen für einen Tag vom Unterricht. Die Schülerinnen jedoch zeigen sich von der Strafe unbeeindruckt, für sie war wichtig, das Wort auf der Bühne auszusprechen.

Eve Ensler, die sich in die aufgebrachte Diskussion zwischen Lehrern, Eltern und Schülern einschaltet, wird vom *Spiegel* im März 2007 zitiert: »Es ist nicht gesund, was Kinder über ihren Körper beigebracht bekommen. Wir wollen doch, dass sich Kinder gegen Autoritäten stellen, die widersinnig sind.« Und das V-Wort nicht sagen zu dürfen, laut und in aller Öffentlichkeit, ist widersinnig, schließlich gehört das Wort Vagina einfach zur Weiblichkeit.

»Jeder Wettkampfsieg
ist eine gewonnene Schlacht
für die Frauen«

*Hassiba Boulmerka,
die erste algerische Olympiasiegerin,
engagiert sich für die Menschenrechte
von Frauen und die Belange
der Jugend*

*In Algerien darf ein Mann mit vier Frauen gleichzeitig verheiratet sein. Er ist nicht nur Ehepartner, sondern auch Vormund seiner Frauen. In puncto Gleichberechtigung zählt der nordafrikanische Staat damit zu den rückständigsten arabisch-islamischen Ländern. Obwohl Frauen mittlerweile wichtige Positionen in Wirtschaft und Politik besetzen und im Bildungs-, Justiz- und Gesundheitswesen sogar bis zu 50 Prozent der Beschäftigten ausmachen, gilt noch immer ein diskriminierendes Familiengesetz von 1984. Um die Schulbildung der Mädchen zu sichern, erreichten die Frauenverbände zwar, dass das Heiratsalter heraufgesetzt wurde. Seit 2005 gilt die Regelung, dass Braut und Bräutigam mindestens neunzehn Jahre alt sein müssen. Aber wie ernst diese Reform genommen wird, zeigt sich im Alltag: Viele Familienrichter halten nach wie vor ein Mädchen reif für die Ehe, sobald ihre Regelblutung einsetzt – und erteilen Ausnahmegenehmigungen für frühe Eheschließungen. Mit dieser Diskriminierung von Frauen hat Hassiba Boulmerka sich nie abfinden können.*

Millionen von Fernsehzuschauern sehen zu, als am 9. August 2008 sechs junge Frauen auf dem Volleyball-Spielfeld stehen. Es ist ein Match bei den Olympischen Spielen in Peking. Dass die Sportlerinnen ihre Partie gegen das Team aus Brasilien mit null zu drei Sätzen verlieren, wird zur Nebensache. Es ist auch fast egal, dass die Spielerinnen in den nachfolgenden Begegnungen ebenfalls unterliegen und bereits in der Vorrunde ausscheiden. Für andere Nationen wäre das ein herber

Schlag, für die jungen Spielerinnen aber ist allein ihr Auftritt vor diesem riesigen Publikum eine Sensation. Tausende von Frauen in ihrem Land fiebern mit ihnen und jubeln trotz der Niederlagen vor den Fernsehbildschirmen.

Die Volleyballerinnen kommen aus Algerien, und es ist das erste Mal überhaupt, dass sich eine algerische Frauenmannschaft für die Olympischen Spiele qualifiziert hat.

»Nicht nur, dass wir die besten Teams aus der ganzen Welt treffen, viel wichtiger ist, dass wir ein Exempel für den Frauensport in Algerien statuieren können«, erklärt die Teamführerin Marimal Madani nach der Olympiaqualifikation gegenüber der pakistanischen Zeitung *Daily Times*. Sie weiß um das Besondere der Situation, und sie weiß auch, wem sie es zu verdanken hat. Es ist eine Frau, die für viele junge Mädchen in Algerien ein großes Vorbild ist und über die Madani sagt: »Viele Mädchen wollen einmal so ein Champion werden wie Hassiba Boulmerka.«

Wer sich nicht für Sport interessiert, hat ihren Namen vielleicht noch nie gehört. Für andere ist Hassiba Boulmerka lediglich eine exzellente Mittelstreckenläuferin. Wer aber ihren Weg aufmerksam verfolgt hat, weiß, dass sie für sehr viel mehr steht: Hassiba Boulmerka ist die erste algerische Weltmeisterin und Olympiasiegerin. Und sie hat es geschafft, sportliche und politische Ambitionen zu verbinden und das Selbstbewusstsein vieler Frauen in ihrem Heimatland zu stärken – und das trotz zahlreicher Morddrohungen und Beschimpfungen.

Constantine im Nordosten von Algerien ist die dritt-größte Stadt des Landes. Dort wird Hassiba Boulmerka im Juli 1968 geboren. Sie hat drei jüngere und drei ältere Geschwister, mit Hassiba sind sie fünf Mädchen und zwei Jungen. Ihr Vater arbeitet als Lkw-Fahrer, die Mutter kümmert sich um den Haushalt und die sieben Kinder. Selber haben die Eltern nie eine weiterführende Schule besucht oder eine akademische Ausbildung erhalten, doch es liegt ihnen daran, den Kindern eine gute Bildung zu ermöglichen.

So besucht Hassiba nicht nur die Grund-, sondern auch die höhere Schule, und es ist fraglich, was aus ihr geworden wäre, wenn die Eltern ihr diese Bildung vorenthalten hätten. Denn der erste, der Hassibas großes läuferisches Talent entdeckt, ist ihr Sportlehrer Labed Abbou. Als er Boulmerkas Eltern erzählt, dass die Tochter sportlich sehr begabt ist, sind diese zunächst verblüfft. Weil sie ihre Tochter aber gern unterstützen, darf Hassiba ab diesem Zeitpunkt regelmäßig gemeinsam mit anderen Jugendlichen unter Aufsicht und Anleitung des Lehrers trainieren.

Hassiba Boulmerka bekommt schnell mit, dass ihre sportliche Begabung nicht alle Erwachsenen so erfreut wie ihre Eltern. »Ich wurde hart kritisiert«, erinnert sie sich 1993 in einem Interview mit dem *Focus*. »Es hieß damals: ›Sport? So etwas macht man doch nicht als Mädchen.‹ In meinem Viertel, in meinem Bekanntenkreis, selbst von den Freunden der Familie wurde ich angegriffen. In der Schule gaben mir die Lehrer absichtlich schlechte Noten, so dass ich ein Jahr wiederholen musste.« Doch sie träumt längst davon, einmal eine berühmte Sportlerin zu sein, und lässt sich von dem Gerede der anderen nicht beeindrucken. Zu ihrem Glück bleiben auch ihre Eltern standhaft und verteidigen das Training der Tochter.

Hassiba Boulmerka entdeckt, dass sie sich auf der mittleren Distanz am wohlsten fühlt, und konzentriert sich auf die Strecken von achthundert und tausendfünfhundert Metern. Sie verlässt die Schule, findet einen Job als Sekretärin, und jeden Abend, nach Arbeitsschluss um siebzehn Uhr, trainiert sie. Mit ihren persönlichen Bestzeiten taucht sie 1984 zum ersten Mal in den Leichtathletikstatistiken auf. Zwei Jahre später nimmt sie zwar bereits an den arabischen Meisterschaften in Bagdad teil, doch erst 1988, als sie bei den »All African Games«, den Afrikanischen Spielen, im algerischen Annaba über beide Distanzen siegt, rückt sie in das Blickfeld der internationalen Leichtathletikszene.

Es ist eine schwierige Zeit für die junge Sportlerin. Im Oktober 1988 kommt es in Algerien zu schweren politischen und sozialen Unruhen. Auslöser sind vor allem der gesunkene Ölpreis, die hohe Arbeitslosigkeit und die Wohnungsnot. Was Algerien fehlt, ist eine gewachsene, nachhaltige Wirtschaftsstruktur; die Regierung ruht sich zu sehr auf dem Erdöl- und Erdgasreichtum des Landes aus. Weder in den Wohnungsbau noch in kleinere und mittlere Betriebe wird investiert. Zahlreiche Menschen, darunter viele Schüler und Studenten, gehen daher auf die Straße und demonstrieren über eine Woche lang für ein Ende der sozialistischen Einparteienherrschaft. Als sie Autos in Brand setzen und staatliche Büros verwüsten, schießen Sicherheitskräfte in die protestierende Menge. Hunderte Demonstranten kommen ums Leben, Tausende werden verletzt. Der damalige Staatspräsident

Chadli Bendjedid sieht, dass er handeln muss, um das Volk zu beruhigen. Die daraufhin geschaffene demokratische Verfassung führt ein Mehrparteiensystem ein und garantiert grundlegende Menschenrechte.

Möglicherweise liegt es an den Unruhen in ihrem Land, dass Hassiba Boulmerka bei den Olympischen Spielen 1988 in Seoul in beiden Mittelstreckendistanzen bereits in den Vorläufen ausscheidet. Ihre Niederlage spornt die nur einen Meter fünfundsechzig große Sportlerin aber umso stärker an. Sie trainiert intensiv weiter und ist ein Jahr später bei den Afrikanischen Spielen im nigerianischen Lagos für die Konkurrenz unschlagbar.

Um in die Weltspitze vorzustoßen, muss sie ihr Training jedoch professioneller gestalten. Dafür zieht sie von Constantine in die vierhundert Kilometer entfernte Hauptstadt Algier, wo sie im olympischen Zentrum trainieren kann. Ihr Betreuer Amar Bouras, der bis dahin nur männliche Spitzensportler aus Algerien trainiert hat, erkennt Boulmerkas großes Talent und fördert sie, genauso wie ihr neuer Manager, der Italiener Enrico Duonisi. 1990 bricht sie so nicht nur den Afrikarekord über tausendfünfhundert Meter, sie schließt mit dem italienischen Sportartikelhersteller Diadora auch ihren ersten Sponsorenvertrag ab. Hassiba Boulmerka ist im Spitzensport angekommen.

Unterdessen lebt mit dem wirtschaftlichen Niedergang Algeriens, an dem auch die neue Verfassung von Präsident Bendjedid nichts ändern kann, die islamistische Bewegung wieder auf. Hassiba Boulmerka weiß, dass sie als junge Frau, die im Training auch mit Männern um die Wette läuft, den Rollenklischees der strenggläubigen Fundamentalisten widerspricht. Mehrfach bespucken

Menschen sie auf der Straße voller Hass und Verachtung oder werfen Steine nach ihr. Als Folge dessen trainiert sie nur noch innerhalb des Stadions.

1991 schafft Boulmerka endgültig den internationalen Durchbruch. Bei der Leichtathletik-Weltmeisterschaft in Tokio siegt sie im Tausendfünfhundert-Meter-Lauf mit einer sensationellen Zeit: Hassiba Boulmerka ist die erste afrikanische Leichtathletikweltmeisterin!

Dem amerikanischen Magazin *Sports Illustrated* sagt sie nach diesem Lauf: »Ich konnte nur noch schreien: vor Freude, weil ich es selbst nicht glauben konnte, für mein Land Algerien, doch am meisten für alle algerischen Frauen, für alle arabischen Frauen. Sie verdienen Respekt. Natürlich haben wir Frauen Pflichten, aber wir haben auch Rechte.«

Zurück in Algerien nimmt Boulmerka als erste weibliche Zivilperson von Staatspräsident Chadli Bendjedid die »Medal of Merit« entgegen, den höchsten Verdienstorden ihres Landes. Und einige Wochen nach Boulmerkas Erfolg gibt es eine Gesetzesänderung in Algerien, durch die Frauen das volle, eigenständige Wahlrecht zugestanden wird. Bis dahin hat ein männlicher Verwandter stellvertretend für die Frau wählen können. Es ist ein kleiner Erfolg im Kampf für die Gleichberechtigung von Männern und Frauen, den sich Hassiba Boulmerka mit auf die Fahne schreibt. Schließlich hat sie etliche ihrer Kritiker mundtot gemacht und bewiesen, dass auch eine Frau dem Land Algerien große Ehre zuteil werden lassen kann.

Der Sieg bei der Weltmeisterschaft ruft allerdings nicht nur positive Reaktionen hervor. Nach ihrer Rückkehr aus Tokio jubeln ihr die Frauen und Kinder in den Straßen zu. Für sie ist Hassiba Boulmerka zu einem Vorbild geworden, das die Lebenswelt verkörpert, nach der sich viele Menschen in dem durch die Kriegswirren gebeutelten Land sehnen. Aus der islamistischen Ecke jedoch setzt es harsche Kritik. Die Imame des »Front Islamique du Salut«, der fundamentalistischen Islamischen Heilsfront, beschließen: An einem Sonntag soll von den Moscheen des Landes aus eine öffentliche Missbilligung zu Hassiba Boulmerka verkündet werden. Als Grund nennen die Strenggläubigen das äußerliche Auftreten der Sportlerin, denn Boulmerka hat an dem Wettkampf im regulären Sportdress teilgenommen, also in kurzer Hose und ärmellosem Trikot. Nach Meinung der Fundamentalisten habe sie sich damit »halb nackt« der Weltöffentlichkeit gezeigt, was eine Schande für den Islam sei. Die Islamische Heilsfront kritisiert sogar Staatspräsident Chadli Bendjedid dafür, dass er Boulmerka bei der öffentlichen Verleihung des Verdienstordens auf die Stirn geküsst hat.

Die Läuferin erhält Morddrohungen, und als die Islamische Heilsfront bei den ersten freien algerischen Parlamentswahlen bereits im ersten Wahlgang der deutliche Sieger ist, sieht Hassiba Boulmerka sich zum Handeln gezwungen. Nur zu klar haben die radikalen Gläubigen vor den Wahlen erklärt, welche Ziele die Partei bei ihrem Sieg umsetzen will: Der Schleierzwang für Frauen zählt ebenso dazu wie die Abschaffung des gemeinsamen Unterrichts für Mädchen und Jungen an Schulen und Universitäten und das Verbot für Mädchen, am Turnunterricht teilzunehmen.

Die Situation in ihrem Heimatland wird zu gefährlich für Hassiba Boulmerka. Deshalb reist sie mit ihrem Trainer und anderen Sportlern Anfang 1992 nach Paris. »Ich warte erst einmal ab, was im zweiten Wahlgang passiert, und dann werden wir entscheiden«, äußert sie sich gegenüber der *Zeit*. Sie ist empört über das Wahlergebnis und wird sich später, 1994, in einem Gespräch mit dem *Spiegel* beschweren: »Die Menschen sind gottesfürchtig, aber naiv. Meine Mutter, die nie eine Schule besucht hat, bekam Angst, als der Imam ihr einreden wollte, sie werde auf ewig verflucht, wenn sie ihre Stimme nicht der Partei Gottes gäbe. Das war kein fairer politischer Kampf.«

Das findet auch das Militär unter Verteidigungsminister Halid Nazzar. Noch vor dem zweiten Wahlgang übernimmt es die Macht und annulliert im Januar 1992 die Wahl. Nazzar löst das Parlament auf und zwingt Präsident Chadli Bendjedid zum Rücktritt.

Hassiba Boulmerka ist in der Zwickmühle. Einerseits hat sie sich geschworen, in ihrer Heimat Algerien zu bleiben, um für eine moderne, freiheitlich-demokratische Republik zu kämpfen und Frauen zu ermutigen, für ihre Rechte zu kämpfen. Andererseits kann sie in einer derart unruhigen politischen Situation nicht trainieren. So geht sie für einige Monate nach Italien und bereitet sich dort auf die Olympischen Spiele 1992 in Barcelona vor. Für ihre Sicherheit stellt sie zwei Leibwächter ein und besorgt sich selbst eine Pistole. Parallel zu ihrem Training verfolgt sie aufmerksam die Geschehnisse in ihrem Land.

Nach dem Abbruch der Wahlen hat das Militär den durch die Diktatur nicht belasteten Politiker Mohammed Boudiaf aus dem marokkanischen Exil geholt und zum Staatschef ernannt – ein Schritt, den Boulmerka sehr begrüßt. In einem Interview mit dem *Spiegel* erklärt sie 1994: »Boudiaf war ein Symbol der Freiheit, ein Patriot und Nationalist. Er hat sich von niemandem vereinnahmen lassen – weder von der Finanz- und Politmafia des alten Regimes noch von den Militärs oder von religiösen Eiferern.«

Doch das eigenmächtige Handeln des Militärs sowie das Verbot und die Anordnung zur Auflösung der Islamischen Heilsfront im März 1992 ziehen schwere Auseinandersetzungen nach sich. Die militanten Islamisten wollen ihre Organisation nicht verbieten lassen und rufen ihre Anhänger zum bewaffneten Kampf gegen jeden auf, der sich ihnen in den Weg stellt – sei es die Regierung oder Gruppen aus der Bevölkerung. Zu den ersten Opfern des beginnenden Bürgerkriegs zählt Mohammed Boudiaf: Er wird im Juni 1992, nach nur sechs Monaten im Amt, von Islamisten ermordet.

Trotz der anhaltenden Konflikte in Algerien gewinnt Hassiba Boulmerka bei den Olympischen Spielen 1992 in Barcelona den Tausendfünfhundert-Meter-Lauf. Sie ist die erste algerische Olympiasiegerin. »Ich laufe für mich selbst und mein Land. Und ich möchte mich von niemandem vereinnahmen lassen. Klar ist jeder gewonnene Wettkampf wie eine kleine gewonnene Schlacht für den politischen Kampf der Frauen«, erklärt Hassiba Boulmerka im *Spiegel*.

Das sind Sätze, die Millionen von algerischen Frauen Mut machen, sich den Forderungen der religiösen Extremisten zu widersetzen. Sie wollen sich nicht aus dem öffentlichen Leben verdrängen lassen. Natürlich gibt es zahlreiche Frauen, die im Haus bleiben – sei es aus Angst und Unsicherheit, sei es aus Überzeugung –, dort ihren Hausfrauenpflichten nachgehen und nur mit dem weißen Haik, dem traditionellen Kopf- und Schultertuch, die

Straße betreten. Doch gut ein Drittel der weiblichen Bevölkerung Algeriens trägt Rock oder Hose, diese Frauen arbeiten außer Haus und demonstrieren für ihre Rechte. Ihr Vorbild heißt Hassiba Boulmerka, die kein Kopftuch trägt und sich von den islamistischen Fundamentalisten nicht einschüchtern lässt.

Boulmerka hält sich etwas zurück, doch ihre Ambitionen sind deutlich zu erkennen: Sie will etwas bewegen in ihrem Land. 1992 gründet sie die Organisation »Solidarity Algeria«, mit der sie auf die Probleme in ihrem Heimatland, auf soziale Unterdrückung und den zunehmenden Fundamentalismus aufmerksam machen möchte. Gegenüber der algerischen Zeitung *El Watan* erklärt sie: »Es ist eine Organisation, die vor allem Hilfe leisten soll für benachteiligte und unterdrückte Frauen sowie auch für arbeitslose Jugendliche.« Denn die Arbeitslosigkeit unter Jugendlichen und jungen Erwachsenen zählt bis heute zu den Hauptsorgen im Land: Über 70 Prozent aller Arbeitslosen sind jünger als dreißig Jahre.

Bei der Leichtathletik-Weltmeisterschaft 1993 in Stuttgart holt Boulmerka eine Bronzemedaille. Sie leistet weiter ihr Trainingspensum, doch in der Saison vor der Weltmeisterschaft 1995 in Schweden kann sie keinen Wettkampf gewinnen. Sie ist abgelenkt. In Algerien tobt der Bürgerkrieg. Ausgetragen wird er vor allem auf dem Rücken der Schwachen und Wehrlosen in der Bevölkerung, der Frauen und Kinder. Die Grausamkeit der radikalen Islamisten kennt keine Grenzen. So werden in einem Ort an einem Tag elf Lehrerinnen überfallen und ermordet, nachdem die Fundamentalisten die Frauen zuvor mehrfach aufgefordert hatten, ihre Berufstätigkeit aufzugeben.

Die Veranstalter der Weltmeisterschaft 1995 in Göteborg verschärfen daher die Sicherheitsvorkehrungen für Boulmerka. Als sie an den Start geht, zählt sie nicht zu den Favoritinnen, doch sie ist beherrscht vom Ehrgeiz und dem Willen, es auch ihren politischen Gegnern einmal mehr zu beweisen. Und es gelingt ihr: Hassiba Boulmerka holt zum zweiten Mal den Weltmeistertitel über tausendfünfhundert Meter!

Es bleibt ihr einziger Sieg in dieser Saison und ihr letzter großer sportlicher Erfolg. Zwar nimmt sie 1996 noch einmal an den Olympischen Spielen in Atlanta teil, und die Zeitschrift *Emma* bildet das Konterfei der engagierten muslimischen Sportlerin sogar auf dem Titel ab, doch verstaucht sich Boulmerka während des Wettkampfs den Knöchel und kehrt vorzeitig nach Algerien zurück. 1997 verzichtet Boulmerka darauf, ihren Weltmeistertitel zu verteidigen. Das Training bereitet ihr nur noch Schmerzen, und als 1998 ihre Mutter stirbt, die sie als ihren »ersten Fan« bezeichnet, tritt sie körperlich und seelisch erschöpft vom aktiven Spitzensport ab.

Sie hofft, ihr Wissen und ihren Einfluss als bekannte Sportlerin nun auf einer anderen Ebene einsetzen zu können. Hassiba Boulmerka will international etwas für den Frauensport bewegen, Missstände aufzeigen. In Pakistan beispielsweise dürfen Journalisten nicht über Wettkämpfe berichten, an denen Athletinnen teilnehmen. Boulmerka sieht darin eine klare Diskriminierung der Athletinnen, und so appelliert sie 1999 an das Internationale Olympische Komitee, gegen Pakistan und andere Länder, die ähnliche Restriktionen verhängt haben, mit sportlichen Sanktionen vorzugehen.

Im Dezember 1999 wird Boulmerka als eine der ersten

zehn Sportler für das neu gebildete Athletengremium des Internationalen Olympischen Komitees (IOC) ausgewählt. Sie sieht ihre Chance gekommen, auch finanziell Unterstützung für Frauen in Ländern wie Algerien zu erreichen und ihnen bessere Trainingsmöglichkeiten zu verschaffen. Mit dieser Form der Anerkennung hofft Boulmerka, das Selbstbewusstsein der angehenden Athletinnen zu stärken. Für Boulmerka zeigt sich allerdings rasch, dass sie mit ihrem Ansinnen bei den überwiegend männlichen Mitgliedern des IOC wenig Gehör findet. »Das IOC war nie wirklich demokratisch«, sagt sie in einem Interview mit der *Neuen Zürcher Zeitung* im August 2002. »Es standen immense Summen zur Verfügung, um die Frauen im Sport zu fördern, aber passiert ist nichts.«

Hassiba Boulmerka sagt, was sie denkt, und das gefällt der algerischen Regierung nicht. Im Jahr 2000 setzt Präsident Abd al-Aziz Bouteflika eigenmächtig einen Mann auf die Wahlliste für das IOC; daraufhin zieht sich Boulmerka aus der IOC-Arbeit zurück.

Sie wird Leiterin eines pharmazeutischen Handelsunternehmens und vertritt zudem in Algerien ihren einstigen Sponsor und Ausrüster Diadora. Hassiba Boulmerka ist eine erfolgreiche Geschäftsfrau, und weil sie nach wie vor prominent ist, behalten die Islamisten sie weiterhin im Visier. Boulmerka versucht trotzdem, den Frauen in ihrem Land zu zeigen, dass sie sich wehren können. Noch heute läuft sie regelmäßig durch Algier, wie selbstverständlich in kurzen Hosen, doch immer in Begleitung ihrer Leibwächter.

Die große Bedeutung von Boulmerkas Anliegen und ihre permanente Offensive für die Rechte der Frauen findet bis heute Anerkennung in aller Welt: 2008 wird sie von der amerikanischen Women's Sports Foundation in die »Hall of Fame« aufgenommen. Ihre Verdienste um den Frauensport und ihr nicht nachlassender Kampf dafür, etwas in der Gesellschaft ihres Heimatlandes zu bewegen, zeichnen sie längst ebensosehr aus wie ihre sportlichen Erfolge.

# »Gott hat mich nicht im Stich gelassen«

*Schwester Lea Ackermann
engagiert sich mit ihrem Verein Solwodi
gegen Sextourismus und
Menschenhandel*

*Die Versprechungen klingen verlockend: Es gibt eine Ar-*
*beit, eine Wohnung, und da wartet schon ein Mann zum*
*Heiraten. Für viele Frauen, gerade aus Osteuropa, aber*
*auch aus afrikanischen und asiatischen Ländern, hört sich*
*das an wie das Paradies. Doch die Hoffnung auf ein bes-*
*seres Leben wird schnell zerstört, denn die Versprechen*
*erweisen sich als Lüge. Jedes Jahr werden mit solchen*
*Verheißungen unzählige Mädchen und Frauen von Men-*
*schenhändlern nach Europa gelockt und zur Prostitution*
*gezwungen. Nach Schätzungen der Vereinten Nationen*
*sind es um die fünfhunderttausend. Sie werden Opfer von*
*skrupellosen Geschäftemachern, die Menschen nur als*
*Ware sehen. Eine, die dagegen angeht, ist Schwester Lea*
*Ackermann.*

Ein Polizist und ein Staatsanwalt vergewaltigen Olga.
Die Sechsundzwanzigjährige denkt, damit hätte sie
das Schlimmste überstanden. Doch sie irrt sich. Die Männer sorgen dafür, dass sie aus ihrem Heimatland Polen
nach Deutschland verschleppt wird, wo ein Zuhälterkreis
die junge Frau acht Jahre lang zur Prostitution zwingt.
Dass Olga bei einer Polizeirazzia gemeinsam mit anderen
Mädchen befreit wird, ist ein glücklicher Zufall. Doch
Olga ist so traumatisiert, dass sie nicht allein das Haus
verlassen kann und gleich in ihr Zimmer flieht, wenn sie
eine Männerstimme hört.

Miranda, einundzwanzig Jahre alt, erlebt ein ähnliches
Schicksal. Sie verlässt ihre Heimat Kenia, weil ein deutscher Tourist ihr versprochen hat, sie zu heiraten. Doch
statt eines schönen Zuhauses erwartet Miranda ein Ver-

lies in Deutschland. Der Mann schließt sie in den Keller ein, er vergewaltigt und misshandelt sie. Zwei Jahre dauert ihr Martyrium. Erst als er eines Tages sturzbetrunken neben ihr liegt, fasst Miranda den Mut, zu fliehen. Eine Passantin findet die junge Frau und bringt sie zur Polizei.

Beide, Olga und Miranda, lernen nur wenige Tage später die Organisation Solwodi kennen und erhalten damit tatsächlich die Chance auf ein besseres Leben. Zu verdanken haben sie diese Chance Schwester Lea Ackermann, denn sie hat Solwodi gegründet. Und angesichts von Schicksalen wie jenen von Olga und Miranda weiß Schwester Lea, dass sie sich für den richtigen Weg entschieden hat, als sie entgegen dem Wunsch ihrer Eltern den sicheren Beruf als Bankkauffrau aufgab, nicht heiratete und auch keine Kinder bekam, sondern ihr Leben in den Dienst Gottes stellte. Lea Ackermann wurde eine Ordensschwester, aber keine gewöhnliche.

Ihr Leben hätte auch ganz anders verlaufen können. Doch dank ihres Dickkopfs setzte sie sich durch – zu ihrem Glück und dem zahlreicher anderer Frauen. »Nein, ich denke, keiner hat wirklich geglaubt, dass ich einmal eine Nonne sein werde«, erzählt sie und lächelt. »Als Kind zum Beispiel fanden mich alle ziemlich frech, mein Spitzname war ›Hexenbärbel‹, weil ich so schnell wütend wurde. Ich war schon damals ein Sturkopf, seit meiner frühesten Kindheit.«

Zur Welt kommt Lea Ackermann am 2. Februar 1937 in Völklingen an der Saar. Die ersten zwei Jahre ist die kleine Familie zu dritt, doch als der Zweite Weltkrieg ausbricht, wird der Vater als Soldat eingezogen, und Lea bleibt mit ihrer Mutter zurück. »Ich habe meinen Vater oft vermisst. Er war Soldat in der deutschen Wehrmacht in Frankreich, und ich weiß noch, dass ich in die Kirche gegangen bin und gebetet habe, dass er doch bitte bald zurückkommen möge. Die Kirche war für mich ein Ort der Sicherheit und Geborgenheit, ich fühlte mich beschützt.«

Lea verlebt ihre Kindheit in Klarenthal, damals noch ein eigenständiges Dorf, heute ein Stadtteil von Saarbrücken. Sie ist ein Wirbelwind, kaum zu bändigen. »Ich hatte auf allen Fotos immer irgendwo ein Pflaster, mal war auch der Arm in Gips, mal das Bein«, erzählt sie. »Ich wollte schon damals die Welt entdecken.«

Als der Vater aus dem Krieg zurückkehrt, wird 1948 ihr Bruder Rainer geboren, und die Familie kann endlich wieder gemeinsam leben. Ungefähr zu dieser Zeit hat Lea Ackermann zum ersten Mal den Gedanken, eines Tages in einen Orden einzutreten.

»Ich war zwölf und ging mit meiner Mutter spazieren. Die Menschen haben mich später oft gefragt, ob es irgendeinen Impuls oder einen Auslöser gab. Doch ich kann mich an nichts dergleichen erinnern. Ich weiß nur, dass ich zu meiner Mutter sagte: ›Ich gehe später ins Kloster‹, und davon fest überzeugt war.« Die Mutter tut das als eine fixe Idee ab, und in den folgenden Jahren sieht es auch nicht danach aus, als ob die Tochter tatsächlich Nonne werden würde.

Nach der Grundschule geht Lea Ackermann auf die weiterführende Schule. Sie genießt ihre Jugend, ist beliebt und hat viele Freundinnen, mit denen sie die Tanzschule besucht und sich in Cafés trifft. »Wir waren so richtig aufgedrehte Backfische. Manchmal wären wir wegen unserer Lachanfälle fast aus den Cafés geflogen.« Nach der

114

Schule möchte sie gern Lehrerin werden, doch auf Wunsch ihres Vaters, eines Bauunternehmers, beginnt sie in Saarbrücken eine Ausbildung zur Bankkauffrau.

Die Monate gehen schnell vorbei, immer wieder einmal taucht im Hinterkopf der Gedanke an ein Leben als Nonne auf, aber zunächst bekommt Lea Ackermann nach ihrer Lehre die Chance, für ein Jahr in einer Pariser Filiale der Bank zu arbeiten. »Natürlich habe ich das Angebot angenommen. Ich bin nach Frankreich und habe das Leben genossen. Ich habe viel Geld verdient, mir schicke Kleidung gekauft, bin gereist, zum Beispiel nach Tunesien, war abends häufig aus. Es war eine schöne Zeit, die ich heute nicht missen möchte.« Aber sie merkt, dass sie mehr vom Leben erwartet, dass sie mehr daraus machen möchte. Sie erinnert sich an das Gefühl der Geborgenheit, das sie schon als junges Mädchen hatte, wenn sie in der Kirche saß und betete, und sie erinnert sich an den Spaziergang, als sie ihrer Mutter verkündete, dass sie einmal Nonne werden würde.

Als Lea Ackermann aus Paris zurückkehrt, hat sie ihren Entschluss gefasst: Sie wird in ein Kloster eintreten! Zwar verliebt sie sich nach ihrem Frankreichaufenthalt zum ersten Mal – in einen zwanzig Jahre älteren Mann. Doch auch dieses Gefühl kann sie nicht von ihrem Vorhaben abbringen, im Gegenteil: Der Gedanke, dass sie sich verlieben könnte, wenn sie es wollte, beruhigt sie. Sie ist eine ganz normale Frau, die einfach nur den Wunsch hat, Nonne zu werden.

Den Eltern verschweigt sie ihr Vorhaben vorerst. »Ich wusste, dass sie es nicht verstehen würden«, erzählt Schwester Lea. Zudem ist sie sich nicht sicher, welcher Orden es sein soll. Sie kauft sich ein Heft mit Beschreibungen und Adressen verschiedener christlicher Gemeinschaften, und nach wenigen Tagen hat sie sich zwei Orden ausgesucht – die »Styler Missionsschwestern« und die »Missionsschwestern unserer lieben Frau von Afrika«. Beiden schreibt sie einen Brief.

»Ich habe gewartet, einige Wochen, und dann, ich weiß noch, am 27. Mai 1960, einem Freitag, bekam ich per Post die Antwort von den Missionsschwestern unserer lieben Frau von Afrika in Trier. Heute sage ich, es war eine göttliche Fügung, denn nur einen Tag darauf hatten wir von der Bank unseren Betriebsausflug nach Trier. Ich beschloss, mich bei der Gemeinschaft gleich persönlich vorzustellen.«

Sie trägt ein modisches schwarzes Kleid mit großen grünen Rosen, das ihre schmale Taille betont, dazu schwarze Seidenstrümpfe und hochhackige Schuhe, als sie morgens um elf Uhr bei den Missionsschwestern klingelt. »Das Kleid hatte ich in Paris gekauft, auf den Champs-Élysées.« Schwester Lea schmunzelt bei der Erinnerung daran, wie die Oberin große Augen machte, als sie die schick gekleidete Nonnenanwärterin sah. Ob diese junge Frau es wirklich ernst meinte?

Die Oberin erzählt ihr, dass alle Schwestern nach Afrika gehen müssten, und Lea Ackermann weiß, dass sie genau das möchte. Als sie das Kloster verlässt, ist sie sich sicher: Es wird ein Wiedersehen mit der Oberin geben. Gleich am nächsten Tag kündigt sie bei dem verdutzten Bankchef, erst danach geht sie zu ihren Eltern.

»Meine Mutter hat geweint, und mein Vater hat geschimpft. Natürlich hatten sie noch meinen Bruder, doch ich war nun einmal ihre einzige Tochter. Und die wollte Nonne werden.« Doch alles Einreden der Eltern nutzt

116

nichts. »Ich war stur, ich wollte ins Kloster.« Den Freundinnen gegenüber behält sie ihren Plan für sich – »Ich wollte kein Gerede im Dorf« –, packt eine Tasche mit dem Notwendigsten zusammen und tritt im August 1960 den Missionsschwestern unserer lieben Frau von Afrika in Trier bei.

Ihr Vater will den Schritt zunächst nicht wahrhaben. Wenn die Leute ihn darauf ansprechen, sagt er: »Spinnerei. Jetzt ist sie im Kloster, aber die kommt schon wieder.« Doch die Tochter kommt nicht wieder. Sie hat ihren Dickkopf und geht weiter ihren Weg, auch wenn dieser sie anfangs an ihre Grenzen führt.

»Das viele Schweigen während des zweijährigen Noviziats und die langen Gebetszeiten empfand ich als anstrengend«, erzählt Schwester Lea. »Nur am Abend, nach dem Essen, durften wir eine Stunde reden und am Sonntagnachmittag, wenn wir draußen waren.« Auch ihre Eltern darf sie während dieser Zeit nicht besuchen, sie soll sich ganz auf den Dienst im Namen Gottes vorbereiten. »Es war hart, aber ich dachte, wenn es dazugehört und Gott es so will, dann soll es so sein. Ich hatte mein Ziel klar vor Augen.«

Der Orden ermöglicht Schwester Lea, ihren Wunschberuf Lehrerin zu erlernen. Sie studiert Französisch und Theologie in München und Toulouse, und ihre Eltern haben akzeptiert, dass sie ihr eigenes Leben lebt. Bereits 1964 jedoch stirbt der Vater mit sechsundfünfzig Jahren an Krebs. 1967 geht Schwester Lea nach Nyanza, ins ostafrikanische Ruanda, und unterrichtet dort bis 1972 an einer Frauen-Fachschule. Anschließend kehrt sie nach Deutschland zurück, beginnt in München ein Graduiertenstudium in den Fächern Pädagogik, Psychologie und

Theologie und wohnt in einem katholischen Studentinnenheim.

»Manchmal fühlte ich mich in dieser Zeit zwischen zwei Welten, nirgends gehörte ich richtig dazu.« Den anderen Kommilitonen ist die Nonne suspekt, und unter den Mitschwestern sind einige, die mit ihrer für eine Ordensfrau ungewöhnlich offenen Art nichts anfangen können.

Zudem hat Schwester Lea ihre eigenen Vorstellungen von einem Leben als Ordensschwester. Sie sieht sich als ganz normale Frau mit einer besonderen Sympathie für Gott, nicht aber als Nonne, die ihren Glauben durch eine Tracht nach außen trägt, überall auffällt und als unantastbar erscheint. Da sie von ihren Mitmenschen nicht in eine Schublade gesteckt werden möchte, legt sie Mitte der siebziger Jahre die klösterliche Tracht ab, wie es dank dem Zweiten Vatikanischen Konzil möglich war. Sie blättert hin und wieder in Modezeitschriften, besorgt sich Stoffe und näht die Modelle auf ihrer Nähmaschine nach. Die Haare trägt sie zu einem Pferdeschwanz gebunden. »Ich habe schon immer Wert auf mein Äußeres gelegt«, erzählt Schwester Lea. »Das sehe ich auch nicht als Widerspruch zu meinem Dasein als Nonne.«

Allerdings hebt sie sich nicht nur durch ihr Erscheinungsbild ab, sie mischt sich auch ein und sagt ihre Meinung. Als sie 1974 in einem Theologieseminar den drei Jahre älteren Pater Fritz Köster kennenlernt, geht der ihr anfangs aus dem Weg, »weil ich gern alles ausdiskutieren wollte«. »Doch nachdem ich ihm beim Tippen seiner Dissertation geholfen habe und bei einer Autopanne, war die Freundschaft besiegelt.« Schwester Lea lächelt, wenn sie sich an die erste Begegnung mit Pater Köster erinnert.

118

Damals wussten beide nicht, dass sie noch viel miteinander erleben würden.

Die Jahre vergehen. 1977 beendet Schwester Lea ihr Studium mit der Promotion und arbeitet im Anschluss als Bildungsreferentin bei Missio München und als Lehrbeauftragte an der Katholischen Universität Eichstätt. 1980 soll sie einen Bischof zusammen mit dessen Sekretär und einem Journalisten auf einen kurzen Trip nach Manila begleiten – es ist eine Reise, die sie verändern wird.

Es geschieht auf einer Taxifahrt in Manila. Der einheimische Fahrer dreht sich zu den vieren um und sagt: »Ich biete meine Schwester an. Ganz jung, schön und sehr billig.« Schwester Lea ist empört. Wie kann dieser Mann einen anderen Menschen, zudem noch sein eigen Fleisch und Blut, einfach verkaufen? Dieser Moment im Taxi ist ein Schlüsselerlebnis für sie, doch zunächst kehrt sie zurück nach Deutschland und arbeitet weiter in München und Eichstätt.

»Ich habe in diesen Zeiten nie an meiner Berufung als Nonne gezweifelt«, sagt Schwester Lea. »Ich glaube, die körperlichen Veränderungen, die nahenden Wechseljahre bewirkten etwas in mir. Ich war Ende vierzig, und zum ersten Mal hatte ich das Gefühl, das Wesentliche im Leben einer Frau verpasst zu haben: Ich hatte keine Kinder bekommen.«

Doch bevor Schwester Lea darüber nachdenken kann, ob die Arbeit als Lehrbeauftragte sie tatsächlich erfüllt oder ob es vielleicht noch andere Wege in ihrem Leben hätte geben können, schickt ihr Orden sie nach Kenia. »Gott selbst gab mir die Antwort und eröffnete mir meinen weiteren Weg.«

In Kenia, genauer gesagt in der Hafenstadt Mombasa,

soll Schwester Lea einheimische Religionslehrer ausbilden. Obwohl der Lehrberuf immer ihr großer Wunsch gewesen ist, hält sie inne, als die Oberin ihr diesen Auftrag erteilt. »Religionslehrer ausbilden, damit wäre ich wieder für Menschen da gewesen, die ohnehin eine Chance im Leben hatten. Aber ich war doch ins Kloster gegangen, um für die verlassenen und verlorenen Kinder Gottes da zu sein«, sagt die Ordensfrau. Sie erinnert sich an die Szene im Taxi, an eine wehrlose Frau, die einfach verkauft wird. Gab es nicht auch in Kenia Frauen, die wie eine Ware behandelt wurden?

Schwester Lea bittet die Oberin, sich in Mombasa zu erkundigen, wo sonst ihre Hilfe gebraucht werden könnte. »Und da ich das Leben, den Alltag der Frauen nicht kannte«, berichtet sie, »bin ich eines Nachmittags in ein Straßencafé gegangen und habe mich dort zu einer Einheimischen an den Tisch gesetzt. Und die Frau, Rosalie hieß sie, hat mir erzählt.«

Schwester Lea erfährt, dass viele der Frauen als Prostituierte arbeiten. Viele hätten Kinder, aber keine Männer. Von denen seien die meisten verschwunden oder hätten andere Frauen. Die Alleingelassenen verkauften ihren Körper und verdienten so wenigstens einige kenianische Schilling, um ihre Familien zu ernähren. Es gebe einfach nicht genügend Arbeitsplätze, meint Rosalie, und von den Einnahmen durch den Tourismus könne nur eine Handvoll Menschen leben. Aber die Nachfrage nach käuflichem Sex sei gerade bei Touristen groß. Viele Männer besuchten nur aus diesem Grund das Land.

Rosalie ist Mitte zwanzig, und sie sagt, dass sie nur noch einige Jahre als Prostituierte arbeiten kann. Mit dreißig sei Schluss, dann sei man zu alt für die Touristen.

Die Touristen mögen lieber junge Mädchen, und so landeten die Frauen irgendwann im Tanu-tanu-Viertel, bei den einheimischen Freiern. Tanu, tanu – fünf, fünf. Fünf Minuten für fünf kenianische Schilling, umgerechnet etwa vierzig Cent. Für viele Frauen sei die Prostitution die einzige Möglichkeit, sich und ihre Kinder zu versorgen.

Als Schwester Lea drei Stunden später das Café verlässt, hat sie einen Entschluss gefasst: »Ich wollte versuchen, diesen Frauen zu helfen. Ich wollte etwas gegen die sexuelle Ausbeutung tun.« Doch sie hat weder Geld, um die Frauen zu unterstützen, noch einen Raum, wo sie sich mit ihnen treffen und reden könnte. Andere hätten in dieser Situation vielleicht resigniert, aber in Schwester Lea erwacht einmal mehr ihr Durchsetzungsvermögen. Sie spricht über ihren Plan mit der Oberin und erhält die Erlaubnis, in der örtlichen Pfarrei ein Frauenzentrum aufzubauen.

»Nur das Geld dafür, sagte sie, könne sie mir nicht geben«, erinnert sich Schwester Lea. Bei ihrem Eintritt ins Kloster hatte sie sich geschworen, wirklich alles für Gott zu tun, nur betteln, das dürfte er nicht von ihr verlangen. Schon als kleines Mädchen hatte sie es verabscheut, wie Nonnen um eine »milde Gabe« baten. »Doch wie und woher sollte ich Geld bekommen?«

Sie setzt sich hin und fängt an, ihren Verwandten, Freunden und Bekannten in Briefen die Situation in Mombasa zu schildern und von ihrem Vorhaben und ihrer Geldnot zu erzählen. »Ich hatte nicht einmal eine Schreibmaschine, jeden Brief habe ich mit der Hand geschrieben, am Ende waren es um die hundert.« Doch die Mühe lohnt sich, bis auf zwei spenden alle gern.

Mit diesem Startkapital, dem Lohn ihres ersten Rundbriefs, gründet Schwester Lea 1985 die Beratungs- und Hilfsorganisation »Solidarity with women in distress« (Solidarität mit Frauen in Not), kurz Solwodi. Sie will Anlaufstelle sein für Frauen, die aus wirtschaftlicher Not in der Prostitution arbeiten, will ihnen Alternativen aufzeigen und sie beruflich qualifizieren.

Die Frauen nehmen das Angebot an. »Sie kamen, und ich fragte sie, was sie denn könnten. Einige konnten zum Beispiel gut kochen, andere hatten schon einmal genäht. Ich wollte sie weiter qualifizieren, so dass sie mit ihrem Können eine Anstellung fänden.« Zwei Nähmaschinen kommen aus Deutschland, mit denen die Frauen sich weiter im Nähen üben können, die Küche der Pfarrei wird ausgestattet, und schon bald produzieren die einheimischen Frauen Speiseeis, backen Marmor- und Zitronenkuchen, die sie selbst verkaufen. Aus kleinen Tonkugeln stellen sie schicke Ketten her, die in Deutschland verkauft werden.

Solwodi ist ein Erfolg. Schwester Lea ist glücklich, sie hat es geschafft und will weitermachen. Doch die kenianischen Behörden beäugen ihr Engagement äußerst kritisch: Da ist eine Nonne, die den Touristen moralische Fingerzeige gibt, die kenianischen Frauen mobilisiert und über ihre Rechte aufklärt. Die die Aidsproblematik thematisiert, die Frauen warnt und die Freier aus dem Ausland anprangert. Da ist eine, die das Geschäft verdirbt.

Denn der Sextourismus ist eine wichtige Einnahmequelle fürs Land – meinen diese mächtigen Männer und machen gegenüber dem örtlichen Bischof deutlich, dass er die engagierte Ordensschwester besser zügeln sollte.

Das macht dem Bischof Angst, und so sagt er zu Schwester Lea: »Es ist gefährlich, ich weiß nicht, ob ich Sie noch schützen kann.« Schwester Lea aber weiß, dass sie im Recht ist, und will weiter kämpfen.

Kurze Zeit darauf wird sie zu einem Gespräch ins Innenministerium geladen, wo sie fünf Stunden verhört wird. »Der Mann war sehr nett, und ich dachte daher, dass jetzt eigentlich alles in Ordnung ist.« Doch als sie zwei Tage später von der Arbeit nach Hause kommt, fängt eine Mitschwester sie auf dem Weg ab und sagt: »Geh nicht ins Haus, sie suchen dich.«

Erst Stunden danach, als die Männer, die nach ihr gefahndet haben, wieder verschwunden sind, kehrt Schwester Lea in ihre Wohnung zurück. Sie ist hin- und hergerissen. Auf der einen Seite will sie Solwodi, ihr »Baby«, nicht kampflos aufgeben. Auf der anderen Seite aber weiß sie jetzt um die Gefahr, der sie sich aussetzt. Schweren Herzens verlässt Schwester Lea im Frühjahr 1987 daher das Land und kehrt zurück nach Deutschland.

Sie hat ihr Ziel zum Teil erreicht, die kenianischen Frauen aufgerüttelt, ihnen Chancen aufgezeigt und Mitstreiterinnen in ihnen gefunden. Auch ohne die Ordensfrau wollen die Frauen weiter an ihrer Zukunft arbeiten, und Schwester Lea will sie von Deutschland aus so gut es geht darin unterstützen. Sie will in Deutschland aufklären, über den Sextourismus und seine Folgen.

Bei ersten Recherchen muss sie feststellen, dass auch in Europa, in Deutschland, viele Frauen Opfer von sexueller Ausbeutung sind. Menschenhändler und Heiratsvermittler locken sie aus ärmeren Ländern hierher, um sie an Zuhälter zu vermitteln. Auch für diese Frauen möchte Schwester Lea da sein und gründet deshalb 1988 Solwodi

123

Deutschland. Wieder einmal fehlt ihr eine Bleibe, doch wieder scheint es eine göttliche Fügung zu geben: Sie schildert ihre Sorgen ihrem Kommilitonen von einst, Fritz Köster, der mittlerweile Theologieprofessor ist und mit dem sie in all den Jahren regen Briefkontakt gepflegt hat. Köster lebt als Pastor im beschaulichen Hirzenach bei Boppard am Rhein und bietet spontan an, dass sie zu ihm in die barocke Propstei ziehen kann. Sie überlegt nicht lange, packt ihre Sachen und richtet in Hirzenach die Solwodi-Zentrale ein.

Schwester Lea muss viel organisieren, kümmert sich um erste ehrenamtliche Mitarbeiterinnen, versucht, Spenden zu bekommen, und knüpft Kontakte zu Ausländer- und Justizbehörden, Sozialämtern und Polizeistationen.

In dieser Zeit verschlechtert sich der Gesundheitszustand ihrer Mutter. Ein Jahr zuvor war sie noch allein nach Kenia gereist, um die Tochter zu besuchen, plötzlich kann sie sich an viele Dinge nicht mehr erinnern, ist verwirrt und orientierungslos. Da Rainer, der Bruder von Schwester Lea, ein vielbeschäftigter Chirurg in Ludwigshafen ist, holt sie ihre Mutter zu sich nach Hirzenach und kümmert sich bis zu deren Tod im Jahr 2001 liebevoll um sie.

Schwester Leas soziales Engagement spricht sich schnell herum. Die Polizeibehörden suchen den Kontakt zu ihr und bitten um Mithilfe bei der Unterbringung von Frauen, die bei Razzien in Bordellen befreit werden konnten. Manche Frauen klingeln auch selbst an der Tür der Solwodi-Zentrale und erkundigen sich nach Zukunftschancen oder fragen um Rechtsbeistand. Und immer nimmt sich die Ordensfrau Zeit, hört zu und versucht zu helfen.

»Ich wollte den Frauen, die in der Hoffnung auf ein

besseres Leben nach Deutschland gekommen waren, nun tatsächlich eine Chance bieten. Diese Chance bedeutete in den meisten Fällen eine Ausbildung oder eine berufliche Festanstellung, doch der konnten die Frauen nur nachgehen, wenn auch die Kinder gut versorgt waren. Denn die meisten von ihnen hatten Kinder«, sagt Schwester Lea. Mit ihrem kleinen Team an Mitarbeiterinnen versucht sie, diese Kinder in Pflegefamilien unterzubringen.

In den meisten Fällen gelingt das auch, doch für die kleine Trixia, damals drei Monate alt, und den gleichaltrigen Jojo lassen sich so schnell keine Familien finden. Trixias Mutter, eine Philippina, konnte eine Ausbildung zur Hotelköchin beginnen, die Mutter von Jojo ist Thailänderin und hatte ebenfalls eine Stelle in einem Hotel in Aussicht. »Für ihre Kinder fehlte ihnen dann allerdings die Zeit«, sagt Schwester Lea. Damit die beiden Mütter aber ihre Chance nutzen können, nimmt die Ordensfrau nach Rücksprache mit Pater Köster das Mädchen und den Jungen zu sich ins Pfarrhaus.

»Natürlich hat es die Leute erstaunt, dass der Pater Köster und ich Pflegeeltern wurden.« Doch um das Gerede kümmert sich Schwester Lea nicht, sie hat ihren eigenen Kopf. Und da die Mütter der beiden Kinder in der Nähe der Propstei wohnen, verlieren sie nie den Kontakt zu ihnen.

Schwester Lea, Pater Köster und die Kinder werden eine kleine Familie, und reisebegeistert, wie Schwester Lea ist, fährt sie mit ihren beiden Pflegekindern auch in Urlaub: auf die Insel Kreta zum Beispiel, in die Schweiz oder nach Bayern in die Berge zum Wandern. Weihnachten feiern sie im großen Kreis, auch die Mütter von Trixia und Jojo sind immer dabei. »Ich bin für diese Zeit sehr dankbar, sehe es manchmal auch als göttliche Fügung. Denn ich habe so vieles erlebt, was sonst nur Eltern erleben«, sagt Schwester Lea.

Sie ist glücklich. Abends am Küchentisch gönnt sie sich mitunter ein Gläschen lieblichen Weißwein, sie hört gern klassische Musik und tanzt auch schon einmal durch die Wohnung. Schwester Lea weiß, dass sie in den Augen anderer ein ungewöhnliches Leben führt: Gemeinsam mit einem Pater hat sie zwei Pflegekinder großgezogen, sie trägt keine Ordenstracht, steht zu ihrer Eitelkeit, arbeitet ständig, und wenn es um Ungerechtigkeiten gegenüber Frauen geht, kann sie sehr direkt werden. Sie spricht öffentlich über die »Heiratsmitbringsel«, Frauen, die von Männern aus Thailand geholt werden. Sie prangert es an, dass diese Männer kein Unrechtsbewusstsein haben und dass die Frauen teilweise wie Sklavinnen leben müssen.

Für ihre außergewöhnliche Missionsarbeit wurde Schwester Lea mit dem Bundesverdienstkreuz 1. Klasse und als »Frau Europas« ausgezeichnet, sie hat den Johanna-Loewenherz-Preis erhalten, das Stadtsiegel von Boppard, den Verdienstorden des Landes Rheinland-Pfalz und den Romano-Guardini-Preis der Katholischen Akademie Bayern als Würdigung für ihr Lebenswerk.

Doch sie ruht sich nicht auf ihren Lorbeeren aus. Solwodi ist in den vergangenen zwanzig Jahren gewachsen. Mittlerweile betreuen Mitarbeiterinnen bundesweit in zwölf Beratungsstellen und sieben Schutzhäusern überwiegend osteuropäische Opfer von Gewalt und Zwangsprostitution, dazu gibt es acht Beratungsstellen in Kenia und eine in Ruanda. Schwester Lea steht mit allen in engem Kontakt und hält regelmäßig in verschiedenen Städten Deutschlands Vorträge über ihre Arbeit. Auf diese Weise hat sie viele Menschen für ihr Anliegen begeistern können; über 14 000 Haushalte erhalten mittlerweile die regelmäßigen Rundbriefe. »Die schreibe ich natürlich nicht mehr alle mit der Hand«, sagt Schwester Lea und lacht. Solwodi ist zu einem mittelständischen Unternehmen geworden.

Die Gründerin der Organisation ist allerdings zu sehr Realistin, als dass sie nicht wüsste: Manche Dinge lassen sich trotz ihrer Bemühungen nicht so schnell ändern. Sie weiß, dass Männer sich weiter Frauen kaufen werden, und sie weiß, dass die Hoffnung vieler Frauen auf ein besseres Leben irgendwo in einem miefigen Bordell zerstört wird. Doch genauso weiß Schwester Lea: »Gewalt macht betroffen. Betroffenheit lässt manche verstummen. Mich nicht. Mich machen Unrecht und Gewalt wütend. Diese Wut war es, die mich angetrieben hat, Solwodi zu gründen. Ich wollte anderen helfen. Die Dinge haben sich dann so ergeben, und ich glaube, dass Gott mich geführt hat.«

»Die Welt wird nur
zur Ruhe kommen, wenn die
Menschenrechte umfassend
und universell sind«

*Shirin Ebadi kämpft für die
Achtung der Menschenrechte im Iran
und erhielt als erste Muslimin den
Friedensnobelpreis*

*Das Volk will eine Wende. Als der im Exil lebende Aya-*
*tollah Khomeini ab Mitte 1978 die Massen zu einer isla-*
*mischen Revolution mobilisiert, begrüßen viele Iraner*
*diesen Schritt. Verstärkt kommt es zu Demonstrationen*
*gegen die Politik von Schah Reza Pahlewi, der daraufhin*
*Anfang 1979 das Land verlässt. Nach dem Ende einer*
*jahrzehntelangen Scheindemokratie sehnen sich die Men-*
*schen nach Freiheit und Wohlstand, und gerade die Frau-*
*en hoffen auf mehr Rechte. Doch das Gegenteil tritt ein:*
*Khomeini verwandelt den Iran in einen Gottesstaat, ge-*
*führt von konservativen Geistlichen. Die Rechte der*
*Frauen und Kinder werden noch weiter beschnitten. Der*
*Golfkrieg stürzt das Land vollends in eine Krise. Seit*
*Jahrzehnten steht der Iran nunmehr in der Kritik, die*
*Menschenrechte zu verletzen und Frauen als minderwer-*
*tige Wesen zu behandeln. Dabei ist es eine iranische Frau,*
*die international größtes Ansehen genießt und als bisher*
*einzige Vertreterin ihres Landes den Nobelpreis bekom-*
*men hat: Shirin Ebadi.*

Sie soll sterben. Wann, wie und wo, steht noch nicht
fest, doch Shirin Ebadi liest schwarz auf weiß, dass
jemand ihre Ermordung in Auftrag gegeben hat. Die Panik lässt sie für einige Momente verstummen. Noch kann
sie nicht mit ihrem Ehemann darüber sprechen. Stattdessen lässt sie ihr Leben noch einmal Revue passieren. Was
hat sie falsch gemacht? Warum gibt es Menschen, die sie
so sehr hassen? Warum will man sie töten, sie, die für
Frieden und Gerechtigkeit eintritt?
    Shirin Ebadi wird im Juni 1947 in Hamadan im Nord-

westen des Iran geboren. Ihr Vater Mohammad Ali Ebadi leitet das Standesamt der Provinz Hamadan. Ihre Mutter Minu Yamini ist Akademikerin wie er, widmet sich aber ganz der Betreuung der Kinder.

Shirin ist ein Jahr alt, als die Eltern mit ihr und ihrer älteren Schwester in ein großes Haus in die Hauptstadt Teheran ziehen. Im Lauf der Jahre werden noch ein jüngerer Bruder und eine jüngere Schwester geboren. Der Vater lehrt als Professor für Wirtschaftsrecht und veröffentlicht mehrere Bücher.

Die Eltern sind wie die meisten Iraner Schiiten. Ihre Ehe wurde – wie zu dieser Zeit üblich – zwar arrangiert, doch die beiden lieben sich und erziehen ihre Kinder in einer Atmosphäre der Gleichberechtigung und gegenseitigen Achtung. Die Mutter trägt keinen Schleier, und auch die Töchter werden nicht dazu verpflichtet. »Für mich war es nichts Ungewöhnliches, dass meine Eltern uns Mädchen genauso behandelten wie meinen Bruder«, schreibt Shirin Ebadi in ihrer Autobiographie *Mein Iran.* »Es schien völlig normal zu sein, und ich ging davon aus, dass es in jeder anderen Familie so üblich sei.« Erst wesentlich später muss sie erkennen, dass ihre Eltern mit ihren liberalen Vorstellungen eine große Ausnahme in der iranischen Gesellschaft darstellen.

Shirin Ebadi wächst in einem Land des Umbruchs auf. Seit 1941 ist Schah Reza Pahlewi das Oberhaupt der Monarchie. Der 1951 zum Regierungschef gewählte demokratische Oppositionspolitiker Mohammad Mossadegh will Gesetzgebung und Armee demokratisieren und verstaatlicht zudem die Erdölproduktion. Tausende gehen auf die Straße, um in Demonstrationen ihre Unterstützung für seine Politik zu bekunden. Auch Ebadis Vater zählt zu den Sympathisanten und wird unter Mossadegh sogar stellvertretender Landwirtschaftsminister.

Doch Mossadeghs Vorhaben laufen den Interessen der früheren Besatzungsmacht Großbritannien und der USA zuwider, die einen Großteil der Ölquellen unter ihrer Kontrolle halten wollen. Die beiden Großmächte sorgen 1953 dafür, dass Mossadegh gestürzt wird. Auch Ebadis Elternhaus bekommt den Umbruch zu spüren: Der Vater verliert seinen Posten als stellvertretender Landwirtschaftsminister und ist fortan nur noch in niedrigeren Positionen beschäftigt.

Nach kurzem Exil ist der Schah zurückgekehrt und hat wieder die volle Macht erlangt. In der »Weißen Revolution« setzt er Reformen um, zu denen unter anderem das Frauenwahlrecht zählt. Die Gesetzgebung bleibt aber weitgehend von der Scharia geprägt und benachteiligt Frauen besonders im Familien- und Strafrecht.

Shirin Ebadi spürt die Unzufriedenheit und den Missmut ihrer Eltern. Mit den Jahren kommt sie zu der Überzeugung, der Schah ermögliche dem Westen die Ausbeutung ihres Landes und seiner Bevölkerung. Vor diesem Hintergrund wird verständlich, warum Ebadi wie viele Iraner aus dem linken und demokratischen Lager später die islamische Revolution begrüßen wird, die sich vor allem sozialrevolutionär gibt.

Nach der Grundschule besucht Shirin Ebadi die weiterführende Schule und nimmt 1965 an der Universität Teheran ihr Jurastudium auf. Als sie eines Nachmittags in ihrem ersten Jahr an der Universität erlebt, wie andere Studenten gegen die hohen Studiengebühren demonstrieren, fühlt sie sich von der Versammlung wie magisch angezogen. »Irgendetwas an Konfrontationen reizte mich – vielleicht das Adrenalin, der Funke einer Idee, das flüchtige Gefühl, etwas zu bewirken –, und ich nahm regelmäßig an den Demonstrationen teil.«

Es sind die sechziger Jahre, viele Frauen an der Universität tragen Miniröcke und toupieren sich die offen getragenen Haare. Die Kinos werben mit europäischen Filmen, an den Kiosken liegen Magazine mit amerikanischen Filmdiven aus, freizügig im Bikini fotografiert, und in den Straßen Teherans eröffnen französische Restaurants. Während der Campus in den Augen der konservativen Geistlichen eine »Höhle des Lasters« ist, genießt Ebadi den lockeren Umgang zwischen Frauen und Männern. Sie gehört zu den zwei Besten ihres Jahrgangs, schließt ihr Studium bereits nach dreieinhalb Jahren ab und absolviert ein sechsmonatiges Praktikum in verschiedenen Abteilungen des Justizministeriums.

1969 wird sie zur Richterin ernannt und arbeitet fortan im Justizministerium, schreibt aber neben dem Beruf ihre Doktorarbeit, die sie 1971 mit ausgezeichnetem Ergebnis abschließt. Sie ist eine erfolgreiche, selbständige und gebildete Frau – und genau das schreckt viele Männer ab. In ihrer Umgebung machen die meisten einen Bogen um sie, zu groß ist die Befürchtung, Ebadi könne ihnen überlegen sein. »Es entging meiner Aufmerksamkeit nicht, dass ich kaum Verehrer hatte, obwohl ich aus einer guten Familie kam, nicht schlecht aussah und einen angesehenen Beruf hatte«, schreibt sie in ihrer Biographie.

Anfang 1975 dann wird Shirin Ebadi als erste weibliche Richterin in den Senatsvorsitz des Teheraner Stadtgerichts berufen. Sie kümmert sich vor allem um Betrugs- und Scheidungsfälle. Nur wenige Wochen später, an einem kühlen Frühlingsmorgen, betritt der Elektroingenieur

Javad Tavassolian ihren Gerichtssaal. Er bittet in einer rechtlichen Angelegenheit um ihren Rat, und die beiden kommen auch über andere Themen ins Gespräch. Da Ebadi diesen Mann mit Intellekt und eleganter Erscheinung interessant findet, nimmt sie seine Einladung zum Essen an. Wenige zwanglose Treffen später macht der fünf Jahre ältere Tavassolian ihr einen Heiratsantrag. Ebadi fühlt sich etwas überrumpelt, zumal ihr die Eltern immer nahegelegt hatten, einen Mann vor einer möglichen Eheschließung gut kennenzulernen. Daher schlägt sie Tavassolian vor, sich in den folgenden sechs Monaten regelmäßig zu treffen. Danach könne man sehen, ob sie tatsächlich zueinander passen.

Wenn Tavassolian über diese Idee überrascht ist, zeigt er es zumindest nicht, sondern geht darauf ein. Das Paar trifft sich mehrmals in den folgenden Monaten, und Ebadi scheint es bei vielen Gesprächen so, als würde sie diesen Mann schon Jahre kennen. So heiraten die beiden schließlich im Herbst 1975.

»Mir wurde sehr früh klar, dass ich nicht beides haben konnte. Dass Javad meine Karriere befürwortete, war schon enorm; wenn die Hausarbeit an mir hängenblieb, dann war das ein Kompromiss, den einzugehen ich bereit war«, erzählt Shirin Ebadi in *Mein Iran*. Zu häufig hat sie die Klagen früherer Kommilitoninnen gehört, die nach dem Studium einen Mann heirateten, der es ihnen dann verbot, einen eigenständigen Beruf auszuüben. Das darf er laut iranischem Recht.

Javad Tavassolian bestärkt Ebadi zwar in ihrer Unabhängigkeit und zeigt sich stolz auf ihren beruflichen Erfolg, doch wie fast alle Männer im Iran geht er davon aus, dass seine Frau gleichzeitig auch den Haushalt managen wird. Neben ihren vielen Terminen kümmert sich Shirin Ebadi also um den Einkauf, ums Kochen und Putzen.

Die innenpolitische Situation im Land wird unterdessen immer unsicherer. Fundamentalistisch-islamische Proteste mischen sich mit sozialrevolutionären Kampagnen. Der oppositionelle schiitische Geistliche Ayatollah Khomeini hat die Regierung des Schahs bereits seit 1960 in seinen Ethikvorlesungen offen kritisiert und setzt dies im Exil fort, in das ihn der Schah 1964 verbannt hat, nachdem Khomeini sich 1963 an dem Putschversuch gegen das Schah-Regime beteiligt hatte.

Khomeini stellt den Schah als eine Marionette der USA dar, der nur seinen Thron retten will und dem die Interessen und der Glaube seines Volkes gleichgültig sind. Begeistert von Khomeinis Reden, gehen Hunderttausende Anhänger im Lauf der sechziger und siebziger Jahre immer wieder auf die Straße und demonstrieren. Es kommt zu blutigen Auseinandersetzungen mit zahlreichen Toten. Von Paris aus fordert Khomeini seine Anhänger im Spätsommer 1978 schließlich dazu auf, die iranischen Minister aus ihren Ämtern zu jagen. Khomeini stellt eine islamische Revolution mit neuen Gesetzen zum Wohl des Volkes in Aussicht.

Shirin Ebadi ist von der Revolution wie hypnotisiert. Sie hatte miterlebt, wie ihr Vater durch den Schah seinen Posten verlor. Die Mutter hatte ihr in vielen Stunden das Beten beigebracht, und der Glaube spielt in Ebadis Leben eine große Rolle. Deshalb fühlt sie sich eher zu dem Geistlichen Ayatollah Khomeini hingezogen, als dass sie den Schah stützt. Und so geht es vielen ihrer Landsleute.

Angesichts der Massenproteste flieht der Schah am 16. Januar 1979 nach Ägypten. Wenige Tage später, am 1. Februar, kehrt Ayatollah Khomeini unter dem Jubel von mehreren Hunderttausend Iranern nach Teheran zurück. Am 31. März stimmt die iranische Bevölkerung mit überwältigender Mehrheit in einem Volksentscheid für die Staatsform der islamischen Republik.

Doch Khomeini will mehr. Im Exil hatte er das Konzept eines Gottesstaates ausgearbeitet. Auf dieser Grundlage wird am 1. April eine Verfassung proklamiert, die ihn zum obersten Rechtsgelehrten ernennt und die theokratische Islamische Republik Iran begründet. Viele Repräsentanten und Anhänger der Monarchie werden von islamischen »Revolutionsgerichten« zum Tod verurteilt und hingerichtet.

In diesen Jahren der politischen Unsicherheit beschäftigen Shirin Ebadi und ihren Mann private Sorgen. Sie wünschen sich Kinder, doch nach zwei Fehlgeburten sieht es so aus, als ließe sich dieser Wunsch nicht auf natürlichem Weg erfüllen. Das Paar mag sich damit nicht abfinden, und so fliegen die beiden im April 1979 nach New York, und Ebadi lässt sich dort in einer Klinik für Reproduktionsmedizin untersuchen und beraten. Die amerikanischen Ärzte stellen keinerlei organische Ursachen für die Fehlgeburten fest und raten ihnen, es zunächst weiter auf natürliche Weise zu probieren. So kehren die Eheleute nach knapp einem Monat wieder in den Iran zurück.

Als Shirin Ebadi am ersten Tag nach ihrer Heimkehr zum Gericht geht, um ihre Arbeit wieder aufzunehmen, merkt sie gleich, dass sich das Leben im Iran während ihrer Abwesenheit stark verändert hat. Die großen Straßen in Teheran, die bislang Namen wie »Queen Elisabeth«, »Pfauenthron« oder »Roosevelt« trugen, sind nach

136

schiitischen Imamen umbenannt worden. Die Männer im Ministerium tragen nicht länger Anzug und Krawatte, die nun als Symbole der »Übel des Westens« gelten, sondern laufen in teilweise sogar verschmutzter Freizeitkleidung herum. Es liegt auch nicht länger der Duft von Eau de Cologne in der Luft, und bei einem ihrer ersten Termine im Ministerium weist ein Kollege sie zurecht, sie möge doch bitte ein Kopftuch tragen.

Die Revolution ist in vollem Gange, doch sie entwickelt sich in eine andere Richtung, als es sich Shirin Ebadi und viele andere vorgestellt haben. Beim Gespräch auf dem Gerichtsflur bekommt sie zu hören, der Islam verbiete es Frauen, ein Richteramt auszuüben. Noch versucht sie, das Gehörte zu verdrängen, und wähnt sich in Sicherheit. Sie will an das Gute glauben, ist optimistisch. Schließlich arbeitet sie in einer gehobenen Position und galt bis dato als angesehenste Richterin in Teheran. Sie hat sogar viele Freunde unter den Revolutionären, man kann sie also nicht so leicht des Amtes entheben, denkt Ebadi.

Zudem schwebt sie auch privat auf Wolke sieben. Nach dem Besuch in Amerika hatten Javad und sie sich weiter bemüht, ein Kind zu zeugen, und sind endlich erfolgreich gewesen: Sie ist schwanger. Das Glück scheint auf ihrer Seite, und so redet Ebadi sich ein, ihr könne nichts geschehen. Doch sie täuscht sich.

Im Dezember 1979 billigt die Bevölkerung eine Verfassung, die die Scharia, das islamische Gesetz, in wesentlich stärkerem Ausmaß als vorher und in fundamentalistischer Auslegung zur Grundlage des Rechtssystems macht. Shirin Ebadi ist im sechsten Monat schwanger, als sie Ende 1979 zu einer Versammlung gerufen und gezwungen wird, ihr Amt als Richterin niederzulegen. Frauen seien zu »chaotisch« und »unmotiviert«, um im Gerichtssaal Recht zu sprechen, begründen die anwesenden Männer ihre Entscheidung. Ebadi könne aber als Protokollführerin in der Geschäftsstelle des Gerichtshofs arbeiten.

Sie ist entsetzt. Zu den Anwesenden gehören auch zwei ihrer ehemaligen Richterkollegen. Sie hatten zusammengearbeitet, jetzt aber machen sie sich über sie lustig. Man setzt sie quasi vor die Tür. Shirin Ebadi ist so empört und wütend, dass sie zwar am nächsten Tag in der Geschäftsstelle auftaucht und an ihrem neuen Schreibtisch Platz nimmt, aber jegliche Arbeit verweigert. Sie liest einfach nur Zeitung oder sitzt herum. Der Leiter der Geschäftsstelle hat Verständnis dafür und lässt sie in Ruhe.

Einige Wochen später stößt Shirin Ebadi auf einen Zeitungsartikel über den Entwurf des neuen islamischen Strafgesetzbuchs. Die Rechte der Frauen sollen massiv eingeschränkt werden. Beispielsweise soll der Zeugenaussage einer Frau nur noch halb so viel Gewicht beigemessen werden wie der eines Mannes, und bei Entschädigungen soll eine Frau nur die Hälfte von dem erhalten, was einem Mann im gleichen Fall zusteht.

Über diese gesetzlichen Rückschritte ist Ebadi derart schockiert, dass sie ihren Mann bittet, mit ihr nachträglich einen notariell beglaubigten Ehevertrag zu schließen, der sie berechtigt, jederzeit die Scheidung einzureichen, und ihr für diesen Fall das Hauptsorgerecht garantiert, sowohl für das Kind, das sie erwartet, als auch für jedes weitere. Ebadi ist glücklich, dass sich Javad ohne Diskussion auf ihr Anliegen einlässt. Sie fahren zum Notar. In ihrer Autobiographie schreibt sie: »Auf dem Nachhauseweg schaute ich hinüber zum Beifahrersitz, betrachtete Javads Profil und spürte, wie sich der unerträgliche Druck, der auf mir gelastet hatte, auflöste. Wir waren wieder das, was wir sein sollten – gleichberechtigt.«

Im April 1980 wird Ebadis Tochter Negar geboren. Die junge Mutter bleibt zwei Monate zu Hause, bevor sie an ihren Arbeitsplatz im Ministerium zurückkehrt. Weil sich das Paar kein Kindermädchen leisten kann, bringt Ebadi ihre Tochter jeden Morgen zu ihrer Mutter und holt sie auf dem Nachhauseweg wieder ab. Es fällt ihr schwer, sich an die neuen gesetzlichen Auflagen für Frauen, wie den Kopftuchzwang, zu gewöhnen und daran zu halten. Manchmal vergisst sie ihren *hidschab* sogar und merkt es erst, wenn die Menschen sie auf offener Straße anstarren.

Am 22. September 1980 beginnt der Irak unter Saddam Hussein mit massiven Luftangriffen gegen den Iran: Der erste Golfkrieg ist ausgebrochen. Nachdem der gemeinsame Grenzverlauf am Schatt el-Arab erst fünf Jahre zuvor in einem irakisch-iranischen Vertrag festgelegt worden ist, möchte Hussein nun die Grenzen neu ziehen, um den ölreichen Süden des Iran unter seine Kontrolle zu bringen. Der Iran mobilisiert seine Truppen, und es kommt zu erbitterten Kämpfen, die acht Jahre dauern werden.

Die Lebensmittel werden immer knapper, die Kämpfe der Truppen dauern an, und mitten in dieser unsicheren Lage bringt Ebadi 1983 ihre zweite Tochter, Nargess, zur Welt. Im Jahr darauf kann Ebadi beruflich ein wenig aufatmen: Sie arbeitet nun seit fünfzehn Jahren beim Justizministerium; Staatsbeamte können nach diesem Zeitraum auf eigenen Wunsch aus dem Dienst ausscheiden und eine Pension erhalten. Shirin Ebadi hat durchgehalten und sich viel gefallen lassen, doch länger als nötig möchte sie auf keinen Fall im Ministerium bleiben. Einen Tag nach Erfüllung der Mindestbeschäftigungsdauer beantragt sie ihre Pensionierung, die rasch genehmigt wird. Für ihre Vorgesetzten gelten weibliche Angestellte nichts, und so sind sie froh, Shirin Ebadi los zu sein.

Ebadis Wunsch, ihre Kinder mögen in einer friedlichen Umgebung aufwachsen, geht nicht in Erfüllung. Die Kämpfe weiten sich aus. Vier bis fünf Millionen Iraner verlassen das Land.

Shirin Ebadi jedoch bleibt und erklärt später in ihrem Buch: »Ich würde den Iran niemals verlassen. Wenn meine Kinder gehen müssten, würde ich sie gehen lassen. Jede Generation muss an dem Ort bleiben, an dem sie groß geworden ist.«

Die Familie muss harte Jahre überstehen. Ab 1988 mehren sich Angriffe auf die Städte, teilweise werden an einem einzigen Tag bis zu zwanzig Raketen auf Teheran abgefeuert. Als dann auch noch Javad Tavassolians Firma geschlossen wird, verliert er seinen Job als Elektroingenieur, und das Geld wird knapp. Trotzdem bleiben sie im Iran. Die meiste Zeit verbringt die Familie in den eigenen vier Wänden; nur um das Nötigste zu erledigen und einzukaufen, verlassen sie die Wohnung. Es grenzt an ein Wunder, dass keiner von ihnen oder ihren Verwandten in diesem Konflikt ums Leben kommt.

Als im Juli 1988 sowohl Ayatollah Khomeini als auch Saddam Hussein endlich bereits sind, eine UN-Resolution anzunehmen und sich auf einen Waffenstillstand zu einigen, ist der Golfkrieg beendet. Keiner weiß genau, wie viele Opfer er gefordert hat. Schätzungen zufolge sollen es auf beiden Seiten jeweils etwa eine Million Tote und Verwundete sein.

Am 3. Juni 1989 stirbt Khomeini nach längerer Krankheit, und eine Gruppe von Revolutionären übernimmt die Macht. Sie schränken die Freiheiten der iranischen Bevölkerung noch weiter ein, um die Kontrolle über alle Bereiche der Gesellschaft zu gewinnen. »Die Politik des Regimes beeinflusste unser Leben, folgte uns in unsere Wohnzimmer und verwandelte unseren Alltag in ein Katz-und-Maus-Spiel mit der Obrigkeit«, erzählt Shirin Ebadi in *Mein Iran*. Die Tugendwächter schikanieren alle, ob Alt oder Jung, Muslim, Christ oder Jude, Frau oder Mann, und verbreiten ein Klima der Angst. Beispielsweise soll unterbunden werden, dass ein Liebespaar vor der Ehe zusammen ausgeht oder dass sich die Iraner »unziemliche« Fernsehsendungen anschauen. Um gar nicht erst die Aufmerksamkeit der Kontrolleure zu erregen und womöglich festgehalten, festgenommen und später ausgepeitscht zu werden, nehmen junge unverheiratete Paare oft eine junge Nichte oder einen jungen Neffen mit, so dass es den Anschein hat, als ginge eine Familie spazieren.

Nach dem Krieg werden alle Anstrengungen unternommen, um das Land wieder aufzubauen. Damit der Iran sich nicht zu einem Dritte-Welt-Land entwickelt, sollen ausländische Investoren für Wirtschaftsprojekte gewonnen werden. Die Regierung erkennt zudem, dass ein hoher Bedarf an gebildeten Arbeitskräften besteht. Zwar durften Frauen zuletzt die Universität besuchen und eine berufliche Ausbildung machen, doch wenn es darum ging, einen Arbeitsplatz zu finden, hatte man sie jahrelang ins Abseits gedrängt. Die Arbeitslosigkeit unter Frauen war dreimal so hoch wie jene unter Männern. Nach dem Krieg jedoch brauchte der Staat die Frauen, und so wurde ihnen ab 1992 wieder erlaubt, als Anwältinnen zu arbeiten.

Shirin Ebadi eröffnet im Erdgeschoss ihres Hauses eine kleine Kanzlei. Es sind vorwiegend unspektakuläre Fälle, die sie in der folgenden Zeit übernimmt. Ihr Engagement geht jedoch darüber hinaus: Gemeinsam mit anderen Frauen gründet sie 1995 die »Association for Support of Children's Rights in Iran«, die Gesellschaft zum Schutz der Kinderrechte. Ebadi fordert zum Beispiel, das Strafmündigkeitsalter heraufzusetzen, das für Mädchen bei neun und für Jungen bei fünfzehn Jahren liegt.

Das traurige Schicksal der elfjährigen Leila bringt Shirin Ebadi 1996 auf den Weg, den sie immer schon einschlagen wollte: Leila hatte mit ihrem Bruder auf einer Wiese Blumen gepflückt, als drei Männer die beiden überwältigten, das Mädchen vergewaltigten, es erschlugen und einen Felshang hinunterwarfen. Dank der Zeugenaussage des Bruders konnten die Männer gefasst werden. Der Hauptverdächtige gestand zwar die grausame Tat, erhängte sich aber nach seiner Aussage. Die beiden anderen Angeklagten leugneten ihre Mittäterschaft an der Vergewaltigung, doch das Gericht befand sie für schuldig und verurteilte sie zum Tod. Weil das Leben einer Frau aber nur halb so viel zählt wie das eines Mannes, sollen die Eltern der kleinen Leila nun die Hinrichtung bezahlen. Es geht um eine Summe von mehreren tausend Dollar.

Die Familie ist verzweifelt. Woher soll sie so viel Geld nehmen? Um die Ehre der Familie zu wahren, versucht erst der Vater, seine Niere zu verkaufen, dann der Bruder, doch in beiden Fällen lehnt der Arzt ab: Aus medizinischen Gründen eignen sich weder das Organ des Vaters noch das des Bruders für eine Transplantation. Der Arzt ist über die Hintergründe dieses Ansinnens so entsetzt, dass er an das Justizministerium schreibt und droht, die internationale Organisation Ärzte ohne Grenzen einzuschalten, falls der Staat nicht für die Hinrichtung aufkommt.

Der Fall schlägt immer höhere Wellen, und auch Shirin Ebadi erfährt davon. Sie bietet den verzweifelten Eltern an, sie ohne Honorar zu vertreten, und zieht vor Gericht. Obwohl der Fall ungeklärt bleibt und es Ebadi nicht gelingt, das Gericht für eine andere Entscheidung zu gewinnen, sorgt er für öffentliche Aufmerksamkeit. Wie kaum ein anderer Fall zeigt Leilas Geschichte die Missstände im iranischen Rechtssystem auf. Und Shirin Ebadi wird damit als die Anwältin bekannt, die sich auf Menschenrechte für Frauen und Kinder spezialisiert hat.

Ein gutes Jahr später übernimmt sie den Fall der kleinen Arian. Nach der Trennung der Eltern hatte das Gericht dem Vater, einem gewalttätigen und mehrfach vorbestraften Mann, das Sorgerecht für die Tochter übertragen. Der Vater und der Stiefbruder des Mädchens misshandelten Arian so stark, dass sie zahlreiche Knochenbrüche erlitt und an den Folgen ihrer Verletzungen starb. Shirin Ebadi vertritt die Mutter des Mädchens vor Gericht. Arians Stiefbruder wird zum Tod verurteilt, der Vater zu einem Jahr Gefängnis. Der Fall macht die internationalen Menschenrechtsorganisationen auf Ebadi aufmerksam. In ihrer Autobiographie schreibt sie: »Es bedeutete, dass der abstrakte Begriff ›Menschenrechte‹ im Iran nun ein Gesicht und einen Namen hatte und dass endlich Millionen von Frauen, die ihren Frust und ihre Wünsche nicht artikulieren konnten, jemanden hatten, der für sie sprach.«

Der Iran befindet sich derweil wieder im Umbruch. Der im Mai 1997 neugewählte Präsident Mohammed Khatami verspricht, das Land in eine islamische Demokratie umzuwandeln, und tatsächlich gibt es in den folgenden zwei Jahren zunehmende Meinungs- und Pressefreiheit. So kommt es, dass die unabhängige Zeitung *Salaam* im Sommer 1999 einen Skandal aufdecken kann: Einige hochrangige Regierungsvertreter stünden mit der Ermordung von zahlreichen Dissidenten in Verbindung, berichtet *Salaam*. Auf Druck der geistlichen Hardliner lässt die Regierung daraufhin die Zeitung einstellen. Tausende von Studenten, die die kritische Berichterstattung von *Salaam* schätzen, versammeln sich zum Protest auf dem Campus. Es kommt zu großen Unruhen, paramilitärische Gruppen kesseln die Studenten auf dem Unigelände ein und gehen mit Schlagstöcken auf sie los, während die Polizei seelenruhig zuschaut. Nicht die Angreifer, sondern über dreihundert Studenten werden festgenommen; Zeugen zufolge soll einer bei den Ausschreitungen sogar getötet worden sein.

Knapp ein Dreivierteljahr später, im März 2000, kommt ein junger Mann, Amir Farshad Ebrahimi, in Shirin Ebadis Büro, der behauptet, sich von einer gewalttätigen paramilitärischen Gruppe losgesagt zu haben. Er sei bereit, über politische Morde auszusagen, genauso wie über seine Kollegen, die den blutigen Angriff auf das Teheraner Studentenwohnheim im Jahr zuvor organisiert hatten. Shirin Ebadi bittet ihn, seine Aussage zur Sicherheit vor Zeugen auf Video aufnehmen zu dürfen. Der junge Mann erklärt sich einverstanden. Eine Freundin warnt Ebadi noch, dass dies eine Falle der Hardliner-Fraktion sein könnte, die sich möglicherweise aufspielt und für Aufmerksamkeit sorgen will, doch die Anwältin ist längst hineingetappt.

Als Kopien der Aufnahme in Umlauf kommen, behauptet Ebrahimis Mutter, ihr Sohn sei völlig labil und die Anwälte hätten ihn zu der Aussage gezwungen. Die Presse berichtet über den Vorfall, und die Regierung verdächtigt Shirin Ebadi, an den Machenschaften beteiligt gewesen zu sein. Zweimal wird sie verhört. Doch obwohl sie ihre Unschuld beteuert und das Missverständnis aufzuklären versucht, wird sie am 28. Juni 2000 – eine Woche nach ihrem dreiundfünfzigsten Geburtstag – verhaftet.

Im Gefängnis gibt es kein fließendes Wasser, die Toiletten sind völlig verschmutzt. Shirin Ebadi muss die Böden wischen und den Müll entsorgen. In ihrer engen Zelle betet sie fünfmal am Tag und hält sich mit Dehnübungen fit. Nach knapp drei Wochen wird sie gegen eine Kaution in Höhe von zwanzig Millionen Toman, etwa einundzwanzigtausend Euro, entlassen. Um das Geld für ihre Freilassung aufzubringen, musste ihr Mann Javad das Haus mit einer Hypothek belasten.

Shirin Ebadi nimmt ihre Arbeit als Anwältin wieder auf. Sie hat sich längst den Ruf geschaffen, Fälle von Liberalen und Dissidenten mit eisernem Willen und persönlicher Überzeugung zu vertreten. So steht im Herbst 2000 Parastou Forouhar in ihrer Kanzlei. Die junge Frau ist die Tochter von Dariush und Parvaneh Eskandari Forouhar, einem regimekritischen Ehepaar, das im November 1998 ermordet wurde. Die Täter drangen in das Wohnhaus ein, fesselten Dariush Forouhar auf einen

Stuhl und töteten ihn mit elf Messerstichen. Auf seine Frau stachen sie vierundzwanzigmal ein. Danach zerstückelten sie beide Leichen.

Shirin Ebadi erinnert sich an den Artikel in *Salaam.* Die Forouhars waren Ende der neunziger Jahre nicht die einzigen intellektuellen Regimekritiker, die ermordet wurden. *Salaam* hatte Regierungsmitglieder beschuldigt, gezielte Tötungen etwa von Wissenschaftlern und Schriftstellern in Auftrag gegeben zu haben. Nun, im Herbst 2000, hat die Regierung tatsächlich eine Mitschuld eingeräumt, und Parastou Forouhar will Gerechtigkeit.

Die Tochter der Forouhars bittet Shirin Ebadi, den Fall zu übernehmen. Da der neue iranische Präsident Mohammed Khatami Recht und Gesetz im Land stärken will, sollen die wahren Täter gefunden und bestraft werden. Zur Vorbereitung auf den Prozess gegen die mutmaßlichen Mörder des Ehepaars darf die Anwältin zehn Tage lang die Ermittlungsakten einsehen. Unvermittelt stößt sie dabei auf das Schreiben eines früheren Ministers, und ihr Blick fällt auf einen Satz: »Die nächste Person, die getötet werden soll, ist Shirin Ebadi.«

Sie selbst hätte also auch ermordet werden sollen!

»Mein Hals war plötzlich wie ausgetrocknet. Ich las diese Zeile immer und immer wieder. Die gedruckten Worte verschwammen vor meinen Augen«, schreibt sie in ihrer Biographie. Ebadi erzählt ihrem Mann davon, und so froh beide auch sind, dass sie lebt – sie wissen auch, dass Shirin Ebadi sich nicht in Sicherheit wähnen darf. Zwar lebt sie, doch ist sie einigen Menschen ein Dorn im Auge.

Der Prozess gegen die mutmaßlichen Mörder des Ehepaars Forouhar wird noch im Vorfeld ausgebremst.

Eine Fraktion innerhalb des Staates setzt alles daran, den Skandal zu vertuschen, ein Hauptverdächtiger begeht im Gefängnis Selbstmord, indem er Haarentfernungsmittel trinkt, wie es offiziell heißt. Und zudem hat der Präsident persönlich schließlich Bedenken, der Fall könnte den Glauben an die Regierung zu stark erschüttern.

Doch Shirin Ebadi engagiert sich weiter für Menschen, die Unrecht aufdecken wollen. Beispielsweise vertritt sie die Familie einer iranisch-kanadischen Fotojournalistin, die bei Recherchen zu Unruhen in der Teheraner Uni verhaftet wurde und im Gefängnis unter mysteriösen Umständen den Tod fand. An den Fällen, die ihr wichtig sind, verdient Ebadi nicht viel Geld, aber sie tragen dazu bei, das Augenmerk der Weltöffentlichkeit auf den Iran und sein Rechtssystem zu lenken und der Gerechtigkeit zum Durchbruch zu verhelfen. Sie veröffentlicht auch mehrere Bücher über die Rechte von Kindern und Frauen.

2002 gründet Ebadi gemeinsam mit anderen Juristen das »Zentrum zur Verteidigung der Menschenrechte«, eine Organisation, die sich für die Rechte von Minderheiten einsetzt und Regimegegnern juristischen Beistand bietet. International stößt die Arbeit des Zentrums zur Verteidigung der Menschenrechte auf großes Interesse und findet breite Anerkennung; schon ein Jahr nach der Gründung erhält die Organisation von der französischen Regierung den Menschenrechtspreis.

Trotz aller Aufmerksamkeit, die ihr entgegengebracht wird – mit einem hätte Shirin Ebadi nie gerechnet. Es ist September 2003, und sie verbringt gerade einige Tage mit ihrer Tochter in Paris, wo sie auf Einladung der Stadt ein Seminar über Teheran halten soll. Da erhält sie am Freitagmorgen den Anruf eines Mannes, der sagt, er rufe im Namen des Friedensnobelpreiskomitees an. Doch Shirin Ebadi legt auf, als er sie bittet, kurz in der Leitung zu bleiben. Sie hält den Anruf für den Scherz eines Freundes. Wenige Minuten später ruft er erneut an und verkündet der verdutzten Ebadi, dass sie den Friedensnobelpreis bekommt – für ihre »Bemühungen um Demokratie und Menschenrechte«, wie es in der Begründung heißt. Als erste Muslimin in der Geschichte nimmt Shirin Ebadi die Auszeichnung am 10. Dezember 2003 in Oslo entgegen.

Trotz ihres schlagartig gestiegenen Bekanntheitsgrades muss Shirin Ebadi erfahren, dass auch eine Trägerin des Friedensnobelpreises im Iran keine Sonderrechte genießt. Als sie im Juni 2006 zusammen mit über fünftausend anderen Menschen, vorwiegend Frauen, in Teheran an einer Demonstration für Menschenrechte teilnimmt, werden die Proteste gewaltsam niedergeschlagen. Ebadi wird festgenommen, kommt jedoch wenige Tage später wieder frei. Anfang August 2006 dann verbietet das iranische Innenministerium das Zentrum zur Verteidigung der Menschenrechte; es wird schlichtweg für »illegal« erklärt. Offenkundig ist die Begründung nur vorgeschoben. In Wirklichkeit gehe es der iranischen Regierung darum, Menschenrechtsverletzungen im eigenen Land zu vertuschen, meint Shirin Ebadi.

Als erfolgreiche berufstätige Frau und engagierte Kämpferin für die Rechte der Bürger ist Ebadi für die konservativ-fundamentalistische Opposition der Inbegriff all dessen, was sie ablehnt. Um sie vor Angriffen zu schützen, stellt ihr die iranische Regierung deshalb rund um die Uhr Leibwächter zur Seite.

Die schwierigen politischen Verhältnisse im Iran und

die Geschehnisse in der Vergangenheit ändern nichts daran, dass Shirin Ebadi ihr Land liebt und an seine Zukunft glaubt. Auf vielen Reisen tritt sie in Zusammenarbeit mit internationalen Organisationen und politischen Gremien weltweit für die Rechte der Frauen und für eine friedliche Welt ein. Die Botschaft, die sie anderen Menschen nahebringen möchte, lässt sich vielleicht am besten in jene Worte fassen, die Ebadi im Oktober 2005 fand, als sie auf Einladung der von Hans Küng gegründeten Stiftung Weltethos in Tübingen sprach: »Die Welt wird nur dann zur Ruhe kommen und der Frieden wird nur dann dauerhaft sein, wenn die Menschenrechte umfassend und universell sind. Und Menschenrechte kann man den Menschen gewiss nicht durch Bomben bringen.« Ganz ähnlich äußerte sie sich im Oktober 2008 anlässlich der Verleihung des Toleranzpreises der Evangelischen Akademie Tutzing.

Damit macht sie sich nicht nur Freunde. Zwar gesteht der seit 2005 regierende Präsident Mahmud Ahmadinedschad ihr Personenschutz zu, aber das hindert Ebadi nicht, auf Missstände in ihrem Land hinzuweisen. Als Reaktion darauf verbreiten die nationalen Medien immer wieder Gerüchte über die prominente Kritikerin. So wurde zum Beispiel im Spätsommer 2008 lanciert, Ebadis Tochter habe den Islam verlassen und gehöre jetzt dem Baha'i-Glauben an. Der Internationalen Gesellschaft für Menschenrechte zufolge schwebt Shirin Ebadi deshalb in akuter Lebensgefahr. Doch die Nobelpreisträgerin lässt sich trotzdem nicht davon abhalten, ihre Stimme zu erheben.

Noch immer gibt es im Iran viel zu bewegen. In ihrer Biographie schreibt Shirin Ebadi: »Ich mache mir keine

Illusionen, dass ich mich ganz zurückziehen könnte, denn das würde bedeuten, dass der Iran sich geändert hätte und Menschen wie ich nicht länger gebraucht würden, um die Iraner vor ihrer Regierung zu schützen. Sollte ich diesen Tag noch erleben, werde ich mich zurücklehnen und aus der Abgeschiedenheit meines Gartens heraus den Bemühungen der nächsten Generation Beifall spenden.«

# »Jede Frau sollte eine Feministin sein«

*Rosa Logar hat das Thema »Gewalt in der Familie« in Österreich maßgeblich in die Öffentlichkeit gebracht*

*In ihrem eigenen Zuhause, wo sie glauben, geschützt und in Sicherheit zu sein, erleben unzählige Frauen Gewalt und Misshandlung. In Deutschland ist jede vierte Frau mindestens einmal in ihrem Leben Opfer einer Gewalttat durch den Lebenspartner. Jede vierte Frau in Europa wird mindestens einmal in ihrem Leben Opfer von Gewalt, jede zehnte Frau Opfer sexueller Übergriffe. In Spanien stirbt etwa jeden dritten Tag eine Frau durch die Hand ihres ehemaligen oder aktuellen Partners, in Frankreich jeden vierten Tag, und auch in Großbritannien werden jährlich etwa hundert Frauen von ihrem Partner getötet. Zum Vergleich: Etwa zehn Männer werden jedes Jahr in Großbritannien von ihren Partnerinnen umgebracht. So gibt es etliche Zahlen zum Thema »häusliche Gewalt gegen Frauen«, die uns und die Politik aufrütteln sollten. Nicht zuletzt wegen solcher Zahlen ist das Engagement für die Rechte der Frauen für Rosa Logar zum Lebensinhalt geworden.*

Sie redet gern, doch selten über sich. Das kommt irgendwann später und auch nur, wenn man sie direkt nach ihrem Leben fragt. Wenn Rosa Logar anfängt zu erzählen, steht erst einmal die Arbeit im Mittelpunkt. Dann berichtet sie, wie sie sich dafür einsetzt, dass ein Tabuthema endlich an die Oberfläche der Gesellschaft dringt: Gewalt in der Familie, körperliche Übergriffe gegen Frauen, Schläge, Tritte, übelste Misshandlungen und Vergewaltigungen, bei denen stets der Partner der Täter ist.

Viele Menschen wollen nicht wahrhaben, was sich hinter unzähligen Wohnungstüren abspielt. Rosa Logar hat schon früh genau hingesehen; dorthin, wo andere aus Angst vor Verantwortung, aus Scham und aus Hilflosigkeit lieber wegschauen. Während viele Leute Themen wie Gewalt in der Familie und die Unterdrückung von Frauen verdrängen, hat die Österreicherin sie Schritt für Schritt zu ihrem zentralen Anliegen erkoren.

»Ich möchte, dass alle Menschen – eben auch die Frauen – eine Chance bekommen und fair behandelt werden«, sagt Rosa Logar. Käme dieser wohltönende Wunsch aus dem Mund eines Politikers, würde man ihn wahrscheinlich als leere Floskel abtun. Doch Rosa Logar weiß, was sie sagt – und vor allem: Sie wartet nicht darauf, dass jemand anders dafür sorgt, dass ihr Wunsch Wirklichkeit wird. Dafür sorgt sie schon selbst. Dieser Kampfgeist liegt in ihrer Geschichte begründet.

»Vielleicht würden andere meine Kindheit nicht als glücklich bezeichnen, weil wir nicht in einem großen Haus wohnten und weil wir auch nicht jeden Sommer in den Urlaub fuhren, aber für mich war sie sehr schön.« Geboren im August 1958 in St. Paul im Lavanttal, einer kleinen Marktgemeinde in Südkärnten, wächst Rosa Logar in eher ärmlichen Verhältnissen auf. Der ältere Bruder Hans ist schon seit zwei Jahren da, als sie zur Welt kommt, Harald, ein zweiter Bruder, folgt neun Jahre später.

»Mein Vater war Waagen- und Mühlenbauer, meine Mutter Köchin. Sie gehörten zur slowenischen Minderheit in Kärnten und erlebten das typische Assimilierungsschicksal. Sie mussten sich immer anpassen«, erzählt Rosa Logar. »Meine Eltern hatten wenig Geld, wenig Möglichkeiten für Veränderungen. Doch sie arbeiteten hart, um ihre Lebenssituation zu verbessern und um uns drei Kinder zu fördern. Dafür bewundere ich sie.«

Die Eltern legen viel Wert darauf, dass Rosa und ihre beiden Brüder zur Schule gehen und lernen. Die Kinder sollen die Chance erhalten, die die Eltern selbst nicht hatten. »Sogar mich als Mädchen haben sie stark gefördert, während andere Eltern dachten, das sei für Töchter nicht notwendig.«

Als Rosa sechs Jahre alt ist, zieht die Familie aus dem kleinen Ort St. Paul in die benachbarte Kleinstadt Völkermarkt, denn dort gibt es ein Gymnasium für die Kinder. So kann Rosa Logar nach der Primarstufe die höhere Schule besuchen.

Schon damals beginnt sie sich für Benachteiligte und für mehr Gleichberechtigung einzusetzen. In Projektwochen sucht sie gezielt die Nähe zu Kindern aus einer nahe gelegenen Obdachlosensiedlung, um etwas über deren Leben zu erfahren und ihnen helfen zu können. Außerdem engagiert sie sich in einer Mädchengruppe an ihrer Schule und fordert mehr Mitbestimmung der Schüler beim Lehrplan. »Sozial engagiert, das war ich schon immer. Ich sehe die Dinge auch lieber kritisch, statt sie als gegeben anzunehmen.«

Als sie mit sechzehn Jahren zum ersten Mal das Wort »Feministin« hört und von Alice Schwarzer und deren Arbeit erfährt, klingt das alles in ihren Ohren noch fremd und überspitzt. »Feministin« möchte sie nicht sein und auch nicht werden, denkt sie. Es geht ihr um die Gemeinschaft. Das gemeinsame Engagement mit den Mitschülerinnen liegt ihr, und sie findet dabei gute Freundinnen. Mit zweien geht Rosa Logar 1976, als sie das Abitur in der Tasche haben, nach Wien, um Sozialarbeit zu studieren. Sie leben gemeinsam in einer Wohngemeinschaft.

»Es war eine sehr politische Zeit, es herrschte eine

154

Aufbruchstimmung, gerade bei uns Studentinnen«, sagt Logar. »Es war die Zeit der Hausbesetzungen, die Zeit, in der die Menschen nicht mehr alles hinnahmen, was ihnen die Politik servierte. Die internationale Frauenbewegung kam auf, die Frauen wollten mitbestimmen. Auch ich spürte, dass ich etwas anstoßen wollte.«

Das erste Frauenhaus war 1971 in London gegründet worden. Als fünf Jahre später ein Frauenhaus in Berlin aus der Taufe gehoben wird, verfolgt Rosa Logar das mit großem Interesse. In den folgenden Monaten keimt in ihr der Gedanke auf, eine ähnliche Anlaufstelle in Wien zu schaffen. Im Rahmen ihres Studiums hat sie bereits erste Kontakte zur Frauenbewegung geknüpft und den Bedarf einer solchen Anlaufstelle speziell für Frauen erkannt.

»So wie ich dachten einige Studentinnen aus dem Bereich Sozialarbeit. Es fehlte in Wien an einer Einrichtung, die Frauen Schutz und Unterstützung bietet. So etwas wollten wir gern schaffen, doch woher sollten wir das Geld nehmen?«

Die Studentinnen finden Gehör bei der damaligen Gemeinderätin von Wien, Johanna Dohnal, und können gemeinsam mit ihr die Initiative »Frauenhaus« gründen. »Die Gemeinderätin gehörte zu den Sozialdemokraten, der SPÖ, aber wir wollten uns nicht von einer Partei abhängig machen. Wir wollten autonom bleiben, das war eines unserer Grundprinzipien.« So taucht der Name »Johanna Dohnal« zwar in der Vorstandsriege auf, die soziale Arbeit und die Betreuung der Frauen aber übernehmen die Studentinnen selbst. Keiner redet ihnen in ihr Konzept hinein.

Finanziell von der Stadt Wien gefördert, mieten sie eine Fünfhundert-Quadratmeter-Wohnung, renovieren die insgesamt zehn Zimmer über mehrere Wochen in ihrer Freizeit, streichen die Wände und Türen farbig, um lebendige Akzente zu setzen, und statten die Räume mit Hochbetten aus. Das Schmuckstück wird die große Kaffeeküche, in der dreißig bis fünfunddreißig Frauen Platz finden, wo gemeinsam gekocht werden kann und die Frauen sich austauschen sollen. Die Studentinnen arbeiten Tag und Nacht – und am 1. November 1978 sind sie endlich am Ziel: Gemeinsam mit ihren Mitstreiterinnen kann Rosa Logar in Wien das erste Frauenhaus in Österreich eröffnen.

Womit die Initiatorinnen nicht gerechnet haben: Wenige Tage nach der Eröffnung ist das Haus überfüllt. »Wir waren jung, unerfahren und damit ziemlich schnell überfordert. Wir legten zusätzlich zu den Betten einfach noch Matratzen in die Räume, schließlich wollten wir um jeden Preis alle Frauen in Not im Haus aufnehmen.«

Auch bei ihrer Telefonhotline wollen sie alles richtig machen und bloß keinen Hilferuf verpassen. So wechseln sie sich bei den Diensten ab und wachen rund um die Uhr. »Es war auch eine verrückte Zeit. Uns fehlte die Lebenserfahrung, wir wollten einfach helfen und dachten gar nicht viel nach. Manchmal glaube ich, das war gar nicht so schlecht. Für uns schien alles machbar.« Noch heute erinnert Rosa Logar sich mit großer Zufriedenheit an die Momente, in denen ihr die unterschiedlichsten Frauen gegenüberstanden und sie ihnen eine Perspektive geben konnte.

Es sind Frauen, die jahrelang in Gewaltbeziehungen gelebt haben, Frauen, die sexuell misshandelt wurden, genauso wie Migrantinnen, die aufgrund falscher Versprechungen nach Österreich gekommen sind und jetzt als Abhängige ausgenutzt werden. Alle suchen sie Schutz im Frauenhaus, und schnell ist klar: Es werden von Tag zu Tag nicht weniger, sondern mehr.

Nach Beendigung ihres Studiums 1978 steigt Rosa Logar als festangestellte Diplom-Sozialarbeiterin ganz in die Arbeit ein. 1980 wird das zweite Frauenhaus in Wien eröffnet. »Ich war da, um den Frauen zu helfen, aber ich verstand bald, dass sie nicht schwach sind, sondern dass sie sich auf vielfältige Weise gegen erlittenes Unrecht wehrten. Ich habe bei meiner Arbeit im Frauenhaus von den Frauen viel gelernt, sie waren für mich die Heldinnen des Alltags.«

Einige Jahre vergehen. 1989 wird Rosa Logar stellvertretend für die autonomen Frauenhäuser in Österreich vom Wiener Bürgermeister mit dem Karl-Renner-Preis ausgezeichnet. Das bedeutet einen großen Schritt nach vorn für sie. »Frauenhäuser zählen in einer Stadt, gerade bei den Politikern, nicht unbedingt zu den beliebtesten Einrichtungen«, sagt Rosa Logar. »Sie zeigen die Missstände, die Verrohung unserer Gesellschaft auf. Dass der Bürgermeister uns Frauenhäusern den Preis verliehen hat, war eine Anerkennung, die für mich Akzeptanz bedeutet, für unsere Arbeit und unsere Einrichtungen.« Die Auszeichnung ist eine Motivation, weiterzumachen.

Von dem Preisgeld in Höhe von damals zweihunderttausend österreichischen Schilling – umgerechnet fast fünfzehntausend Euro – richten die Mitarbeiterinnen der Wiener Frauenhäuser ein separates Büro ein, um ein Netzwerk zwischen den inzwischen fünfzehn Frauenhäusern in Österreich aufzubauen. Sie tauschen sich aus, informieren sich über rechtliche Hintergründe, leisten Hilfestellung, und schnell wird aus diesem Netzwerk ein Informationsaustausch über die Landesgrenzen hinaus.

Rosa Logar knüpft internationale Kontakte zu Frauenbewegungen und Frauenhäusern. Auf der Menschenrechtskonferenz der Vereinten Nationen 1993 in Wien wird ihr klar, wie wichtig ein organisiertes internationales Netzwerk ist: »Jedes Land hat seine eigenen Probleme, doch jedes Land hat auch Probleme, die ein anderes Land ebenfalls kennt und bei denen es möglicherweise aus Erfahrung mit Informationen helfen kann. Wir sitzen alle in einem Boot, möchten alle mehr Rechte für Frauen erlangen, da ist ein regelmäßiger Austausch wichtig.« Inspiriert von den vielen Gesprächen auf der Menschenrechtskonferenz, ist Rosa Logar 1994 eine der Mitbegründerinnen des Europäischen Netzwerks gegen Gewalt an Frauen WAVE (Women Against Violence Europe) und nimmt 1995 an der vierten Weltfrauenkonferenz in Peking teil.

»Manchmal überkommt einen natürlich das Gefühl, dass sich kaum etwas verändert, weil das Patriarchat noch zu fest verankert ist. Doch dann geschieht wieder etwas, das zeigt: Man ist auf dem richtigen Weg.« Einen dieser positiven Schübe gibt es im Mai 1997, als das österreichische Bundesgesetz zum Schutz vor Gewalt in der Familie in Kraft tritt. Das Gesetz folgt dem Gedanken: »Täter müssen gehen, Opfer können bleiben!« Die Polizei wird dazu berechtigt und sogar verpflichtet, gewalttätige Personen, die andere gefährden, aus einer Wohnung zu entfernen. Das Besondere an dem Gesetz ist aber: Die Polizei muss zuständige Kontaktstellen über die Vorfälle in Partnerschaften und Familien schriftlich informieren.

»Für mich war das ein Meilenstein im Kampf gegen Gewalt an Frauen und Kindern. Eine Gewalttat wird seitdem nicht mehr als Privatangelegenheit, sondern als Menschenrechtsverletzung angesehen, für unsere Arbeit ein wichtiger Schritt«, sagt Logar. Nach fast zwanzig Jahren Arbeit im Frauenhaus will sie mehr in vorbeugender Weise gegen die Gewalt an Frauen vorgehen. Es soll und darf nicht bis in alle Ewigkeit Frauenhäuser geben, in die sich Frauen mit ihren Kindern flüchten. »Zudem gibt es auch viele Frauen, die gar nicht in ein Frauenhaus wollen, sondern lieber zu Hause bleiben möchten, andere Frauen brauchen nur eine ambulante Beratung zu ihrer individuellen Situation.«

Angespornt von dem neuen Gesetz, erarbeitet Rosa Logar ein Konzept und gründet im Februar 1998 die Wiener Interventionsstelle gegen Gewalt in der Familie, die sie fortan als Geschäftsführerin leitet. »Mit der Interventionsstelle sind wir ein Stück weiter gegangen. Wir wollten präventiver arbeiten und eine Anlaufstation für die Frauen schaffen, die ihnen schon vor möglichen körperlichen Übergriffen beratend zur Seite steht. Darüber hinaus war es uns wichtig, die Mithilfe von Polizei und Justiz bei der Verhinderung von Gewalt einzufordern.«

Das Konzept geht auf. Heute ist die Interventionsstelle der erste Kontakt für die Wiener Polizei. Unmittelbar nach Einsätzen bei Paaren oder Familien schickt die zuständige Inspektion ein Fax an Rosa Logar und ihre Mitarbeiterinnen und informiert sie über die Gewalttat. Daraufhin nimmt die Interventionsstelle Kontakt zu der angegriffenen Frau auf. »Wir kommen den Frauen entgegen, denn wir wissen, wie hoch bei vielen die Hemmschwelle ist, um Hilfe zu bitten. Wir fragen die Frau, wie es ihr damit geht, dass der Mann nicht mehr da ist, ob sie sich jetzt sicher fühlt und inwiefern wir ihr helfen können.«

Gemeinsam mit der Frau stellt eine Mitarbeiterin der Interventionsstelle einen Sicherheitsplan auf und versucht auch, Möglichkeiten der Kinderbetreuung zu organisieren. Es geht um sehr alltagsnahe und konkrete Hilfeleistungen. So gibt es sogar einen kleinen Fonds, um beispielsweise den Einkauf von Lebensmitteln zu unterstützen. »Wir stehen einer Frau so lange zur Seite, wie sie unsere Hilfe braucht. Zum Beispiel begleiten wir sie bei Gerichtsprozessen und helfen ihr bei der Wohnungssuche.«

In den ersten zehn Jahren nach Inkrafttreten des Gesetzes wurden vierzigtausend »Wegweisungen« gerichtlich verfügt. Das heißt, in Österreich wird elfmal am Tag ein Gewalttäter der Wohnung verwiesen. Eine Zahl, die einmal mehr verdeutlicht, dass es bei häuslicher Gewalt gegen Frauen und Kinder nicht um Einzelfälle geht, und die zeigt, wie sehr Rosa Logar und die Interventionsstelle gebraucht werden.

Andererseits braucht auch Rosa Logar die Arbeit mit den Frauen und Kindern. »Daraus gewinne ich meine Kraft. Wenn ich sehe, wie eine Frau um ihr Recht kämpft, und ich etwas dazu beitragen kann, Ungerechtigkeiten aufzuzeigen und dagegen anzugehen, dann gibt mir das neue Energie. Ich glaube, auch diese Motivation liegt in meiner Kindheit begründet. Ich habe einfach diesen inneren Drang, Gerechtigkeit und Gleichheit herzustellen.«

Zu der Arbeit in der Interventionsstelle gehört die tägliche Konfrontation mit den körperlichen Folgen von Gewalt. Rosa Logar sitzt Frauen gegenüber, denen die Übergriffe durch ihre Partner meist anzusehen sind: zugeschwollene Augen, Blutergüsse an den Armen, oft am ganzen Körper, Platzwunden am Kopf – an den Anblick hat sie sich auch im Lauf ihrer vielen Arbeitsjahre nicht gewöhnen können.

»Körperlich bin ich selbst zum Glück noch nie angegriffen worden, doch die Angst davor kenne ich. Als ich einer Frau half, ihre Sachen von zu Hause zu holen, tauchte plötzlich ihr Mann auf und drohte mir, ich würde schon sehen, was passiert, wenn ich seine Frau nicht in Ruhe lasse«, erzählt Rosa Logar.

Die Adresse ihrer Wohnung kennen daher auch nur enge Freunde. Zu groß ist die Gefahr, dass ein Ehemann sich tatsächlich einmal an ihr rächt, weil sie seine Frau geschützt hat. »Solche Grenzen zu ziehen ist manchmal schon seltsam. Denn meine Person und meine Arbeit sind nicht voneinander trennbar. Ich will beides auch nicht trennen. Meine Ziele in der Arbeit sind auch die Ziele in meinem Leben – ich möchte selbst als Frau anerkannt werden«, sagt Logar. »Ich mache daher nicht nur eine Arbeit, sondern es ist meine Überzeugung.«

So vermischt sich bei Rosa Logar das Berufliche mit dem Privaten. Wenn sie abends in ihrer Wohnung sitzt, kommt es häufig vor, dass noch einmal das Telefon klingelt und eine Klientin einen Rat braucht oder einfach nur reden möchte. »Die Frauen und auch ihre Kinder, die ich betreue, können mich in Krisenzeiten zu jeder Uhrzeit anrufen. Es gibt für mich dann keinen Feierabend, und das sage ich den Klientinnen. Sie müssen wissen, dass ich für sie da bin. Krisen kennen keinen Alltag, keine bestimmten Zeiten. In Krisenphasen braucht man jemanden, und ich bin dieser jemand, der da ist.«

Auch wenn es finanziell einmal knapp wird, versucht Rosa Logar zu helfen. »Ich habe selbst keine Kinder, und wenn ich helfen kann, dann tue ich das gern. Das gehört für mich dazu. Die Frau soll wissen, dass sie jemanden an ihrer Seite hat, der an sie glaubt, und dass man es gemeinsam schaffen kann. Sicher, das ist mein persönlicher Weg. Ich kann und würde das nicht von anderen verlangen.«

Sie selbst hat auch einen Menschen gefunden, der an ihrer Seite steht. Dass es eine Frau ist, sieht Rosa Logar eher als Zufall an. »Ich sage immer: Bis fünfunddreißig, das war mein einer Lebensabschnitt, den ich mit Männern in Beziehungen geteilt habe. Es waren ganz liebe Männer, keine Machos. Ich war glücklich und habe auch nichts vermisst.«

Auf einer Tagung 1993 in Kroatien lernt sie die Niederländerin Mieke kennen, eine Politikwissenschaftlerin, spezialisiert auf Gleichstellungspolitik. Anfangs ist es nur eine Freundschaft, doch mit den Jahren wird daraus für beide mehr. »Ich habe entdeckt, dass ich es mir auch erlauben kann, mich in eine Frau zu verlieben, denn es geht ja um den Menschen, nicht um das Geschlecht. Ich sehe es als eine wichtige Weiterentwicklung in meinem Leben. Es hat sich für mich eine neue Welt eröffnet, fernab von Konventionen.«

Seit 1999 sind sie ein Paar. Zehn Tage im Monat arbeitet Mieke als Koordinatorin an einem EU-Forschungsprojekt zur Gleichstellung für Frauen und Männer in Wien. In dieser Zeit wohnen die beiden zusammen. In der übrigen Zeit hat Rosa Logar die Wohnung für sich, und ihre Freundin ist in den Niederlanden. Regelmäßig packt Logar ihre Reisetasche und besucht ihre Lebensgefährtin in deren Heimat.

Die Stunden mit ihrer Partnerin sind die wenigen privaten Auszeiten, die sich Rosa Logar gönnt. An vielen Wochenenden im Jahr ist sie weltweit unterwegs, um ihr Anliegen zu vertreten: mehr Rechte für Frauen. Neben ihrer Arbeit in der Wiener Interventionsstelle ist sie Vorsitzende des Vereins autonome österreichische Frauenhäuser, sie lehrt als Dozentin an der Fachhochschule Wien das Fach Sozialarbeit, arbeitet in Expertinnengruppen des Europarats und der UNO, schreibt Artikel für Fachzeitschriften und hält Vorträge auf Konferenzen. Unermüdlich ist sie im Einsatz – kein Wunder, denn: »Gewalt gegen Frauen ist noch immer ein Randthema, für das sich nur einzelne Gruppen interessieren. Daran würde ich gern weiter etwas ändern.«

Die Befriedigung, die sie aus ihrer Arbeit zieht, macht sie ausgeglichen. Das sieht auch Logars Familie, wenngleich dort die Meinungen über ihr Engagement auseinanderdriften. »Meine Mutter ist wirklich uneingeschränkt stolz auf mich, auch mein jüngerer Bruder findet toll, was ich mache. Mein älterer Bruder allerdings kommt mehr nach unserem Vater, der meine Arbeit sehr zwiegespalten sieht. Er hat eine eher patriarchale Einstellung, denkt in klaren Rollenverhältnissen. Mein Vater bewundert, was ich mache, aber ihn beunruhigt meine Einstellung auch. Er glaubt, dass viele Probleme in der Welt darauf zurückzuführen sind, dass Frauen nicht mehr ihre traditionelle Rolle einnehmen wollen.« Rosa Logar empfindet seine Einstellung als Herausforderung und diskutiert gern und häufig mit ihrem Vater.

Gefragt, wie sie zu der Kämpferin wurde, die sie heute ist, antwortet sie: »Meine Oma und mein Vater waren beide starke Persönlichkeiten, beide kämpften darum, wer das Sagen in unserer Familie hatte, und ich glaube, dieses Kämpferische von beiden habe ich mitbekommen.«

Aus dieser Kraft heraus setzt sie Energie in Taten um. Dabei versteht sie sich ganz selbstverständlich als Feministin; sie hat den Begriff für sich angenommen, den sie als junges Mädchen noch ablehnte. Heute ist Rosa Logar stolz, eine zu sein, doch es ärgert sie, dass Feministinnen häufig diffamiert werden, selbst von Frauen: »Es liegt meiner Meinung nach nur daran, dass viele nicht wissen, was dieses Wort bedeutet. Sie denken schnell an Männerhasserinnen. Dabei geht es doch um die Gleichberechtigung von Frauen in der Gesellschaft, daher sollten eigentlich alle Frauen Feministinnen sein.«

Wenn Rosa Logar erzählt, schwingen Stärke und Überzeugung in ihrer Stimme. Man merkt: Sie ist in ihrem Element. Und sie ist mit sich im Reinen. »Ich hatte die Chance, zu lernen und zu studieren, und ich empfinde es so, dass ich einen sozialen Auftrag erhalten habe, zu schauen, wie benachteiligte Menschen leben, wie man sie unterstützen und wie man sie fördern kann.«

Längst fragt sich Logar nicht mehr, ob sie das Richtige im Leben tut. Ob sie sich zu viel engagiert, ob es nicht doch einen anderen Job mit mehr Privatleben für sie geben könnte. »Das war in den ersten Jahren, da habe ich manchmal überlegt, ob ich beruflich umsatteln sollte. Doch jetzt weiß ich, dass ich genau das tun will, was ich mache. Ich will an den Geschichten der Frauen teilnehmen und ihnen helfen. Frauen- und Kinderrechte sind ein Teil der Menschenrechte, und so sehe ich meine Arbeit als Engagement für die Menschenrechte. Es ist doch ein schöne Lebensaufgabe, sich dafür einzusetzen.«

»Ich bin die Tochter
meines Volkes«

*Rebiya Kadeer,
einst reichste Frau Chinas,
kämpft seit ihrer Jugend
für die Unabhängigkeit der
unterdrückten Uiguren*

*Im Nordwesten Chinas liegt die autonome Provinz Xin-*
*jiang. Die Ureinwohner dieses Gebiets, die Uiguren, nen-*
*nen ihr Land selbst Ostturkestan. So hieß es auch offiziell,*
*bis Diktator Mao Tse-tung das Gebiet 1949 annektierte*
*und es 1955 in Xinjiang umbenannte. Seitdem fordern die*
*Uiguren die Unabhängigkeit für ihre Region. Doch eine*
*Loslösung des Gebiets will die chinesische Regierung mit*
*allen Mitteln verhindern. Bei Aufständen wurden mehre-*
*re hunderttausend Uiguren getötet, darüber hinaus wur-*
*den viele hundert, die sich für ihre Rechte stark machten,*
*zum Tode verurteilt und hingerichtet. Zehntausende sit-*
*zen auch heute noch im Gefängnis. Es ist ein schleichen-*
*der Genozid, den die chinesische Regierung verfolgt. Um*
*das Anwachsen der uigurischen Bevölkerung zu verhin-*
*dern, führen die Chinesen zwangsweise Geburtenkon-*
*trollen durch. Offiziell geht es dabei um eine »Verbes-*
*serung der Bevölkerungsqualität«. In einer Stadt mit*
*zweihunderttausend Einwohnern wurden beispielsweise*
*fünfunddreißigtausend schwangere Frauen kontrolliert,*
*fast tausendsiebenhundert von ihnen zwang man zu*
*Schwangerschaftsabbrüchen, etwa elftausend wurden*
*zwangssterilisiert. Auf der Liste der bedrohten Völker*
*stehen die Uiguren ganz weit oben. Unbeirrt von Schika-*
*nen der chinesischen Regierung, macht Rebiya Kadeer*
*auf das Schicksal ihres Volkes aufmerksam.*

Elf Kinder hat sie großgezogen. Allein das macht Rebiya Kadeer zu einer besonderen Frau. Denn bis zu
ihrem siebenundvierzigsten Lebensjahr hat sie in der
Volksrepublik China gelebt, deren Regierung offiziell

immer noch die Ein-Kind-Politik propagiert und diese mit Zwangssterilisationen und -abtreibungen durchsetzt. Doch statt sich zu beugen, bringt Rebiya Kadeer neun Kinder zur Welt, zwei weitere adoptiert sie – immer auf der Hut vor den Geburtenkontrolleurinnen.

Aber es ist nicht nur ihr großer Mut, der diese Frau auszeichnet. Genauso viel lässt sich erzählen über die Geschäftsfrau Rebiya Kadeer, die erfolgreich einen Textilhandel aufbaute, zwei große Kaufhäuser besaß und damit über mehrere Jahre als reichste Frau Chinas galt. Sie war hochangesehen und regelmäßig im Fernsehen präsent. Vor allem aber ist Rebiya Kadeer geprägt von einer tiefen Verbundenheit mit Ostturkestan, wo sie im Juli 1948 geboren wird. Bereits als Jugendliche steht für sie fest, dass sie für die Unabhängigkeit ihrer Heimat kämpfen und sich für die religiösen, kulturellen und wirtschaftlichen Grundrechte der Uiguren einsetzen will. Die Menschen um sie herum lächeln bloß, wenn sie von ihrem Anliegen spricht. Sie sei nur eine kleine Frau mit zu viel Phantasie, entgegnet man ihr. Aber im Laufe der Jahre belehrt Kadeer alle, die an ihrer Durchsetzungskraft zweifeln, eines Besseren. Für ihre Landsleute ist sie heute ein großes Vorbild, wenn nicht sogar eine Heldin.

Sie sind sieben Geschwister – fünf Mädchen und zwei Jungen –, und in den ersten Jahren scheint es fast so, als könne Rebiya Kadeer wie viele andere Mädchen auf dieser Welt eine glückliche Kindheit erleben. Die Familie lebt in der Kleinstadt Sarsumba im Altai-Gebirge. Der Vater ist geschäftstüchtig und eröffnet nach und nach einen Imbiss, einen Friseursalon, eine Bäckerei und sogar ein Hamam, ein türkisches Bad.

Kadeers Familie zählt zu den Uiguren, dem größten Turkvolk in China. Die Uiguren haben ihre eigene Sprache, Uigurisch, und die meisten von ihnen sind sunnitische Muslime. Wie die Tibeter und viele andere Völker sind auch die Uiguren wegen ihrer separatistischen Bestrebungen der 1949 von Mao Tse-tung gegründeten kommunistischen Regierung ein Dorn im Auge. Da Peking seine Macht auch in den äußeren Regionen des Landes festigen will, befiehlt Mao 1950 eine Masseneinwanderung von Chinesen in die Region Ostturkestan. Sie sollen dort wohnen, arbeiten und Familien gründen. Auf diese Weise will man die Zahl der Uiguren stetig verringern und dafür sorgen, dass sich immer weniger Menschen mit den Traditionen des Volkes verbunden fühlen. Bis heute hält diese systematische Ansiedlung von Chinesen an, die Regierung zahlt sogar Prämien für »Misch-ehen« zwischen Chinesen und Uiguren.

Anfang der fünfziger Jahre kommen jedoch nicht nur einfache Siedler in das Gebiet, sondern auch Soldaten. Sie patrouillieren uniformiert und bewaffnet durch die Straßen und haben es besonders auf jene Uiguren abgesehen, die sich eine gute eigene Existenz aufgebaut haben. Ihr Ziel ist es, diesen Familien die Lebensgrundlage zu nehmen.

So wird auch Kadeers Familie 1956 aus ihrem Heimatort vertrieben. Was der Vater über Jahre aufgebaut hat, zerstören die chinesischen Soldaten in wenigen Stunden. Sie werfen Möbel und Kleider auf die Straße und beschlagnahmen Rinder, Hühner, Schafe und Ziegen.

Obwohl der Familie alles genommen wird, lässt der Vater sich nicht entmutigen. Wenige Kilometer vom alten Zuhause entfernt, baut er ein neues großes Haus für seine

Frau und seine Kinder. Aber sosehr sie und andere uigurische Familien versuchen, sich nicht beeindrucken zu lassen – sie können nichts daran ändern, dass sich weitere Chinesen in der Region niederlassen und noch mehr Truppen dorthin verlegt werden. In den Dörfern werden Lautsprecher aufgestellt, aus denen tagein, tagaus Parolen tönen, Chinesen und Uiguren seien die besten Freunde. Es werden chinesische Schulen errichtet, und immer wieder werden einzelne Uiguren auf ihre Gesinnung hin überprüft. Wer sich wehrt oder in den Augen der Volksrepublik gegen ihre Ziele agiert, wird hingerichtet.

Als sich die Lage 1961 immer mehr zuspitzt, erhält Kadeers Familie einen Umsiedlungsbefehl und muss sich wieder ein neues Zuhause suchen. Sechs Tage ist die Mutter mit den Kindern unterwegs, gemeinsam mit anderen Uiguren sitzen sie dicht gedrängt auf der Ladefläche eines Kleinlasters und fahren viele hundert Kilometer über holprige Straßen in eine ungewisse Zukunft. Das Ziel heißt Aksu, eine Stadt im Süden von Xinjiang. Der Vater fährt nicht mit. Er hofft, dass sich die Situation bald bessert und er die Familie zurückholen kann.

Mit dem Geld, das der Vater ihnen mit auf die Reise gibt, kauft die Mutter ein Haus für sich und die Kinder. Rebiya Kadeer geht wieder zur Schule und beeindruckt die Lehrerin mit ihren Leistungen so sehr, dass diese sie sogar fragt, ob sie nach dem Ende der siebten Klasse nicht als Lehrerin an der Schule arbeiten will. Rebiya, gerade mal fünfzehn Jahre alt, ist von dem Vorschlag begeistert. Sie bekommt gar nicht mit, dass sich längst der zwölf Jahre ältere Nachbarssohn Abdirim in sie verliebt hat. Für sie ist der rothaarige junge Mann nicht mehr als ein guter Freund, für ihn aber ist sie die große Liebe. Mehrmals hält er um Rebiyas Hand an, doch die Mutter weist ihn zurück: Ihre Tochter sei noch zu jung, lautet ihre Antwort.

Dann erkrankt die Mutter schwer, und Rebiya und ihren Geschwistern fehlt das Geld für die teuren Medikamente. Wieder klopft Abdirim an die Tür, und während die Mutter erneut den Kopf schüttelt, bittet Rebiya selbst darum, sie Abdirim zur Frau zu geben. Seine Familie ist reicher, und Rebiya weiß, dass er für die Mutter und ihre Geschwister die Miete und auch die medizinische Behandlung zahlen wird. Im Juli 1963 heiratet das Paar. Kadeer geht die Verbindung nicht aus Liebe ein, sie denkt nur an das Wohl ihrer Familie. »Mir war alles gleichgültig«, schreibt sie später in ihrer Autobiographie *Die Himmelsstürmerin.*

Anfangs leben die beiden getrennt, Abdirim erlaubt seiner Frau, weiter bei ihrer Familie zu wohnen. Nur zweimal im Monat kommt er zu Besuch. Rebiya Kadeer weiß nicht viel über Sexualität. Als die Mutter ihr früher etwas darüber erzählen wollte, hat die Tochter stets abgewinkt und wollte »so etwas« nicht hören. Umso entsetzter ist sie daher, als sie eines Tages spürt, wie sich etwas in ihrem Bauch bewegt. Sie ist schwanger und bringt im Februar 1964 ihren ersten Sohn Kahar zur Welt.

Ihre Mutter zieht mit den jüngeren Geschwistern zurück zum Vater ins Altai-Gebirge. Rebiya wohnt fortan bei Abdirim. Sie kümmert sich um ihr Kind, während er als leitender Angestellter in einer staatlichen Bank arbeitet. Schnell stellt sich jedoch heraus, dass er sie als sein Eigentum ansieht und eifersüchtig ist, sobald sie auch nur in die Nähe eines anderen Mannes kommt.

Im Juli 1967 bekommt Kadeer ihr zweites Kind, Tochter Rushengül. Nach dieser Geburt gestattet ihr Abdirim, ihre Eltern zu besuchen, und so macht sich Rebiya Kadeer mit den beiden Kleinen auf den beschwerlichen Weg in die Berge. Als sie das Haus ihrer Eltern erreicht, findet sie ihre Mutter schwer krank vor. Doch bevor diese im September 1967 stirbt, äußert sie noch einen letzten Wunsch: Die Tochter möge die drei jüngeren Geschwister zu sich nehmen und sie versorgen. So kehrt Kadeer zwei Wochen später nicht nur mit ihren zwei eigenen Kindern, sondern auch mit den drei jüngeren Geschwistern zu ihrem Mann zurück.

Mit den Jahren geht die chinesische Regierung immer härter gegen die Uiguren und andere Volksstämme vor. Im Rahmen der 1966 ausgerufenen Kulturrevolution, die zehn Jahre dauern wird, sorgen die kommunistischen Roten Garden im Auftrag von Mao Tse-tung für die Ermordung von Konterrevolutionären. Insgesamt werden mehrere Millionen Menschen hingerichtet. Maos Macht weitet sich aus, und es wird zur Pflicht, dass ein Porträt des kommunistischen Führers in jedem Haushalt hängt. Dieser Anweisung widersetzt sich Rebiya Kadeer und versteckt das Mao-Bild hinter ihrem Bett. Dafür wird sie hart bestraft: Fast zwei Monate lang führt man sie täglich vor eine Menschenmenge, von der sie sich begaffen und demütigen lassen muss. Wenn wenigstens nur sie allein auf diese Weise erniedrigt würde, könnte sie es leichter über sich ergehen lassen. Weil die Regierung aber vorgibt, dass das Verhalten von »Rechtsabweichlern« erblich sei, müssen Kadeers Kinder die Mutter an manchen Tagen begleiten und sich ebenfalls öffentlich schmähen lassen. Für die Kinder sind das traumatische Erlebnisse.

1969 bekommt Kadeer ihre Tochter Reilya, 1971, 1973 und 1975 ihre drei Söhne Adil, Ablikim und Alim. Sie ist nun siebenundzwanzig Jahre alt und hat sechs Kinder geboren. Ihr Leben, vor allem ihre Ehe, ist für sie mittlerweile unerträglich geworden. Ihr Mann Abdirim trinkt, und wenn er abends von der Arbeit nach Hause kommt, verstecken sich die Kinder, weil sie Angst vor ihm haben. Er schlägt Rebiya, beschimpft sie wegen ihres Widerstands gegen die chinesische Regierung und interessiert sich zunehmend für andere Frauen. So kommt es, dass sich Rebiya Kadeer und Abdirim zum großen Entsetzen ihres Vaters und ihrer Geschwister 1976 scheiden lassen.

Der Vater und die Geschwister halten Rebiya für eine gescheiterte Existenz, als geschiedene Frau und Mutter von sechs Kindern sei sie sozial ruiniert. Sie selbst aber fühlt sich endlich frei und schmiedet Pläne. Ihre Kinder, die sie aus Geldmangel nach der Scheidung zunächst bei Abdirim lassen muss, möchte sie so schnell wie möglich zu sich holen. Und als nach dem Tod Mao Tse-tungs im September 1976 die Bürger größere wirtschaftliche Freiheiten erhalten, beschließt Rebiya Kadeer, beruflich eigene Wege zu gehen.

Ihre Schwester Zohre gibt ihr hundert Yuan, ihr Bruder Mehmet noch einmal vierzig. Davon mietet Kadeer ein kleines Zimmer in einem Haus an, in dessen Hof eine Wasserquelle entspringt. Sie kauft Seife, einen Zuber und Waschbretter und eröffnet kurzerhand eine Wäscherei. An der Hauswand hängt sie ihre Preise aus: Eine Jacke, eine Hose, ein Hemd oder eine Bettdecke von ihr reinigen zu lassen kostet einen halben Yuan, etwa fünf Cent. Auch im Restaurant des Hausbesitzers kann sie für ihre Wäscherei werben. Nachdem es ihr gelungen ist, den stark verschmutzten Anzug eines Gasts aus dem Restaurant zu dessen Verwunderung vollständig zu säubern,

172

preist dieser ihre Dienste bei seinen Geschäftskollegen an, so dass Rebiya Kadeer bald über einen festen Kundenstamm verfügt.

Jeden Tag reinigt sie bis zu hundertzwanzig Kleidungsstücke. Es ist eine anstrengende Arbeit, doch auch wenn ihre Glieder schmerzen, arbeitet sie für ihre Kinder weiter. Nach dreieinhalb Monaten hat sie viertausendfünfhundert Yuan verdient. Sie kauft ein paar Geschenke für ihre Töchter und Söhne, und als ihr Bruder diese bei Abdirim und den Kindern vorbeibringt, staunt ihr Ex-Mann nur und kann nicht glauben, dass Rebiya plötzlich über so viel Geld verfügt. Doch das ist erst der Anfang.

Von den Einnahmen aus der Wäscherei kauft Rebiya Kadeer auf dem Basar in Aksu Kämme, Seife, Schmuck und Kopftücher und fährt mit dem Bus übers Land. In den Dörfern sind solche Waren selten, dafür aber haben die Menschen feine Lammfelle, die wiederum in der Stadt und bei Großhändlern gefragt sind.

Bald schon betreibt Kadeer einen regen Handel und macht aus eingesetzten tausend Yuan insgesamt achttausend Yuan Gewinn. Sie hat ein Ziel: Sie will ein Haus für sich und ihre Kinder kaufen; deshalb legt sie den Großteil des Geldes beiseite.

Während Kadeer ihre Geschäftsverbindungen ausbaut, machen sich ihr Vater und ihre Geschwister immer noch Sorgen um sie. Sie möchten, dass sie wieder heiratet. Doch Kadeer will nicht irgendeinen Mann. In einem Interview mit der *Welt* vom Juni 2007 sagt sie: »Ich wollte jemanden, der mich endlich versteht, der wie ich viele Romane gelesen hatte, einen, der mich respektierte. Außerdem war ich sehr hübsch damals, deshalb habe ich auch einen hübschen Mann gesucht.«

Eine gute Freundin erzählt ihr von dem uigurischen Widerstandskämpfer Sidik Rouzi. Rouzi ist ein Mann, der sich wie Kadeer für das uigurische Volk einsetzt, andere von der Notwendigkeit überzeugt, für Freiheit und Unabhängigkeit auf die Straße zu gehen, und eine Demonstration uigurischer Studenten angeführt hat. Obwohl sie ihn noch nie gesehen hat, ist Kadeer neugierig und möchte Rouzi kennenlernen. Sie spürt, dass er derjenige sein könnte, nach dem sie sucht.

Rebiya Kadeer will keine Minute verlieren, um ihn zu treffen. Sie kauft ein Busticket und fährt viele hundert Kilometer, ohne zu wissen, wo er sich aufhält. Unterwegs fragt sie immer wieder nach einem Mann namens Sidik Rouzi; schließlich findet sie ihn im Dorf Mei, hoch im Norden, wo er mit seiner Mutter lebt. Er ist groß, hat eine muskulöse Figur und schwarzes volles Haar. Als sie ihm so von Angesicht zu Angesicht gegenübersteht, weiß Kadeer, er ist ihre große Liebe. Sie macht aus ihren Gefühlen keinen Hehl und erzählt ihm von sich und von ihren sechs Kindern sowie von ihrem Glauben an das uigurische Volk. Gleich stellt sie klar: »Wenn wir uns zusammenschließen, können wir gemeinsam unser Ziel erreichen.« So erzählt sie es später in ihrem Buch *Die Himmelsstürmerin*.

Sidik Rouzi ist verblüfft über das unverhoffte Erscheinen dieser fremden Frau und weiß nicht recht, wie er auf ihre Sympathiebekundungen reagieren soll. Zwar meint Kadeer in seinen Augen die Liebe zu erkennen, auf die sie gehofft hat, doch erst einmal kehrt sie allein zurück nach Aksu. Wird er kommen? Hat er sich auch in sie verliebt?

Ein halbes Jahr vergeht, ohne dass sie von ihm hört,

doch dann hat Rebiya Kadeer die Gewissheit: Sidik Rouzi liebt sie und besucht sie in Aksu. Er brauchte nur etwas Zeit, um seine Gefühle zu ordnen. Im Juli 1978 heiratet das Paar und zieht nach Ürümqi, in die Hauptstadt von Xinjiang. Endlich, nach über einem Jahr der Trennung, kann Rebiya Kadeer ihre Kinder zu sich holen.

In den nächsten Jahren baut sie ihren Handel über die Landesgrenzen bis nach Kasachstan und Kirgisistan aus. Seien es Holz, Stoffe, Kunstseide, Kopftücher, T-Shirts, Jacken oder elektronische Geräte – alles kauft sie in großen Stückzahlen. Sie knüpft Verbindungen zu anderen Geschäftspartnern, um mit ihnen über Land zu fahren und ihren Handel auszubauen. Ihr Mann Sidik Rouzi arbeitet unterdessen an der pädagogischen Hochschule Ürümqi. Die beiden führen eine glückliche Ehe. 1981 kommt die gemeinsame Tochter Akida zur Welt, 1983 folgt Sohn Mustafa.

Ihr beruflicher Erfolg macht Rebiya Kadeer reich. Gleichzeitig wird sie zu einem Vorbild, denn sie bricht die traditionellen Rollenbilder der patriarchalischen uigurischen Gesellschaft auf. Danach war der Platz einer Frau am Herd, und Frauen, die neben der Familie einem Beruf nachgingen, galten als sittenlos. Rebiya Kadeer jedoch zeigt, dass beides gemeinsam zu realisieren ist: Sie ist Mutter, Ehefrau und Geschäftsfrau, und in all diesen Rollen ist sie erfolgreich. Sie kann ihren Kindern inzwischen mehr bieten als nur ein Dach über dem Kopf und lässt auch andere an ihrem Wohlstand teilhaben. So kommt an einem Wintertag Anfang 1987 ihre Tochter Akida nach Hause und erzählt entsetzt, dass die Mutter ihrer Freundin Honzohre tödlich verunglückt ist. Der Vater war bereits einige Jahre zuvor gestorben. Ohne zu zögern, adoptiert Rebiya Kadeer die Schulkameradin ihrer Tochter und deren Bruder.

Kadeer ist inzwischen Millionärin, doch sie hat noch viele Ideen, die sie umsetzen möchte. So lässt sie über dreißig Lkw-Ladungen Müll aus einem Rohbau abtransportieren, um dort auf zwei Etagen ihr erstes kleines Kaufhaus zu eröffnen. Sie denkt dabei nicht nur an ihren eigenen Erfolg, sondern versucht gezielt, uigurische Frauen in die Geschäftsidee zu integrieren: In dem Kaufhaus kann eine jede gegen eine geringe Gebühr einen Stand anmieten, um Waren zu verkaufen und beruflich selbständig zu werden. Kadeer stellt dreißig Mädchen aus armen Familien ein, die ihr bei der Arbeit helfen sollen. Am 8. März 1987, dem internationalen Frauentag, eröffnet sie das Warenhaus. Die Presse erscheint, das Fernsehen berichtet – Rebiya Kadeer ist prominent.

Selbst die Chinesen müssen nun erkennen, dass sie diese Frau nicht stoppen können. Bisher haben sie versucht, ihr Steine in den Weg zu legen; beispielsweise hatten Polizisten des Öfteren Waren aus den Transporten beschlagnahmt. Nun aber schreiben sich die chinesischen Behörden den Erfolg von Rebiya Kadeer auf die Fahne und stellen sie als leuchtendes Beispiel für den Aufstieg einer Angehörigen des uigurischen Volkes dar, möglich gemacht durch die Sozialisierungsmaßnahmen der Chinesen. Weil die Regierung Rebiya Kadeer auf ihrer Seite wissen und Macht über sie gewinnen will, wird sie in die Spitze der Handelskammer von Xinjiang gewählt.

Kadeer sieht ihre Prominenz als Chance, endlich über die Situation ihrer Landsleute berichten zu können: über die Tausende von Uiguren, darunter viele Kinder, die jedes Jahr mehrere Monate in Lagern Zwangsarbeit leisten müssen, über den Handel mit Organen, die man den Körpern hingerichteter Uiguren entnimmt, und vor allem über die Verschleppung uigurischer Mädchen. Kadeer schätzt, dass eine Viertelmillion junge Frauen bereits nach Zentralchina umgesiedelt worden sind. Die hübschen unter ihnen müssen als Prostituierte in Bordellen arbeiten, die anderen für Hungerlöhne in Fabriken schuften. Kadeer hofft, mit ihrem wirtschaftlichen Erfolg nun auch politisch so viel Einfluss zu bekommen, dass sie gegen diese Ungerechtigkeiten vorgehen kann.

Als sie 1989 erneut schwanger wird, gerät sie jedoch ins Visier der Ordnungsbeamtinnen für Geburtenkontrolle. Im Lauf der Jahre hat die Regierung ihre Abtreibungspolitik weiterentwickelt. Offiziell sind zu diesem Zeitpunkt zwei Kinder erlaubt, auf dem Land drei. Während China insgesamt eine Ein-Kind-Politik verfolgt, will man die Menschen in Ostturkestan dadurch befrieden und beruhigen, dass man ihnen erlaubt, zwei bis drei Kinder zu haben – allerdings nicht mehr. Das besonders Perfide dieser Politik: Wenn eine Frau schwanger ist, und sei es im siebten, achten oder sogar im neunten Monat, aber bereits mehr als die erlaubte Anzahl an Kindern hat und die Geburtenkontrolleurinnen dies feststellen, wird das Ungeborene getötet.

Rebiya Kadeer ist im siebten Monat schwanger, als die Inspektorinnen ihr auflauern. Sie warten vor ihrem Büro und klingeln bei ihr zu Hause. Die Inspektorinnen wollen sie zu einem offiziellen Gesprächstermin zwingen, doch immer schafft es Kadeer, ihnen aus dem Weg zu gehen. Als sie im neunten Schwangerschaftsmonat ist und aus beruflichen Gründen zu einem Behördentermin erscheinen muss, warten im Amt schon die Kontrolleurinnen. Sie kündigen Rebiya Kadeer an, man werde ihr am nächsten Tag den Bauch öffnen und den Fötus entfernen. Verzweifelt bittet Rebiya Kadeer eine befreundete Hebamme, ihr bei der Geburt zu helfen, und bringt über Nacht ihre Tochter Kekenos zur Welt.

Die Kontrolleurinnen sind über diese Eigenmächtigkeit erbost. Die Strafen lassen nicht lange auf sich warten: Kadeers Mann Sidik verliert seinen Titel als Assistent an der Universität, und sie selbst muss fünfzigtausend Yuan zahlen.

Doch Kadeer lässt sich nicht einschüchtern. 1992 eröffnet sie ein zweites Kaufhaus. Es hat sieben Stockwerke, auf denen Rebiya Kadeer rund tausend Händler und Mitarbeiter unterbringt. Für sie ist das nicht nur ein geschäftlicher Erfolg, sondern auch ein Zeichen ihres starken Willens: Eine uigurische Frau schafft, was selbst Männer nicht auf die Beine stellen können.

Wie zur Bestätigung wird sie im selben Jahr in den Nationalen Volkskongress von Peking gewählt. Neben Parteimitgliedern sitzen in dem Gremium auch »Finanzmogule«, und Kadeer ist eine von ihnen. Unter den 1,3 Milliarden Chinesen ist sie die siebtreichste Person, die reichste Frau im ganzen Land. Sie baut ihr Geschäftsimperium mit einer Immobilienfirma in China und einer Lederfabrik in Kasachstan aus und betreibt in Kirgisistan mehrere Import-/Exportunternehmen.

Als einflussreiche Frau, die sich für die beruflichen Perspektiven anderer Frauen einsetzt, gehört Rebiya Kadeer 1995 zu der Delegation, die von der chinesischen Regierung zur Weltfrauenkonferenz der Vereinten Nationen in Peking entsandt wird. Kadeer begegnet dort auch drei Tibeterinnen, die sich gefesselt vor das Konferenzgebäude gesetzt haben, um ihren Protest gegen die chinesische Unterdrückung kundzutun. Als eine Tibeterin auf einem der Foren über die Schwierigkeiten in ihrer Heimat spricht, fragt sich Kadeer im Stillen, warum sie nicht über die Uiguren berichten darf. Die Verhältnisse sind vergleichbar, doch das öffentliche Interesse könnte nicht unterschiedlicher sein: Politiker und Menschenrechtsorganisationen setzen sich für Tibet ein, der Dalai Lama erhebt die Stimme für sein Volk und wird gehört; von dem Leid und den Sorgen der Uiguren ahnt die Welt dagegen kaum etwas.

Auch was die Arbeit im Nationalen Volkskongress betrifft, ist Rebiya Kadeer enttäuscht, denn die anderen Abgeordneten schenken ihr kein Gehör. Dafür erregt ihr Ehemann Sidik mit seinen Artikeln für die Presse von Ürümqi, in denen er die uigurische Bevölkerung wachzurütteln versucht, den Unmut der chinesischen Regierung. Einige Wissenschaftler, die sich mit der uigurischen Geschichte befasst haben, sind bereits verhaftet worden, und Kadeer spürt, dass ihren Mann bald ein ähnliches Schicksal ereilen könnte. So macht sie ihren Einfluss geltend und besorgt ihm die nötigen Papiere, damit er 1996 in die Vereinigten Staaten ins Exil flüchten kann. Als sie voneinander Abschied nehmen, ahnt sie noch nicht, dass sie ihn neun Jahre nicht wiedersehen wird.

Die Situation in Xinjiang verschärft sich: Aidsinfizierte Chinesen werden zwangsweise in die Region umgesiedelt. Die Regierung erhebt von Uiguren höhere Zollbeträge als von Chinesen. Mit all diesen Aktionen wächst der Zorn der Uiguren, und Anfang Februar 1997 kommt es in der Stadt Ily zu einem blutigen Aufstand, bei dem fast zehntausend Uiguren getötet werden. Viele Menschen werden inhaftiert und warten bis heute im Gefängnis auf eine Gerichtsverhandlung.

Weil Rebiya Kadeer um die Sicherheit ihrer jüngeren Kinder fürchtet, schickt sie Akida, Kekenos, Mustafa und Adoptivtochter Honzohre im Sommer 1997 zu ihrem Vater nach Amerika. Kadeer selbst will nun endlich vor dem Nationalen Volkskongress in Peking über das brutale Vorgehen gegen ihre Landsleute berichten.

Wer vor dem Kongress sprechen möchte, muss seine Rede vorher bei Parteizensoren einreichen. Kadeer gibt eine harmlose Vorlage ab, in der die chinesische Regierung gelobt wird. Tatsächlich hält sie Ende 1997 jedoch eine Rede, in der sie die nahezu aussichtslose Lage der Uiguren schildert und das Vorgehen der Regierung scharf anprangert. In ihrem Buch *Die Himmelsstürmerin* schreibt sie darüber: »Ich hatte keine Angst davor gehabt, dass sie mich festnehmen würden, sondern nur davor, dass ich meine Rede nicht richtig vortragen könnte.«

Drei Monate später enthebt man sie all ihrer Ämter, ihr wird sogar der Pass abgenommen, damit sie das Land auf keinen Fall verlassen kann. So gut es geht, versucht Kadeer ihre Geschäfte weiterzubetreiben. Sie gründet sogar noch die »Tausend-Mütter-Bewegung«, mit der sie uigurischen Frauen beim Aufbau eines eigenen Geschäfts helfen will. Aber ihr ist klar, dass sie ins Visier der chinesischen Regierung geraten ist und dass ihr möglicherweise nicht viel Zeit bleibt. Während ihr Ehemann Sidik im Washingtoner Exil für die Sache der Uiguren eintritt und beispielsweise vor dem Weltkongress der Uiguren über die Lage seines Volkes referiert, sammelt Rebiya Kadeer deshalb Beweise und Presseberichte über Menschenrechtsverletzungen in Xinjiang. Sie stellt Listen von Ermordeten und Vermissten zusammen und dokumentiert den blutig niedergeschlagenen uigurischen Aufstand in der Stadt Ily. Nichts soll vergessen werden.

Als sich dann im August 1999 eine Vertreterin des US-Kongresses bei ihr meldet und sie in Ürümqi treffen möchte, hofft Kadeer, dies sei die Chance, das Ausland über die Lebensumstände ihres Volkes zu informieren. Sie steckt all ihr Material in die Handtasche, und da sie weiß, dass ihr eigener Wagen vom chinesischen Geheimdienst überwacht wird, nimmt sie ein Taxi und macht sich auf den Weg zu dem Treffen. Aber die Beamten kommen dahinter, folgen ihr und nehmen sie fest. Sie stellen das gesammelte Material sicher und bringen Kadeer in das Gefängnis Liudaowan in Ürümqi.

Wegen ihrer Verdienste genießt Kadeer bei der Gefängnisleitung hohes Ansehen und bleibt von direkter körperlicher Folter verschont. Doch die Wärter versuchen die prominente Gefangene in den ersten Verhören auf ihre Art und Weise gefügig zu machen. So muss sie zum Beispiel drei Tage am Stück auf einem Stuhl sitzen, ohne einschlafen zu dürfen. Fallen ihr doch vor Müdigkeit die Augen zu, wird sie wachgerüttelt. Sie gerät in einen willenlosen Dämmerzustand, in dem sie unbewusst mit »Ja« oder »Hä?« auf alle Anschuldigungen der Wärter antwortet, ohne sich im Klaren darüber zu sein, was man ihr eigentlich vorwirft. Im März 2000 wird sie in einem nichtöffentlichen Prozess wegen »Weitergabe vertraulicher Informationen an Ausländer« zu acht Jahren Haft verurteilt.

»Am Anfang habe ich fast den Verstand verloren«, erzählt Rebiya Kadeer im März 2005 in einem Interview mit dem Sender Radio Free Asia. »Es war jedoch mein

Traum und mein fester Glaube, dass ich eines Tages wieder freikommen würde, und das hielt mich aufrecht.«

Aus den Nachbarzellen dringen die Schreie von gefolterten Mitgefangenen. Als sie wieder einmal zu einem der endlosen Verhöre abgeholt wird, zeigen ihr die Wächter zwei uigurische junge Männer, die derart brutal gefoltert worden sind, dass ihnen das Blut nur so durch die Kleidung sickert.

Nach einigen Monaten steckt die Gefängnisleitung Rebiya Kadeer in Einzelhaft. Wenn die Gefangene aufgrund eines Verbots der Regierung schon nicht körperlich gefoltert werden darf, soll sie wenigstens psychisch gebrochen werden. Den ganzen Tag und die ganze Nacht über wird Kadeer mit einer Videokamera beobachtet, die in einer Ecke an der Zellendecke hängt. Morgens, mittags, abends – immer reichen die Wärter ihr durch eine Klappe das gleiche Essen, matschige Klöße in heißem Wasser, und immer hat sie nur fünf Minuten Zeit für die Mahlzeit, dann muss sie den Teller zurückschieben. Um sich geistig und körperlich fit zu halten, löst sie Rechenaufgaben im Kopf und macht kleine Übungen, wippt mit den Füßen täglich tausendfünfhundertmal auf und ab. Sie fürchtet, sonst verrückt zu werden oder von den Wärtern hinterrücks eine tödliche Giftspritze verabreicht zu bekommen. In der Öffentlichkeit würde man dann verkünden, sie sei an Herzproblemen gestorben.

Die Tage, Wochen und Monate verstreichen. Um ihr Zeitgefühl nicht zu verlieren, ritzt sie heimlich Striche in die Zellenwand – immer wenn sie aufstehen darf, um das Essen entgegenzunehmen. Sie sehnt sich nach ihren Kindern und ihrem Mann und sorgt sich, wie es ihnen geht.

Kadeer ahnt nicht, dass ihr Mann längst Menschenrechtsorganisationen wie Amnesty International und Human Rights Watch auf ihre Situation aufmerksam gemacht hat. Weil diese Institutionen die Zentralregierung in Peking unter Druck setzen, befehlen die Zuständigen in der Regierung, Kadeers Einzelhaft aufzuheben und sie ins Frauengefängnis Baijiaju zu verlegen. Vom frühen Morgen bis Mitternacht müssen die Frauen hier Anzüge, Schuhe, Kostüme und Kinderkleidung nähen.

Am Ende des ersten Tages verlässt Kadeer mit den anderen Gefangenen erschöpft den Nähsaal, sinkt auf ihre Liege und denkt, dass sie sich nun etwas ausruhen und schlafen kann. Doch bereits zwei Stunden später werden sie wieder geweckt. Es geht in einen Waschraum, wo sich hundert Frauen drängen, im Anschluss daran in einen Essenssaal, wo der verschimmelte Putz von der Decke bröckelt und ins Essen fällt, und danach wieder in den Nähsaal.

Als ihre Kinder Alim, Rushengül und Kahar sie nach langer Zeit das erste Mal besuchen dürfen, erschrecken sie über den Zustand der Mutter. Sie ist vollkommen abgemagert und blass, die langen Zöpfe sind abgeschnitten. Doch Rebiya Kadeer wird von den Wärtern gezwungen zu sagen, es gehe ihr gut.

Die Besuche der Kinder sind wie ein Sonnenschein im harten Alltag hinter den Gefängnismauern. Tag für Tag muss Rebiya Kadeer Knöpfe annähen. Sie erfüllt die Vorgaben, schafft sogar mehr Knöpfe, als die Wärterinnen von ihr verlangen. Doch sie kann nicht fast zwanzig Stunden am Stück wach bleiben. Auch um sie herum werden Frauen vor lauter Übermüdung während der Arbeit ohnmächtig und fallen von ihren Hockern zu Boden. Die Wärterinnen rollen die Bewusstlosen wie Stoffballen

183

mit den Füßen einfach ein Stück zur Seite; fünfzehn bis zwanzig Minuten später erwachen die erschöpften Gefangenen wieder und kriechen zurück auf ihre Schemel.

Wochen und Monate vergehen. In den USA organisiert Sidik Rouzi Demonstrationen und Mahnwachen für die Freilassung seiner Frau. Es gelingt ihm, so großes Aufsehen in der Weltöffentlichkeit zu erregen, dass Rebiya Kadeer auf internationalen Druck hin am 17. März 2005 vorzeitig entlassen wird. Vertreter der US-Botschaft bringen sie ins amerikanische Exil, wo ihr Mann und ihre Kinder sie erwarten.

Fast könnte Kadeers Geschichte hier mit einem Happy End beschlossen werden, doch die Uigurin kommt auch in ihrer neuen Heimat nicht zur Ruhe: Sie setzt ihren Kampf für die Menschenrechte ihres Volkes fort. Damit bleibt sie in den Augen der chinesischen Regierung eine Staatsfeindin, die man gern aus dem Weg räumen würde, wie Rebiya Kadeer sogar im Exil schon bald zu spüren bekommt. Als sie im November 2005 mit ihrer Assistentin von ihrem Büro in Washington auf dem Weg nach Hause ist, steuert ein Van wie von Geisterhand gelenkt direkt auf sie zu und rammt sie mit voller Wucht. Sieben Tage lang liegt Rebiya Kadeer im Koma, doch sie überlebt das Attentat. Der Wagen war als gestohlen gemeldet gewesen, den Fahrer hat das FBI bis heute nicht ausfindig machen können.

Häufig sieht Rebiya Kadeer auch vor ihrer Wohnung Chinesen, die fotografieren oder filmen. »Einmal hat meine Tochter das Kennzeichen ihres Wagens aufgeschrieben. Das FBI fand heraus, dass das Auto der chinesischen Botschaft gehörte«, erzählt Kadeer im Interview mit der *Welt* im Juni 2007.

Kadeer lässt sich davon nicht einschüchtern. Im Mai 2006 wählen die Uiguren im US-Exil sie zur Präsidentin der Uyghur American Associaton, und im November 2006 wird sie Präsidentin des Weltkongresses der Uiguren. Doch sie zahlt einen hohen Preis für diese Erfolge: Seit ihrer Ausreise halten die kommunistischen Machthaber fünf ihrer Kinder als eine Art Pfand in China zurück. Allen fünf wurden die Pässe entzogen, zwei Söhne wurden wegen angeblicher Steuervergehen zu mehrjährigen Haftstrafen verurteilt. Die Regierung versucht, extremen Druck auf Kadeer auszuüben und sie mit allen Mitteln in ihrer Arbeit zu stoppen.

»Ich kann nachts nicht schlafen«, sagt Rebiya Kadeer in einem Bericht der ARD-Fernsehsendung *titel thesen temperamente* im Juli 2007. »Ich muss immer an meine beiden Söhne denken, die in China im Gefängnis sitzen, und dann kommen mir die Bilder von den beiden uigurischen Jugendlichen, die sie in meinen Nachbarzellen gefoltert haben.«

Auch die meisten ihrer Verwandten und Freunde stehen unter Beobachtung, vielen von ihnen wurden ebenfalls die Pässe entzogen, damit sie nicht ausreisen können.

Trotzdem erzielt die chinesische Regierung nicht den erwünschten Erfolg: Kadeer reist weiterhin ständig durch die Welt, um über die Situation ihres Volkes zu berichten. Sie spricht auch mit Politikern über die prekäre Lage ihres Volkes, so zum Beispiel im Juli 2008 mit dem damaligen US-Präsidenten George W. Bush. Bereits dreimal wurde sie für den Friedensnobelpreis nominiert.

Rebiya Kadeer glaubt fest daran, dass sie einmal die Unabhängigkeit ihrer Heimat Ostturkestan erleben darf. Würde sie daran nicht mehr glauben, hätte sie ihrer Meinung nach längst aufhören müssen, dafür zu kämpfen. In ihrer Autobiographie schreibt sie: »Ob ich mich manchmal müde fühle? Das wäre der schlimmste Tag für mich, an dem ich zu müde wäre, für mein Volk zu arbeiten.«

# »Ich bin eine Persona non grata«

*Anna Politkowskaja
schrieb als Journalistin die Wahrheit
über den Tschetschenienkrieg
und bezahlte dafür
mit ihrem Leben*

*Es geht um Erdöl, und es geht um Macht. Seit dem 16. Jahrhundert kämpft Tschetschenien um seine Unabhängigkeit von Russland. Russland aber will das Gebiet im Nordkaukasus unter seiner Kontrolle behalten. Von 1994 bis 1996, dem ersten Tschetschenienkrieg, kamen über fünfzigtausend Menschen ums Leben, vor allem tschetschenische Zivilisten. Mehr als zweihunderttausend flüchteten in die Nachbarregionen. Da sich die Lage in den folgenden Jahren nicht beruhigt, lässt im Oktober 1999 der damalige russische Präsident Wladimir Putin erneut Truppen in Tschetschenien einmarschieren. Es kommt zu blutigen Auseinandersetzungen. Grausame Folterungen von Tschetschenen – gleich, ob Zivilisten oder Soldaten – zählen dabei genauso zum Kriegsalltag wie Massenvergewaltigungen der Frauen. 2001 erklärt Russland den Krieg zwar offiziell für beendet, doch die Konflikte halten bis heute an. Anna Politkowskaja ist es zu verdanken, dass die Öffentlichkeit von den Greueltaten des Krieges erfuhr.*

Das Datum, an dem sie stirbt, macht etliche ihrer Freunde und Kollegen stutzig: Es ist der 7. Oktober 2006, ein Samstag. Präsident Putin feiert seinen vierundfünfzigsten Geburtstag. Es könnte ein Zufall sein, dass die regierungskritische Journalistin Anna Politkowskaja ausgerechnet an diesem Tag ermordet wird.

Am Nachmittag dieses Tages kehrt die Achtundvierzigjährige von einem Großeinkauf in ihre Wohnung in der Moskauer Lesnaja-Straße zurück. Sie hat im Supermarkt und in der Apotheke Besorgungen gemacht, auch für ihre krebskranke Mutter, die sie in einem Krankenhaus pflegt, für ihre schwangere Tochter Vera und ihre Schwester Elena, die sie heute noch besuchen will. Sie stellt einige der vielen Tüten im Erdgeschoss ab und nimmt mit zwei Taschen in der Hand den Fahrstuhl in den siebten Stock. Dann fährt sie zurück, um die restlichen Beutel zu holen. Die Ermittler vermuten später, dass der Mörder auf dem Treppenabsatz zwischen der ersten und der zweiten Etage auf Anna Politkowskaja gewartet hatte. An dieser Stelle fand die Polizei ungewöhnlich viele Zigarettenkippen. Um sechzehn Uhr drei öffnet sich die Fahrstuhltür im Parterre. Die Journalistin will gerade auf den Gang treten, da feuert der Täter aus einer Entfernung von zwei Metern fünf Schüsse ab.

Später werden die ermittelnden Beamten bezweifeln, dass es sich um einen Profikiller gehandelt hat, die Treffsicherheit ist zu ungenau. So verfehlt ein Schuss sein Ziel, ein zweiter trifft Politkowskaja in die Schulter, zwei weitere gehen in die Brust. Mit der letzten Kugel will der Täter sichergehen, dass sein Opfer tot ist, und feuert in die Schläfe. Die Waffe wirft er neben den Leichnam.

Der Täter verschwindet vom Tatort, ohne zu wissen, dass eine Kamera im Eingangsbereich des Treppenhauses das Attentat aufgezeichnet hat. Aus dem Filmmaterial wird die Polizei erfahren, dass es sich bei dem Mörder um einen hageren, dunkel gekleideten Mann handelt, der sich eine Baseballkappe tief ins Gesicht gezogen hatte.

Eine Jugendliche aus einer der Nachbarwohnungen entdeckt kurze Zeit später die tote Anna Politkowskaja als Erste. Die Vierzehnjährige hat den Fahrstuhl in den siebten Stock gerufen. Als sich die Fahrstuhltür öffnet, sieht das Mädchen die leblose Frau und rennt erschrocken die Treppe hinunter und aus dem Haus, ohne jemandem Bescheid zu geben. Gegen siebzehn Uhr drückt eine andere Nachbarin, eine Rentnerin, im achten Stock den Fahrstuhlknopf. Sie erkennt nicht gleich, dass es sich bei der Toten um Anna Politkowskaja handelt, weil der Journalistin die Haare ins Gesicht gefallen sind. Die Nachbarin ist verunsichert, sie geht zurück in ihre Wohnung und holt ihre Tochter zu Hilfe. Erst dieser fällt die Pistole der Marke Makarow auf.

Das Leben von Anna Masepa, die später Politkowskaja heißen wird, beginnt in den USA. Ihre Eltern sind Ukrainer und arbeiten als Diplomaten in sowjetischen Diensten bei den Vereinten Nationen. Anna Masepa kommt am 30. August 1958 in New York zur Welt. Gemeinsam mit ihrer Schwester Elena verbringt sie die ersten Jahre ihrer Kindheit in New York, bevor sie mit den Eltern nach Moskau zurückkehrt. Aufgrund ihres Diplomatenstatus haben die Eltern beste Kontakte ins Ausland. Es gelingt ihnen, für ihre Töchter verbotene Bücher ins Land zu schmuggeln, die die junge Anna begierig liest.

Nach Beendigung der Schule, mit neunzehn, weiß Anna Masepa, dass sie Journalistin werden will. Als sie auf einer Party den fünf Jahre älteren Alexander Politkowski kennenlernt, trifft sie auf eine verwandte Seele. Er hat dieselben beruflichen Ambitionen, und so schreiben sich beide an der Moskauer Lomonossow-Universität für den Studiengang Journalismus ein.

Im Jahr darauf, 1978, ist Anna schwanger. Das Paar heiratet, und noch im selben Jahr wird Sohn Ilja geboren. 1980 macht Anna Politkowskaja nicht nur ihren Abschluss an der Universität, sondern bringt auch ihr zweites Kind, Vera, zur Welt. Die nächsten Jahre widmet sie sich als Hausfrau der Familie, während Ehemann Alexander seine journalistische Karriere verfolgt und als Moderator des russischen Fernsehens landesweit bekannt wird. Erst 1982 kehrt Anna Politkowskaja in den Journalismus zurück. Sie arbeitet vor allem für die Tageszeitung *Iswestija*, für die Zeitschrift *Megapolis-Ekspress* und für *Obschchaya*.

Anna Politkowskaja ist Mutter und Journalistin, und von beiden Rollen hat sie klare Vorstellungen. Auch in den Schulferien trägt sie den Kindern auf, Rechenaufgaben zu lösen, Aufsätze zu schreiben und Gedichte auswendig zu lernen. Auch sollen sie jeden Tag auf der Geige spielen. Anna Politkowskaja ist aber keine strenge Mutter, die ihren Kindern keine Freiheiten lässt, sie hat nur ihre eigenen Vorstellungen und Prioritäten. So dürfen Ilja und Vera hin und wieder auch in Jeans und Turnschuhen zur Schule gehen statt in der vorgeschriebenen Schuluniform. Beschweren sich die Lehrer darüber, entgegnet die Mutter nur: »Ich halte nichts davon, Kinder in Uniformen zu stecken.«

Anna Politkowskaja ist anders als andere Mütter, anders als andere Frauen und anders als andere Journalisten. Das zeigt sich, als sie 1999 zur regierungskritischen Zeitung *Nowaja Gazeta* wechselt.

Im Herbst desselben Jahres bricht der zweite Tschetschenienkrieg aus. Ihm sind bereits mehrere blutige Gefechte zwischen tschetschenischen Rebellengruppen und der russischen Armee vorausgegangen. Nach dem Zusammenbruch der Sowjetunion hatte Tschetschenien sich trotz mehrerer russischer Interventionen zu einem unabhängigen Staat erklärt. Den erkannte Russland aber nicht an, so dass es 1994 zum ersten Krieg gekommen war. Die Auseinandersetzungen wurden 1997 mit einem Waffenstillstand und einem Friedensvertrag zunächst beigelegt, allerdings ohne dass Russland Tschetscheniens Unabhängigkeit anerkannt hätte. Moskau verfolgt damit nicht nur machtpolitische, sondern auch ökonomische Interessen, denn Tschetschenien verfügt über große Ölreserven und ist ein wichtiges Transitland für das kaspische Öl.

Als es im September 1999 wieder zu Auseinandersetzungen kommt, lässt Wladimir Putin, der Tschetschenien vollständig unterwerfen will, seine Truppen mit aller Härte vorgehen. Am 1. Oktober 1999 marschiert die russische Armee in Tschetschenien ein und beginnt mit einer breitangelegten sogenannten Antiterror-Operation. Daraus entwickelt sich der zweite Tschetschenienkrieg.

Anna Politkowskaja ist entsetzt über die Brutalität der russischen Soldaten und ahnt, dass es wieder Tausende Tote geben wird. Um die Menschen im Kriegsgebiet zu unterstützen, fährt sie im Dezember 1999 in die belagerte Region. Dort organisiert sie die Evakuierung von rund neunzig Bewohnern eines Altersheims in der tschetschenischen Hauptstadt Grosny. Und als wenig später viele Tschetschenen zu fliehen versuchen, hilft sie mittellosen Flüchtlingen, in die westliche Nachbarrepublik Inguschetien zu gelangen, wo sie in einem Lager unterkommen.

Die Journalistin ist rund um die Uhr im Einsatz. Sie packt an, wo sie nur kann, und berichtet parallel für ihre Zeitung über das Erlebte. Für ihr Privatleben bleibt kaum noch Zeit. Nach einundzwanzig gemeinsamen Jahren lassen sie und ihr Mann Alexander sich scheiden. Er wird ihren kompromisslosen Einsatz später als Grund für das Scheitern der Ehe nennen.

Fast jeden Monat fährt Anna Politkowskaja nun in die Kriegsregion, sie berichtet von Orten, die Geisterstädten gleichen. Die Einwohner sind geflohen oder getötet worden, ihre Wohnungen wurden geplündert. Von der Hungersnot der Flüchtlinge, von der Angst und der Hoffnungslosigkeit vieler Menschen berichtet Politkowskaja. Im Gespräch mit dem *Tagesspiegel* hat sie 2003 beschrieben, wie der Krieg das Leben in Tschetschenien bestimmte: »Die Tschetschenen sind Bürger Russlands – aber unter dem Schutz des Gesetzes stehen sie nicht. Dein Leben hängt von dem ab, der eine Waffe in der Hand hat. Dort bist du kein Mensch.«

Aber Anna Politkowskaja will nicht nur über das gnadenlose Vorgehen des russischen Militärs und die vielen Opfer in der Bevölkerung schreiben, sie will sich auch humanitär engagieren. Und das spüren die Menschen, sie sehen: Da ist eine, die interessiert sich nicht nur für ihre Arbeit, sondern auch für uns und unsere Geschichten. Anna Politkowskaja knüpft Kontakte zu vielen Einheimischen, gewinnt ihr Vertrauen und setzt sich für die Interessen der tschetschenischen Zivilbevölkerung ein.

Leidtragende eines Krieges gibt es für Politkowskaja nicht nur auf einer Seite: Intensiv steht sie auch den jungen russischen Soldaten bei, die in den Krieg geschickt werden, denn sie sind in ihren Augen nur Erfüllungsgehilfen der Regierung. Ihr Tod lässt traurige, wütende Angehörige zurück. Auch ihnen will Anna Politkowskaja eine Stimme geben, und so begleitet sie zum Beispiel russische Frauen, deren Söhne in Tschetschenien ums Leben gekommen sind, vor Gericht, damit die Todesumstände geklärt werden.

Sie scheut keine Konflikte, will sich immer ihr eigenes

Bild machen. Als Politkowskaja auf einer Reportagereise im tschetschenischen Dorf Chottuni unterwegs ist, nehmen russische Militärs sie unvermittelt fest. Stundenlang wird sie verhört. Die Soldaten zeigen ihr Fotos von ihren Kindern und drohen, ihnen etwas anzutun. Nur aufgrund ihrer Bekanntheit lassen sie sie schließlich unversehrt ziehen. Bevor sie ins Flugzeug steigt, sagt der zuständige Oberstleutnant jedoch zu ihr: »Wenn es nach mir gegangen wäre: Ich hätte dich erschossen.«

Einschüchtern lässt sich die engagierte Journalistin durch solche Vorfälle nicht. Sie schreibt weiter über Dinge, die in Russland nur wenige Menschen zur Kenntnis nehmen wollen. Anna Politkowskaja berichtet von Folterungen, Massenerschießungen, Entführungen oder Vergewaltigungen von Frauen wie Männern. Damit schafft sie sich viele Feinde.

2001 schickt ihr ein russischer Tschetschenienveteran per E-Mail Morddrohungen, nachdem sie ihn mehrerer Greueltaten an Zivilisten beschuldigt hatte. Politkowskaja nimmt seine Drohungen ernst und geht im Herbst 2001 nach Wien. Drei Monate bleibt sie dort und arbeitet intensiv an ihrem ersten Buch, das 2003 unter dem Titel *Tschetschenien. Die Wahrheit über den Krieg* auf Deutsch erscheint.

Lange hält sie es nicht in Österreich aus. Es zieht sie zurück in die Heimat, denn sie sieht: Die meisten ihrer Kollegen schweigen oder berichten aus der Krisenregion nur, was der russischen Propaganda entspricht. Die Journalisten beugen sich der extrem eingeschränkten Pressefreiheit im Land, von der sich Politkowskaja und das Blatt *Nowaja Gazeta* nur wenig beeindrucken lassen.

Die *Nowaja Gazeta* steht für einen kritischen, unabhängigen Journalismus und hat bereits deutlich zu spüren bekommen, dass das in Russland nicht erwünscht ist: Im Mai 2000 wurde der Redakteur Igor Domnikow vor seinem Wohnhaus zusammengeschlagen und starb an seinen Verletzungen. Im Juli 2003 erlag der stellvertretende Chefredakteur Juri Schtschekotschichin einer dubiosen Krankheit. Er recherchierte gerade an einer Geschichte über die Verbindung des russischen Inlandsgeheimdienstes FSB zu mehreren Steuerbetrügern.

Doch selbst solche Verbrechen in ihrer unmittelbaren Umgebung können Anna Politkowskaja nicht davon abhalten, weiter über das Vorgehen von Putins Armee in Tschetschenien zu berichten. In einem Interview mit dem Journalisten Norbert Schreiber, Herausgeber des Buches *Anna Politkowskaja. Chronik eines angekündigten Mordes,* erklärt sie: »Viele Menschen in meinem Land bezahlen mit dem Leben, weil sie laut sagen, was sie denken. Ich versuche, nicht daran zu denken, weil ich ansonsten nicht arbeiten könnte, es wäre unmöglich. Also blende ich diese Gedanken aus und sage, dass ich einfach das Schicksal derjenigen teile, die dafür kämpfen, dass demokratische Prinzipien in Russland endlich installiert werden und das Leben ein demokratisches wird, wobei es möglich ist, dass dieser Kampf nicht gut ausgeht. Aber das ist dann einfach so.« Die Wahrheit ist ihr wichtiger als das Leben.

Als am 23. Oktober 2002 Mitglieder der tschetschenischen Terrororganisation Riyadh as-Salihin (Gärten der Rechtschaffenen) in Moskau rund achthundert Besucher des Dubrowka-Theaters in ihre Gewalt bringen, ist Anna Politkowskaja schnell in das Geschehen involviert: Die Geiselnehmer, die die Beendigung des Tschetschenienkriegs durch Abzug der russischen Truppen fordern, erlauben den Gefangenen jeweils einen Anruf mit dem Handy. Ein Musiker meldet sich daraufhin mit Zustimmung der tschetschenischen Rebellen bei Anna Politkowskaja. Die in Tschetschenien hochgeschätzte Journalistin soll versuchen, zwischen den Parteien zu vermitteln.

Politkowskaja, die sich gerade in Los Angeles aufhält, kehrt sofort nach Moskau zurück. Sie spricht mit den Terroristen und bietet sich selbst als Geisel an. Sie darf die Gefangenen mit Wasser versorgen und wirkt unermüdlich auf die Geiselnehmer ein. Doch als sie sie fast zur Aufgabe bewegt hat, lässt Präsident Putin den Zuschauersaal am 26. Oktober 2002 von Spezialeinheiten stürmen. Dabei sterben nicht nur die über vierzig Terroristen, sondern auch rund hundertdreißig Zuschauer, Vermutungen zufolge durch eine zu hohe Dosierung des von den Befreiern eingesetzten Betäubungsgases.

Anna Politkowskaja kritisiert das Vorgehen von Putin und den russischen Behörden aufs schärfste, weil der Einsatz ohne Rücksicht auf die Unversehrtheit der Geiseln erfolgt sei. Für sie ist das Ganze nur mit einer egoistischen Machtdemonstration des russischen Präsidenten zu erklären. In ihrem Buch *In Putins Russland* berichtet sie unter anderem von einer Frau, deren Sohn als Geisel im Theater gesessen hatte und bei der Befreiungsaktion getötet wurde. Er hatte eine Schusswunde am Kopf und war aller Wahrscheinlichkeit nach nicht durch das Gas, sondern durch eine Kugel gestorben, abgefeuert von seinen vermeintlichen Rettern. Als die Mutter die Todesursache offiziell klären lassen will, zwingen die Ermittler sie unter Androhung einer harten Strafe, ihre Aussagen zurückzunehmen.

Anna Politkowskaja hat keine Angst, diese Vorkommnisse zu Papier zu bringen, sie empfindet es vielmehr als ihre Pflicht. Die Verleger aber fürchten Repressalien, und so wird *In Putins Russland* – wie zuvor bereits *Tschetschenien. Die Wahrheit über den Krieg* – in Russland nicht veröffentlicht.

Mehrmals bietet man ihr Geld an, damit sie positiv über Putin und seine Kriegsführung in Tschetschenien berichtet, aber sie erweist sich als unbestechlich und setzt ihre Arbeit fort.

»Sie war davon überzeugt, dass jemand den einfachen Menschen zu ihren Rechten verhelfen müsse. Immer wenn ich sie gefragt habe, warum machst du das, hat sie mir nur geantwortet: ›Weil das meine Arbeit ist, jemand muss es ja tun‹«, erzählt ihre Tochter Vera später in einem Interview.

Um ihr Ziel zu erreichen, lässt sich Anna Politkowskaja manchmal sogar in einem Kofferraum an den Checkpoints vorbei nach Tschetschenien schmuggeln. Dort wohnt sie bei einheimischen Familien. »Es war ihr wichtig, den Alltag der Leute zu teilen, um ihre Sorgen zu verstehen«, sagt Vera.

Und natürlich will Anna Politkowskaja im September 2004 in die nordossetische Stadt Beslan reisen, als tschetschenische Terroristen dort am Einschulungstag eine Schule gestürmt haben. Die Terroristen nehmen zahlreiche Schüler, Lehrer und Eltern als Geiseln, und auch ihre Forderung lautet, Russland solle sich aus Tschetschenien zurückziehen. Zudem verlangen die Geiselnehmer die Freilassung tschetschenischer Inhaftierter aus den Gefängnissen in Inguschetien. Für den Fall, dass ihre Forderungen nicht erfüllt werden, drohen sie mit der Spren-

gung der Turnhalle, in der sie sich mit den über tausend-
zweihundert Geiseln verschanzt haben.

Anna Politkowskaja will wieder versuchen, mit den
Menschen zu sprechen, zu helfen und zu vermitteln.
Doch bereits auf dem Weg nach Beslan wird sie gestoppt.
Kurz nachdem sie auf dem Flug einen Tee zu sich genommen hat, verliert sie das Bewusstsein. Man liefert sie in
ein Krankenhaus in Rostow am Don ein, wo die Ärzte
feststellen, dass der Tee vergiftet war. Später wird man
einen gezielten Anschlag von russischer Seite auf die
Journalistin vermuten: Sie soll sich kein zweites Mal in
eine Geiselnahme einmischen.

Wenn dies tatsächlich das Anliegen war, so glückt den
unbekannten Attentätern ihr Plan. Während Anna Politkowskaja im Krankenhaus liegt, stürmt eine russische
Spezialeinheit die Schule in Beslan. Bei der Befreiungsaktion kommen außer den Terroristen über dreihundert
Menschen ums Leben, darunter viele Schulkinder.

Bei einem ihrer letzten öffentlichen Auftritte im Westen, im Akademietheater Wien im Dezember 2005, sagt
Anna Politkowskaja im Österreichischen Rundfunk:
»Wir in Russland sind es so gewohnt, dass alle möglichen
Menschenrechte unter dem Titel ›Terrorbekämpfung‹
außer Kraft gesetzt werden, so dass dies schon niemanden mehr erstaunt. Eine der schlimmsten Folgen dieses
Außerkraftsetzens der Menschenrechte ist die Tatsache,
dass der Rassismus immer stärker wird.« Und was sie
selber betrifft, fügt sie hinzu: »Ich bin eine Persona non
grata.«

Nach dem Giftanschlag leidet Anna Politkowskaja
unter massiven gesundheitlichen Problemen. Ihre Spei-
cheldrüse ist angegriffen, und ihr Blutzuckerspiegel sinkt

immer wieder so schnell, dass sie innerhalb weniger Minuten ein ganzes Glas Honig leer essen kann. Sie kann nicht mehr so oft nach Tschetschenien reisen wie früher, und trotzdem werden ihre Berichte über den Krieg und die Leiden der Menschen nicht weniger. Anna Politkowskaja ist zum Sprachrohr der Betroffenen geworden. Die Menschen kontaktieren sie oder besuchen sie in der Redaktion, um mit ihr zu reden und von ihren Schicksalen zu erzählen. Politkowskajas Artikel beschreiben bestialische Morde und barbarische Folter, und mitunter beendet sie eine Schilderung jäh mit dem Satz: »Weitere Details möchte ich aussparen, sie sind zu grausam.«

Parallel zu den Zeitungsberichten schreibt sie an einem weiteren Buch, das den Titel *Russisches Tagebuch* tragen soll. Obwohl ihre Werke in ihrer Heimat nur selten in den Buchhandlungen zu finden sind, hat sich die Journalistin längst eine Fangemeinde unter ihren Lesern und Anhängern aus dem demokratischen Lager in Russland geschaffen. Auch eine Reihe von Preisen würdigen ihre Arbeit, unter anderem wird sie mit der Goldenen Feder des russischen Journalistenverbandes ausgezeichnet (2000), mit dem Preis des Internationalen PEN-Clubs (2002), dem OSZE-Preis für Journalismus und Demokratie (2003) sowie dem Olof-Palme-Preis (2004).

Anna Politkowskaja ist eine Frau, die wenig dem Zufall überlässt. So diszipliniert und eisern, wie sie in ihrem Beruf vorgeht, gestaltet sie auch ihr Privatleben. Sie hat ihre Prinzipien, sie raucht nicht und trinkt keinen Alkohol. Jeden Morgen steht sie um sieben Uhr auf, auch am Wochenende, und führt ihren Hund van Gogh aus. Regelmäßig geht sie joggen. Seit der Trennung von ihrem Ehemann hatte Anna Politkowskaja keine längere Beziehung mehr. Der *Stern* zitiert sie einmal mit den Worten: »Jeder Mann will mir doch nur vorschreiben, wie ich zu leben haben. Das entscheide ich lieber allein.«

Sie hat ihre Mission: Den vielen Morddrohungen zum Trotz, die sie im Lauf der Jahre erhält, will sie weiter die Wahrheit über den Tschetschenienkrieg verbreiten. Doch bei all ihrem Engagement vergisst Anna Politkowskaja nicht die Menschen um sie herum. »Zu Hause war sie eine ganz normale Mutter«, sagt ihre Tochter Vera im Rückblick. »Sie hörte mir zu. Ihr konnte ich alle meine Probleme anvertrauen.«

Anna Politkowskaja hat ein gutes Verhältnis zu ihren Kindern und ist stolz auf sie. Ilja leitet mittlerweile seine eigene Marketingfirma, und Vera hat das Tschaikowsky-Konservatorium abgeschlossen. Als ihre Tochter im Sommer 2006 schwanger wird, freut sich Anna Politkowskaja darauf, Großmutter zu werden. Doch die Geburt ihres Enkelkindes erlebt sie nicht mehr.

Vier Tage nach ihrer Ermordung wird Anna Politkowskaja auf dem Moskauer Trojekurowskoje-Friedhof zu Grabe getragen. Neben Hunderten von Kollegen und Freunden wohnen viele ihrer Leser und Anhänger den Trauerfeierlichkeiten bei. Fünfundzwanzig Millionen Rubel Belohnung, umgerechnet etwa siebenhundertdreißigtausend Euro, setzt die *Nowaja Gazeta,* für die Anna Politkowskaja bis zu ihrem Tod arbeitete, zur Ergreifung der Täter aus. Die Summe hat ein Geschäftsmann zur Verfügung gestellt, der ein halbes Jahr zuvor als Aktionär bei dem regierungskritischen Blatt eingestiegen ist.

Im November 2007 wird Anna Politkowskaja in der Aula der Münchener Ludwig-Maximilians-Universität posthum mit dem Geschwister-Scholl-Preis geehrt. Ge-

meinsam mit Juri Safronow, dem stellvertretenden Chefredakteur der *Nowaja Gazeta,* nimmt ihr Sohn den Preis
für seine Mutter entgegen. In seiner Trauerrede richtet
Ilja Politkowski den Blick noch einmal auf den Menschen
Anna Politkowskaja: »Courage, Mut ist für die Arbeit
meiner Mutter nicht das richtige Wort. Ihr Antrieb war
ein wenig anders, sie war eher davon beseelt, dass es einfach nötig war, ihre Arbeit zu tun. Sie hatte natürlich
Angst, aber sie hatte wohl nie damit gerechnet, dass sie
auf diese Weise sterben werde. Sie glaubte immer, dass
niemand außer ihr den Menschen helfen könne. Wenn
ich sie warnen wollte, sagte sie immer, Ilja, diese Leute
wenden sich an mich, weil sie nirgendwo mehr Hilfe erfahren. Ich muss das machen. Sonst ist keiner mehr da.«

Bis zu ihrem Todestag hatte Anna Politkowskaja an
einem großen Artikel über die Folter in Tschetschenien
gearbeitet. Er sollte wenig später erscheinen. Das Beweismaterial und der Artikel seien jedoch verschwunden,
teilte die Zeitung nach ihrer Ermordung mit. In einem
Interview mit Radio Liberty hatte Politkowskaja auch
angekündigt, sie wolle als Zeugin bei Ermittlungen zu
den Foltervorwürfen aussagen. Es hätte auf russischer
Seite also durchaus Motive für das Attentat gegeben.
Wladimir Putin aber weist jegliche Verbindung seiner
Regierung mit dem Attentat von sich. Für ihn scheint es
reiner Zufall zu sein, dass eine seiner schärfsten Kriti-
kerinnen ausgerechnet an seinem Geburtstag sterben
musste.

Im Juni 2008 verkündet die russische Generalstaatsan-
waltschaft, die Ermittlungen zu Anna Politkowskajas
Tod seien abgeschlossen, der Fall sei so gut wie aufgeklärt. Als mutmaßlicher Todesschütze sei der vierund-

dreißigjährige Tschetschene Rustam Machmudow im Treppenhaus erkannt worden. Man habe ihn der Tat angeklagt und suche ihn mit internationalem Haftbefehl. Im August 2008 meldet die Moskauer Stadtverwaltung, sie wolle ein Denkmal für Anna Politkowskaja errichten. Eine späte Ehrung einer großartigen Frau, die zu Lebzeiten von vielen bekämpft wurde.

Mitte November 2008 begann vor einem Moskauer Militärgericht der Prozess gegen vier Verdächtige, die an der Ermordung Anna Politkowskajas beteiligt gewesen sein sollen: Pawel Rjagusow, ein Oberstleutnant des FSB-Geheimdienstes, der russische Polizist Sergej Chadschikurbanow sowie die tschetschenischen Brüder Dschabrail und Ibrahim Machmudow sind wegen Mordes angeklagt. Ihr dritter Bruder, Rustam Machmudow, der der Todesschütze gewesen sein soll, ist untergetaucht.

Ein kleiner persönlicher Nachtrag: Als ich im Juni 2008 an einer Lesung zum Thema »Helden« teilnehmen sollte, entschied ich mich für Anna Politkowskajas *Russisches Tagebuch,* aus dem ich auch schon früher gelesen hatte. Denn für mich ist Anna Politkowskaja eine Heldin. Ohne ihren unerschrockenen Einsatz für die Opfer und die Aufklärung des Tschetschenienkriegs hätten viele von uns im Westen nie etwas über das brutale Vorgehen der Russen im Nordkaukasus erfahren.

# »Das System ist schmutzig, nicht die Frauen«

*Monika Hauser setzt sich mit ihrem Verein Medica mondiale für traumatisierte Frauen in Kriegs- und Krisengebieten ein*

*Es geschieht in allen Kriegen dieser Welt: Männer verge-
waltigen gezielt die Mädchen und Frauen des Gegners.
Dabei handelt es sich nicht um Akte persönlicher Rache.
Frauen sexuelle Gewalt anzutun ist ein Mittel der stra-
tegischen Kriegführung, das bewusst eingesetzt wird. So
war es in Bosnien, im Kosovo, im Kongo, im Sudan und
während des Zweiten Weltkriegs. Die genaue Zahl der
betroffenen Frauen wird wohl nie beziffert werden können; aus Scham und Angst schweigen viele von ihnen
über ihre Erlebnisse. In Bosnien sind es Schätzungen zufolge dreißigtausend bis fünfzigtausend Frauen, im Kongo weit über hunderttausend. Während des Zweiten
Weltkriegs sollen sogar rund zwei Millionen Frauen Opfer
von Vergewaltigungen gewesen sein. Die meisten von
ihnen leiden ihr Leben lang unter diesem Trauma. Monika Hauser hat beschlossen, ihnen zu helfen.*

Ihre Stimme klingt ruhig. Für den, der sie zum ersten
Mal hört, vielleicht etwas zu ruhig, zu kontrolliert und
fast ein wenig zu nüchtern angesichts dessen, was Monika Hauser berichtet. Sie beschreibt Bilder, die viele von
uns nur aus dem Fernsehen oder aus Zeitschriften kennen. Sie erzählt von Frauen, die Opfer von Massenvergewaltigungen wurden, Frauen, die Tage, teils Wochen eingesperrt waren und deren Peiniger sie immer und immer
wieder sexuell misshandelten und folterten. Frauen, die
hofften, dass es keinen nächsten Tag geben möge. Die
glaubten, alles sei vielleicht nur ein schrecklicher Alb-
traum, und die doch am Morgen aufwachten und feststellen mussten, dass sie gezwungen waren, noch einen wei-

teren Tag in einer bestialischen Wirklichkeit zu leben. Vielen dieser Frauen ist Monika Hauser begegnet, weil sie sich in einem bestimmten Moment entschloss, etwas gegen die Gewalt an Frauen zu tun.

»Da gab es nur weinende, blutende Wesen. Jede Vergewaltigung wurde bis ins kleinste Detail beschrieben. Es ging den Medien nur um die Sensation«, erinnert sie sich an einen Zeitungsbericht vom Herbst 1992, der ihr Leben veränderte. Es ist eine Reportage über die Vergewaltigungen von Frauen in Bosnien. Dort tobt zu dieser Zeit ein Angriffskrieg von serbischer und kroatischer Seite. Jugoslawien ist auseinandergebrochen, einzelne Republiken kämpfen um ihre Unabhängigkeit, und die politischen und militärischen Führer wollen durch Waffengewalt territoriale Fakten schaffen.

»Ich habe diesen Bericht gelesen und war wütend«, sagt Hauser. »Mit keinem Wort ging es um die Frauen selbst, um ihre Geschichte, dass sie Berufe hatten, Mütter und Ehefrauen waren, dass es ein Leben vor diesem Schrecken gegeben hatte. Das interessierte in dem Bericht nicht. Es ging nur um die Beschreibung der Vergewaltigungen, die jeden Voyeurismus bediente, weil dort jede einzelne Sekunde geschildert wurde.«

1992 gibt es etliche solcher Zeitungsartikel. Während andere sie lesen, weiterblättern, die Zeitschrift weglegen und in ihren Alltag zurückkehren, geht Monika Hauser die Sache nicht aus dem Kopf. Sie kann einfach nicht vergessen, was diesen Frauen angetan wird. »Es mag ein wenig kitschig klingen, und eigentlich bin ich eher der nüchterne, sachliche Typ. Doch in diesem Moment kam es mir vor, als ob ich einen Ruf erhalten hätte, als Fachfrau und auch als Europäerin etwas für die Frauen in Bosnien zu tun.« Sie will sich einmischen und die Art und Weise, wie über diese Frauen gesprochen wird, ändern. Sie sollen nicht nur Opfer sein, sondern als eigenständige Persönlichkeiten wahrgenommen werden. Und: Hauser möchte den Frauen zur Seite stehen, als Ärztin, als Gynäkologin. Ein Beruf, den sie genau aus diesem Grund erlernt hat: um Frauen zu helfen.

»Mit siebzehn war ich für ein sechswöchiges Praktikum im Kibbuz in Israel. Dort stürzte ein Mann bei der Birnenernte in die Pflückmaschine und verblutete, weil keiner ihm helfen konnte. In diesem Moment beschloss ich, Ärztin zu werden. Ich wollte der Hilflosigkeit nicht machtlos gegenüberstehen«, berichtet Monika Hauser über ein Schlüsselerlebnis ihres Lebens.

Es gibt noch eine andere wichtige Erfahrung, die sie prägte: 1959 als Tochter italienischer Gastarbeiter in der Schweiz geboren, interessiert sie sich früh für Geschichte. Sie liest Bücher über den Nationalsozialismus, und von der Mutter erfährt sie, wie diese während des Zweiten Weltkriegs beim Ziegenhüten bombardiert wurde. Die Großmutter erzählt ihr von Gewalterfahrungen und sexuellen Übergriffen an jungen Frauen in vielen Dörfern Südtirols. Monika Hauser ist entsetzt über das Unrecht, das den Verfolgten angetan wurde. Auch aus diesem Gefühl heraus wächst ihr Wunsch, Ärztin zu werden. Dass sie sich später auf die Gynäkologie spezialisiert, ist eine logische Konsequenz ihres frauenpolitischen Engagements.

Es war die richtige Entscheidung, wie sie beim Lesen des Zeitungsartikels im Herbst 1992 spürt. Sie steht der Hilflosigkeit dieser Frauen in Bosnien nicht ohnmächtig gegenüber. Sie kann sie unterstützen, und genau das will sie tun. Viel zu lange hat sie sich nur aufgeregt über all jene, die wegsehen, als sei nichts gewesen. Derselben Gleichgültigkeit war sie schon begegnet, als sie nach ihrem Medizinstudium 1988 als Assistenzärztin in einer Frauenklinik in Nordrhein-Westfalen zu arbeiten begonnen hatte. »Ich hatte in Innsbruck und Bologna studiert, hatte meine deutsche Approbation erhalten und dachte, jetzt würde ich mein Wissen anwenden können«, erzählt Hauser. Doch bereits wenige Monate später macht sie die Erfahrung, dass der Alltag anders aussieht, als sie ihn sich vorgestellt hat. Ein Krankenhaus sollte doch eine Anlaufstelle für die Patientinnen sein, wo man ihnen zuhört und sie aufnimmt. Aber Monika Hauser erlebt, wie ihre männlichen Kollegen eine ganz andere Atmosphäre schaffen: Wenn sich die Mediziner unterhalten, reden sie verächtlich über die Frauen und ihre Erkrankungen – bisweilen sogar im Beisein der Frauen. Die Patientinnen werden nicht als Menschen wahrgenommen, sondern wie Fließbandware untersucht, erst vom Assistenzarzt, dann vom Ober- und schließlich vom Chefarzt. Monika Hauser spricht diese Missstände und die unwürdige Behandlung der Frauen an.

»Damit machte ich mich nicht gerade beliebt«, sagt sie. Schnell bekommt sie die Quittung dafür zu spüren: Ihr Name taucht seltener auf dem Operationsplan auf, und bei den Ärzten im Klinikum macht sich die Haltung breit: »Den Dreck, den geben wir der Monika!« Mit »Dreck« meinen die Medizinerkollegen vor allem Roma-Frauen, HIV-Infizierte, Drogenabhängige und Vergewaltigungsopfer. Doch im Gegensatz zu ihren Kollegen nimmt Monika Hauser diese Frauen mit ihren Problemen ernst. Sie hört jeder Einzelnen zu und fragt nach.

Die Frauen wissen das zu schätzen. »Mit der Zeit habe ich mir bei ihnen einen hohen Vertrauensstand aufgebaut«, erzählt Monika Hauser.

Doch der Alltag im Klinikum erschöpft sie. »Nach vier Jahren war ich ausgebrannt, hatte ein Burn-out. Ich spürte, dass ich mich zu intensiv auf die Dinge eingelassen hatte, sowohl auf die Patientinnen und ihre Schicksale wie auch auf den Kampf mit den anderen Ärzten. Ich brauchte eine Pause.« Im Sommer 1992 kündigt sie ihre Stelle. Nur wenige Monate später liest sie den Bericht über die Frauen in Bosnien.

»Ich wollte da selbst hin, selbst mit den Frauen sprechen und schauen, was ich tun kann«, sagt Hauser. »Das war mir in dem Moment, als ich den Artikel gelesen hatte, gleich klar.« Doch die Flieger sind mit Hilfsgütern und sozialen Einsatzkräften, aber auch mit Journalisten über Wochen komplett ausgebucht. Monika Hauser sucht nach einer anderen Möglichkeit, nach Bosnien zu kommen. Sie lernt Martin Fischer kennen, der sich ebenfalls für die Menschen im Kriegsgebiet einsetzt, und fährt mit ihm Mitte Dezember mit dem Auto nach Kroatien. Einen halben Tag und eine Nacht dauert die Fahrt. »Ich muss zugeben, dass ich bis zu diesem Zeitpunkt politisch recht naiv war und nur wenig über die Umstände im Land wusste. Dank Martin war ich am nächsten Morgen informiert über das, was auf mich zukommen sollte«, berichtet Hauser.

In Zagreb gibt es bereits zahlreiche Organisationen, die Kriegsopfer auffangen und versorgen. Monika Hauser erfährt, dass ihre Initiative am meisten in der Stadt Zenica gebraucht wird. Dort und in der näheren Umgebung halten sich zu dieser Zeit etwa hundertzwanzigtausend Flüchtlinge aus den serbisch besetzten Gebieten Bosniens auf. Mehr als zwei Drittel der Flüchtlinge sind Frauen, viele von ihnen wurden vergewaltigt, häufig in Gefangenenlagern, wochen- und monatelang.

Während sich in Deutschland die Menschen auf den Jahreswechsel vorbereiten, Silvesterböller und Sekt einkaufen, fährt Monika Hauser am 30. Dezember 1992 in einem kleinen Konvoi nach Zenica. Dort nimmt sie Kontakt auf zu bosnischen Fachfrauen, vor allem zu Ärztinnen und Krankenschwestern, aber auch zu Psychologinnen, Soziologinnen und einer Deutschlehrerin, die für sie dolmetscht. Innerhalb von wenigen Wochen knüpft sie in Zenica ein Netzwerk und gewinnt ein kleines Team, das sie unterstützen und mit ihr ein interdisziplinäres Therapiezentrum aufbauen möchte.

»Klar war jedoch: Wir brauchten Geld, um die nötigen medizinischen Geräte anschaffen zu können. Ich wusste, dass damals in Deutschland viel für die vergewaltigten Frauen gespendet wurde.« Beispielsweise kam durch eine Aktion der ZDF-Fernsehsendung *Mona Lisa* eine Million Mark zusammen, die die Arbeiterwohlfahrt verwaltete. »Die Zuständigen hatten den Druck, das Geld nach Bosnien zu bringen – und ich war vor Ort. Ich schrieb über die dortigen Zustände, über mich und meinen Plan und faxte das nach Deutschland.«

Und dann passiert etwas, womit sie nicht wirklich gerechnet hat, erst recht nicht so schnell: Eine Woche später erhält sie von der Arbeiterwohlfahrt eine Zusage über Gelder in Höhe von zweihundertfünfzigtausend Mark. Gemeinsam mit den einheimischen Frauen gründet sie daraufhin das Projekt »Medica Zenica«.

In Zenica zieht Monika Hauser zu einer Kollegin, für

ihr geplantes Therapiezentrum mietet sie einen ehemaligen Kindergarten an. Im Februar 1993 fährt sie zurück nach Deutschland, um die Einrichtung für das Zentrum zu besorgen. »Von der Pinzette über Medikamente, Laborgeräte, Tische bis hin zu Computern und Lebensmitteln – alles habe ich in Deutschland eingekauft. Selbst Poster für die Wände waren dabei.« Am Ende sind es zwanzig Tonnen. Sie kann einen kroatischen Lkw-Fahrer dafür gewinnen, mit ihr zusammen die Sachen nach Zenica zu bringen. Es ist ein lebensgefährliches Vorhaben, doch Hauser lässt sich nicht davon abbringen. Unter Beschuss kehrt sie nach Bosnien zurück. Wie groß ihr Glück ist, diese Fahrt zu überleben, erfährt sie wenige Tage später: Zwei italienische Journalisten sind auf der gleichen Route im Kugelhagel getötet worden.

Mit Hilfe einer Umbaufirma lässt Monika Hauser aus dem Kindergarten ein Therapiezentrum entstehen, mit einem gynäkologischen Operationssaal, mit Schlafräumen und einer großen Apotheke. Am 4. April 1993 ist es so weit: Das Frauentherapiezentrum Medica Zenica wird eröffnet, Monika Hauser und ihr Team nehmen die Arbeit auf.

Die Lage im Land spitzt sich in den folgenden Monaten immer mehr zu. Hauser könnte die Region verlassen, doch sie bleibt. Nur kurz fährt sie im Mai 1993 nach Deutschland, kauft einen gebrauchten Krankenwagen, den sie zu einem gynäkologischen Ambulanzfahrzeug umrüsten lässt, und kehrt damit nach Zenica zurück. Mit dem Rettungsauto unternehmen Medica-Mitarbeiterinnen immer wieder lebensgefährliche Fahrten auf die andere Seite der Front, um vergewaltigte Frauen vor Ort zu untersuchen oder sie ins Therapiezentrum zu bringen. Ab Juni 1993 sind die Zufahrtsstraßen in die Stadt jedoch blockiert, Lebensmittel und Wasser werden knapp, es gibt keinen Strom mehr, Infektionskrankheiten breiten sich aus.

Monika Hauser aber bleibt in Zenica. Ihr Alltag ist Welten entfernt vom Leben in Deutschland. »Es gab Tage, da saßen wir morgens während eines Angriffs zusammen im Luftschutzkeller, ich als Ausländerin inmitten der bosnischen Frauen. Sie sagten, ich würde ihnen das Gefühl geben, dass die Welt sie noch nicht vergessen hat: Da ist noch eine von draußen, die ihr Schicksal wahrnimmt.«

Die Frauen, die in das Therapiezentrum kommen, suchen nicht nur medizinische Hilfe, sie wollen auch reden. Und die Ärztin verfolgt ein ganzheitliches Konzept, bei dem gynäkologische Ambulanz und psychologische Betreuung Hand in Hand gehen. »Für die Frauen ist es wichtig, ihre Geschichten zu erzählen, von den Vergewaltigungen, von dem Unrecht, das ihnen widerfahren ist. Mit den Psychologinnen können sie so ein Stück weit ihr Trauma verarbeiten«, sagt Hauser. »Aber auch ich sehe es als meine Pflicht an, als die Pflicht eines jeden, diesen Frauen zuzuhören, stellvertretend für die Welt. Das bin ich und das sind wir diesen Frauen schuldig.«

Als Teil ihrer täglichen Arbeit leistet die Medizinerin in bosnischen Medien politische Aufklärung. Das ganze Jahr über gibt sie Radio- und Zeitungsinterviews, steht den Reportern von Fernsehsendern Rede und Antwort und erzählt immer wieder von dem, was die Frauen durchmachen mussten. Ihr ist es wichtig, dass die bosnische Bevölkerung die Frauen nicht ausgrenzt, sondern sie als Überlebende in ihrer Mitte aufnimmt.

Anfang 1994 kehrt Monika Hauser nach Deutschland

zurück. Inzwischen haben Freundinnen von ihr in Köln die Frauenhilfs- und Menschenrechtsorganisation Medica mondiale e.V. gegründet. Sie wollen Hausers Arbeit gezielt unterstützen und eine Anlaufstelle bieten für Logistik, Spendenanfragen und die Medien. So kann Monika Hauser ihr Engagement nahtlos fortsetzen. Sie möchte weiter über die Situation von kriegstraumatisierten Frauen aufklären und eine breite öffentliche Aufmerksamkeit herstellen. Daneben nimmt sie ihre Fachärztinnenausbildung in Nordrhein-Westfalen wieder auf. Zwei Wochen im Monat arbeitet sie fortan im Klinikum, zwei Wochen kümmert sie sich um Medica mondiale, versucht Spendengelder aufzutreiben, informiert auf Konferenzen weltweit und reist regelmäßig nach Bosnien ins Therapiezentrum. Denn die Arbeit sieht sie in keiner Weise als beendet an.

Längst ist ihr Engagement in Deutschland publik geworden. Die ARD-*Tagesthemen* zeichnen sie als »Frau des Jahres« aus, und im Juni 1994 ehrt die SPD sie mit dem Gustav-Heinemann-Bürgerpreis. Monika Hauser nimmt die Auszeichnungen entgegen, auch wenn sie dabei manchmal ein merkwürdiges Gefühl überkommt. »Ich hatte und habe noch immer den Eindruck, dass sich die Menschen mit diesen Preisen von der Verantwortung freimachen«, sagt sie. »Ich sehe es als eine gewisse Alibifunktion. Sie verleihen mir den Preis und fühlen sich gut, denn sie meinen ja, mir damit ihr Interesse bekundet zu haben.«

Dabei interessieren sich die meisten Menschen kaum für die Konflikte und Probleme in Nachkriegsgebieten. Während Hauser immer wieder nach Bosnien reist und mit den Schicksalen der Frauen konfrontiert ist, merkt sie, dass einige ihrer Arztkollegen konsequent versuchen, die Vorgänge auf dem Balkan auszublenden. Monika Hauser sieht darin eine Ignoranz, die sie schwer ertragen kann. Der Kampf gegen die Gleichgültigkeit in Deutschland auf der einen Seite, ihre eindringlichen Erlebnisse in Bosnien auf der anderen Seite – all das reibt sie auf. Sie ignoriert die immer öfter auftretenden Herzrhythmusstörungen und die häufigen Schwindelgefühle. Bis sie Ende 1995 körperlich zusammenbricht.

Bewusst zieht sie sich zurück, Homöopathie und Shiatsu helfen ihr bei der Erholung. In Supervisionen beginnt sie sich mit ihrer Arbeit mit den traumatisierten Frauen, mit ihrer eigenen Rolle und den Grenzen ihres Engagements auseinanderzusetzen. »Ich lernte, mich innerlich auf Gespräche vorzubereiten. Es ist wichtig, dass ich nicht vor zu viel Mitgefühl zerfließe, denn dann fehlt mir die Kraft, um den Frauen zu helfen. Um einer Sekundärtraumatisierung entgegenzuwirken und stark zu bleiben, ist es notwendig, dass ich eine gewisse Distanz zu dem Gehörten behalte. Das habe ich gelernt. Das heißt nicht, dass ich kalt bin oder unberührbar. Doch nur durch professionelle Fragetechnik und mit einem geschulten Bewusstsein kann ich langfristig Frauen mit solch schweren Schicksalen gegenübertreten und Lösungen finden, ohne daran selbst zu zerbrechen.«

Lange hatte Monika Hauser ihr Privatleben hinter der Arbeit zurückgestellt. Die Auszeit scheint ihrem Körper gutzutun, sie wird schwanger. Mit ihrem Freund Klaus-Peter Klauner freut sie sich auf das Kind. Die beiden kennen sich zu diesem Zeitpunkt bereits über zehn Jahre, er hat sie in ihrer Arbeit für Medica mondiale von Beginn an unterstützt, und Anfang 1993 haben sich die beiden ineinander verliebt. Als Sohn Luca im August 1996 geboren wird, haben Monika Hauser und ihr Lebensgefährte längst beschlossen, dass sich vor allem der Mann um das Kind kümmern wird. Der Tontechniker beim WDR nimmt für vier Jahre unbezahlten Urlaub und hält damit seiner Partnerin den Rücken frei.

»Klaus-Peter war und ist der Manager zu Hause. Er steht von Anfang an voll und ganz hinter dem, was ich tue«, sagt Monika Hauser. »Ich kann mit ihm über meine Arbeit reden und reflektieren, und wäre es anders, würde es wohl auch nicht funktionieren. Ich könnte nicht mit einer Person zusammen sein, die den Sinn dieses Projekts nicht einsähe und die auch nicht einsähe, dass ich wegen dieses Krieges mein Leben umgestellt habe.«

So nimmt sie nach einem halben Jahr Erziehungsurlaub sowohl ihre Arbeit im Krankenhaus als auch bei Medica mondiale wieder auf. Wenn Anfragen für Vorträge kommen, gehört zu ihren Bedingungen jedoch fortan, dass ihr Partner und ihr Sohn sie begleiten dürfen und dass der Veranstalter die Reisekosten für die zwei mit übernimmt. Monika Hauser möchte, dass die beiden aktiv an ihrem Leben teilnehmen; Luca ist ein halbes Jahr alt, als er zum ersten Mal mit nach Bosnien reist.

Die Kriegshandlungen dort haben sich zwar beruhigt, doch die traumatisierten Frauen brauchen noch immer Unterstützung und medizinische Hilfe. Monika Hauser ist empört, als die Bundesregierung 1996 bosnische Flüchtlinge nach und nach zwangsweise in ihr Land zurückschickt, als herrschten dort wieder ganz normale Verhältnisse. Aus Protest gegen diese Politik lehnt sie im Oktober 1996 das Bundesverdienstkreuz ab: »Ich konnte nicht einen Preis von einer Regierung annehmen, die

214

schwer traumatisierte Menschen in die Perspektivlosig-
keit ihrer Heimat abschiebt.«

1998 beendet sie ihre Ausbildung zur Fachärztin für
Gynäkologie. Um nicht mehr der Zerrissenheit ausgesetzt zu sein, sich nicht mehr aufreiben zu müssen angesichts der Ignoranz im Medizinbetrieb, entscheidet sie
sich, künftig ganz als Geschäftsführerin bei Medica mondiale zu arbeiten. Mit ihren mittlerweile sechs festangestellten Kolleginnen dokumentiert sie beispielsweise alle
Verbrechen in Bosnien, von denen Zeuginnen berichten –
Unterlagen, die auch beim Kriegsverbrechertribunal in
Den Haag verwendet werden.

Als 1999 im Kosovo ein Krieg ausbricht und die Bilder
jenen in Bosnien zu ähneln beginnen, fährt Monika Hauser wieder ins Kriegsgebiet und gründet im August in
Gjakova, im Südwesten des Landes, das Projekt »Medica
Kosova«. Erneut stürzt sie sich in die Arbeit vor Ort,
doch sie ist vorsichtiger geworden und reagiert eher auf
die Signale ihres Körpers. »Es ist immer eine Prüfung für
mich, weil ich es gern anders hätte und manchmal am
liebsten meinen Körper ignorieren möchte.« Aber im
Unterschied zu ihrer Zeit in Bosnien gibt es jetzt den
kleinen Luca. Ihr Privatleben zwingt und hilft Monika
Hauser gleichermaßen, mit ihren Kräften zu haushalten.

Zusehends konzentriert sie sich in ihrer Arbeit darauf,
dass einheimische Fachfrauen für die Aufgaben im Krisengebiet ausgebildet werden; sie setzt auf Hilfe zur
Selbsthilfe. Im Kosovo hat Medica mondiale sogar ein eigenes Berufsbild geschaffen: die »psychosoziale Beraterin
für Frauen in Krisengebieten«. Von der Universität Pristi-
na, die mit Traumatherapeuten der Universität München
kooperiert, wird das als Ausbildungsberuf anerkannt.

»Wir von Medica mondiale verfolgen bei unseren Projekten eine Doppelstrategie«, erklärt Monika Hauser. »Wir wollen den Frauen vor Ort direkt medizinisch, therapeutisch und juristisch zur Seite stehen, das ist der eine Teil. Daneben geht es uns aber vor allem um die politische Aufklärungs- und Bewusstseinsarbeit.«

Nach allem, was Monika Hauser in Bosnien und im Kosovo erlebt hat, ist die Situation der Frauen in Afghanistan für sie zu einem Hauptanliegen geworden. »Afghanistan gehört für mich zu den Ländern der Welt, in denen die größte Frauenverachtung herrscht«, sagt sie. »Frauen, die sich dort öffentlich für die Interessen ihrer Geschlechtsgenossinnen einsetzen, werden terrorisiert oder exemplarisch exekutiert. Safiya Omar beispielsweise, eine Funktionärin des Frauenministeriums, wurde auf offener Straße ermordet.«

Mehrfach war Hauser bereits im Land, um sich ein Bild von den schockierenden Zuständen zu machen. In Kabul gibt sie Seminare für einheimische Ärztinnen, Krankenschwestern und Hebammen, und immer wieder fahren Mitarbeiterinnen von Medica mondiale nach Afghanistan, um die bereits sechzig Kolleginnen zu schulen. Auch das Thema Zwangsverheiratung spielt eine zentrale Rolle in ihrer Arbeit. »In einigen Regionen des Landes werden Mädchen bereits mit vier Jahren verheiratet«, erzählt Monika Hauser. »Die Eltern geben das Kind ab, damit sie eine Esserin weniger am Tisch haben. Wir kennen einen Fall, in dem eine Achtjährige für den Gegenwert von acht Kühen an einen fünfundsiebzigjährigen Mann verkauft wurde. Afghanische Frauen und Mädchen werden als Gebärmaschinen missbraucht und weggeworfen, wenn sie ausgedient haben. Sie werden immer noch gesteinigt und eingesperrt, wenn sie gegen die öffentliche Moral verstoßen.«

So musste eine Vierzehnjährige ins Gefängnis, weil sie sich gegen die Hochzeit mit einem sechzigjährigen Mann gewehrt hatte. Sie sei eine »schmutzige« Frau, hieß es im Urteil, denn sie habe die Ehre des Mannes »beschmutzt«. »Über solche Dinge rege ich mich auf. Das System ist schmutzig, nicht die Frauen!«

Medica mondiale arbeitet vor Ort mit Rechtsanwältinnen zusammen, die sich um faire Prozesse bemühen und ihre Klientinnen bis zum Richterspruch begleiten. »Wir machen keine Katastrophenhilfe, sondern versuchen, die Frauen langfristig zu unterstützen und die patriarchalischen Strukturen aufzubrechen und zu verändern«, erklärt Hauser.

In den vergangenen Jahren hat sie zahlreiche weitere Preise für ihre Arbeit erhalten, unter anderem 1999 den Annette-Barthelt-Preis und ein Jahr später den Peter-Beier-Preis der Evangelischen Kirche Deutschlands. 2005 war sie eine der »1000 PeaceWomen«, die für den Friedensnobelpreis nominiert wurden. 2008 folgte dann die größte Auszeichnung: der Right Livelihood Award, auch als »Alternativer Friedensnobelpreis« bekannt.

Monika Hauser hat Medica mondiale in Köln zu einer sowohl von der Öffentlichkeit als auch von Behörden und Ministerien anerkannten Organisation aufgebaut, die mittlerweile fünfundzwanzig festangestellte Mitarbeiterinnen beschäftigt. Doch über all dem Erfolg hat sie ihre Anfänge nicht vergessen: die Frauen von Zenica. Anlässlich des fünfzehnjährigen Bestehens von Medica Zenica reiste sie 2008 nach Bosnien und traf viele der Frauen wieder, die früher einmal ihre Patientinnen waren. »Diese Frauen versuchen heute in Würde zu überleben. Es ist sicher ein großer Erfolg, dass das bosnische Parlament 2006 den vergewaltigten Frauen den Status von Kriegsversehrten zusprach, so dass sie eine kleine Rente erhalten. Trotzdem leben die meisten von ihnen in großer Armut, und das ausgegrenzt, am Rande der Gesellschaft«, sagt Monika Hauser und fügt hinzu: »Leider bekommen die Kolleginnen für ihre Arbeit in Zenica kaum noch Spenden. Ist ein Krisengebiet nicht permanent in den Medien, wird es schnell vergessen. Dabei brauchen die Frauen dort weiter Unterstützung, auch für die nächste Generation.«

Monika Hauser spricht in sachlichem Ton über ihre Arbeit, aber wer ihr länger zuhört, erkennt die Leidenschaft dahinter. Und würde ihr Sohn Luca ihr nicht manchmal die rote Karte zeigen und die Aufmerksamkeit und Zeit seiner Mutter einfordern, würde sie wahrscheinlich schnell vergessen, dass es überhaupt so etwas wie ein Privatleben gibt. Auch ihr Partner Klaus-Peter Klauner, der wieder in Teilzeit beim WDR arbeitet, seit Luca in die Schule geht, versucht Monika Hauser daran zu erinnern.

Gemeinsam leben sie in einem Haus am Stadtrand von Köln. »Für mich eine Oase und ein Rückzugsort. Bewusst nehme ich mir dort meine Auszeiten von der Arbeit, das habe ich gelernt.« Das Telefon klingelt abends nicht mehr so oft wie früher, und auch am Wochenende schafft es Monika Hauser es, Medica mondiale ein Stück weit zu vergessen. Abstand gewinnen und abschalten, das kann sie am besten beim Joggen oder beim Saxophonspielen.

Kraft gewinnt sie auch durch den großen Rückhalt in ihrer Familie. Sie muss sich nicht rechtfertigen für das, was sie tut und wie sie es tut. Auch ihre Eltern, die vor vielen Jahren nach Südtirol zurückgekehrt sind, unterstützen sie in ihrem Anliegen: Die Mutter überwacht die in der Region eingehenden Spendengelder und leitet sie nach Köln weiter. Monika Hauser geht ihre Eltern gern besuchen. »Es ist meine zweite Heimat. Wenn ich dort bin, wird mir bewusst, wie sehr ich die Berge und Südtirol vermisse«, sagt sie.

Im Lauf der Jahre sind durch die Arbeit von Medica mondiale Therapiezentren und Ambulanzen in Bosnien, Albanien, Kosovo, Afghanistan und Liberia entstanden. In Zusammenarbeit mit lokalen Frauenorganisationen unterstützt Medica mondiale zudem Projekte im Sudan, in Uganda und im Kongo. Weltweit arbeiten rund hundertfünfzig einheimische Fachfrauen für die Initiative.

»Ich möchte mich weiter dafür einsetzen, das Thema der sexualisierten Gewalt in der Gesellschaft zu enttabuisieren, damit es den Frauen leichter fällt, darüber zu sprechen. Denn nur wenn die Frauen die Möglichkeit haben, über ihre Erlebnisse zu reden, können ihre Seelen und Körper langsam heilen«, sagt Monika Hauser. Dass wohl noch ein ganzes Stück Aufklärungsarbeit vor ihr liegt, ist ihr bewusst: »Die Geschichtsschreibung klammert das Thema der während der Kriege vergewaltigten Frauen aus, weil die Geschichtsschreibung immer noch von Männern dominiert wird. Aber ohne Frauen geht in dieser Gesellschaft rein gar nichts; sie sind es, die das Überleben der Gesellschaft organisieren. Daran sollten wir uns immer erinnern.«

  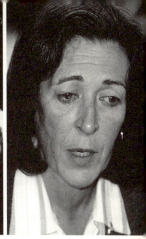

»Emanzipation ist nur ein Begriff, nur ein politisches Ereignis. Aber Befreiung, das ist Freiheit«

*Die Schriftstellerinnen Maria Isabel Barreno, Maria Teresa Horta und Maria Velho da Costa schufen mit ihrem Roman* Neue portugiesische Briefe *ein mutiges Manifest der Frauenbewegung*

*Der erste Eindruck täuscht: Zwar dürfen portugiesische Frauen seit Ende der siebziger Jahre ihren Beruf frei wählen und auch über ein eigenes Bankkonto verfügen, ohne dass ihnen der Mann reinredet, doch die Bischöfe des Landes waren bereits damals gegen diese Freiheiten, und sie sind es auch heute noch. Als die Portugiesen Anfang 2007 über die Legalisierung von Schwangerschaftsabbrüchen abstimmen, erinnert ein Bischof im Vorfeld an die Tötung des irakischen Diktators Saddam Hussein und mahnt: »Wir alle waren entsetzt, als Saddam Hussein gehenkt wurde. Die Abtreibung ist kaum etwas anderes als die Todesstrafe.« Zum Glück entscheidet die Bevölkerung sich anders, so dass Frauen in Portugal nunmehr legal abtreiben dürfen. Der katholischen Kirche aber missfällt diese Entscheidung, und sie versucht nach wie vor, das Volk zu beeinflussen. Umso größer ist die Bedeutung eines Romans, den die »drei Marias« – Maria Isabel Barreno, Maria Teresa Horta und Maria Velho da Costa – bereits 1971 verfassten. Angesichts der Umstände, die nicht nur in Portugal herrschen, hat er nichts an Aktualität verloren.*

Sie wissen, dass es gefährlich für sie werden könnte und dass sie höchstwahrscheinlich einen Skandal auslösen. Trotzdem lassen sich Maria Isabel Barreno, Maria Teresa Horta und Maria Velho da Costa nicht von ihrem Plan abhalten.

Es ist das Jahr 1971. Die drei Portugiesinnen, alle Anfang dreißig, verabreden sich regelmäßig zweimal in der Woche. Sie sitzen beim Mittagessen zusammen in einem öffentlichen Restaurant oder treffen sich in privater Atmosphäre in einer ihrer Wohnungen.

Jede Frau spricht über ihre Kindheitserfahrungen, über Zukunftsträume und die Erlebnisse als junge Frau in einer Gesellschaft, die von der streng patriarchalischen Moral der katholischen Kirche und einem diktatorischen Regime geprägt ist. Noch bis Ende der sechziger Jahre besaßen verheiratete portugiesische Frauen keinen eigenen Pass und durften das Land nur mit schriftlicher Erlaubnis ihres Mannes verlassen. Auch über die Erziehung der gemeinsamen Kinder konnte der Ehemann allein entscheiden.

In diese Gesellschaft sind Maria Teresa Horta im Mai 1937 in Lissabon und zwei Jahre später Maria Isabel Barreno und Maria Velho da Costa hineingeboren worden. Damals regiert Ministerpräsident António de Oliveira Salazar. 1932 ist er an die Macht gekommen, nur ein Jahr darauf verkündet er den Estado Novo, den »Neuen Staat«. Doch mit seinem »Neuen Staat« setzt Salazar lediglich fort, was bereits seine Vorgänger errichtet haben: eine konservativ-autoritäre Diktatur. Schon 1926 hatte Manuel de Oliveira Gomes da Costa die Presse zensieren lassen, hatte Streiks verboten und die Versammlungsfreiheit eingeschränkt. Jede oppositionelle Bewegung wurde damit im Keim erstickt.

Auch Salazar schafft Reformen zugunsten der privilegierten Schichten auf Kosten der ärmeren Bevölkerung. Politische Parteien werden verboten. Dissidenten lässt Salazar von seiner Geheimpolizei, der Polícia Internacional e de Defesa do Estado (PIDE), ins Exil treiben, oder man bringt sie ins Gefängnis, wo sie von den Aufsehern getötet werden. Diese Geschehnisse prägen die Zeit, in der Maria Isabel Barreno, Maria Teresa Horta und Maria Velho da Costa aufwachsen.

Die Arzttochter Maria Teresa Horta klettert schon mit drei, vier Jahren auf die Bücherregale ihrer Eltern und will unbedingt lesen, obwohl sie noch gar nicht weiß, wie das geht. Ihre Mutter, die aus einem alten Grafengeschlecht stammt, ist sehr streng, und als Horta neun Jahre alt ist, lassen ihre Eltern sich scheiden. Angesichts dieser familiären Umstände bedeuten Bücher für die kleine Maria Teresa eine magische Welt, die zu einem Fluchtort für sie wird. Sie beginnt selbst zu schreiben und verfasst mit zehn Jahren ihre erste eigene Geschichte. Nach der Schulzeit studiert sie an der Universität Lissabon.

Das Schreiben zieht sich wie ein roter Faden durch ihr Leben. Gemeinsam mit vier anderen portugiesischen Schriftstellern bildet sie die Literaturgruppe »Poesia 61« und arbeitet bei verschiedenen nationalen und internationalen Zeitungen und Zeitschriften wie *A Capital* oder *Diário de Lisboa*. Auch privat bringt ihr das Schreiben Glück: Mit sechsundzwanzig Jahren heiratet sie den Journalisten Luis de Barros. Zwei Jahre später, im April 1965, wird ihr gemeinsamer Sohn Jorge Luis geboren.

Maria Isabel Barreno stammt aus einfachen Verhältnissen. Ihr Vater ist Kapitän der Handelsmarine, die Mutter Hausfrau. Barreno studiert nach der Schule an der Universität Lissabon Historische Philosophie, sie heiratet und bekommt zwei Kinder.

Die dritte im Bunde, Maria Velho da Costa, geht einen ähnlichen Weg. Ihre Mutter ist ebenfalls Hausfrau, der Vater ist beim Militär. Wie die beiden anderen Marias besucht sie einige Jahre eine Klosterschule – angesichts der großen Bedeutung, die der katholische Glaube und die

Kirche in Portugal haben, ist das durchaus üblich für junge Mädchen. Das Verhältnis zur Mutter gestaltet sich schwierig, und so entdeckt auch Maria Velho da Costa für sich früh das Schreiben und führt mit elf Jahren ein Tagebuch, dem sie ihre Wünsche und Erlebnisse anvertraut. Nach Beendigung der Schule studiert sie an der Universität Lissabon Germanistik. 1962 heiratet sie den Soziologen Adérito de Oliveira Sedas Nunes, zwei Jahre später kommt der gemeinsame Sohn João zur Welt. Bereits 1971 trennt sich Paar jedoch und wird 1974 offiziell geschieden.

Für alle drei Frauen ist das Schreiben eine Leidenschaft, die sie zu ihrem Beruf machen. Jede für sich veröffentlichen sie in den sechziger Jahren ihre ersten literarischen Werke: 1960 bringt Horta einen Gedichtband heraus, 1966 erscheint der erste Roman von Velho da Costa, und ein Jahr später folgt das Erstlingswerk von Barreno, ebenfalls ein Roman. Während sich Hortas Texte vor allem durch Sinnlichkeit und Erotik auszeichnen, experimentiert da Costa in ihren Erzählungen und Romanen mit ihrer Muttersprache. Und Barrenos Werk spiegelt eher ihr politisches und soziales Engagement für die Gleichberechtigung der Frau. Eine Gemeinsamkeit aber eint die drei Frauen: der feministische Gedanke, das Interesse, die Rechte der Frauen in der portugiesischen Gesellschaft zu stärken. Jede von ihnen hatte sich zuvor bereits dafür engagiert, denn ein Ende der Unterdrückung scheint nicht in Sicht. Zwar erleidet Salazar 1968 einen Schlaganfall, der seiner Herrschaft ein Ende setzt, doch an der diktatorischen Ausrichtung des Regimes änderte das nichts. Zum Nachfolger Salazars ernennt Präsident Américo Tomás dessen bisherigen Stellvertreter Marcello Caetano, der die repressive Politik bruchlos weiterführt.

Um sich darüber zu verständigen, was sie gegen diese Strukturen tun können, und um sich über ihre literarischen Arbeiten auszutauschen, treffen sich Maria Isabel Barreno, Maria Teresa Horta und Maria Velho da Costa im Jahr 1971 zweimal in der Woche. Velho da Costa und Barreno arbeiten beide in der Personalabteilung des Landesinstituts für Industrieforschung und kennen sich bereits, aber die feministische und intellektuelle Szene in Lissabon ist klein, und so ist ihnen Maria Teresa Horta keine Unbekannte. Weil alle drei ein gemeinsames Ziel verfolgen, finden die Frauen zusammen. Sie reden und erzählen. Jede von ihnen bringt ihre Gedanken und Gefühle zu Papier, ihre Beobachtungen und Erlebnisse in der Gesellschaft, und beim nächsten Treffen lesen sie einander vor, was sie geschrieben haben. Der eine Text ist als Gedicht verfasst, der andere als Briefwechsel, der nächste als Zitat oder Tagebucheintrag. Woche für Woche sammeln die »Três Marias«, die »drei Marias«, wie sie später genannt werden, ihre Beiträge, und es entsteht eine Collage verschiedenster Textformen.

Barreno kommt auf den Gedanken, aus diesem Literaturprojekt ein Buch zu machen. Ein Buch mit anspruchsvollen poetischen und erotischen Texten soll es werden, das jedoch klar gesellschaftskritisch ausgerichtet ist und auf die Missstände aufmerksam macht, unter denen Frauen in Portugal zu leiden haben.

Als Vorlage dienen den drei Marias die bereits im 17. Jahrhundert erschienenen *Lettres Portugaises,* »Portugiesische Briefe«, die die Nonne Mariana Alcoforado an ihren französischen Liebhaber, einen Adligen, richtete. Er hatte die Ordensfrau im Kloster verführt und dann verlassen.

Die Marias greifen die religiöse Gefangenschaft auf, in der sich die Nonne Mariana sieht, und ziehen Parallelen zu der Art Gefängnis, in dem sich die portugiesischen Frauen befinden. So lassen die drei Marias die junge Mariana nicht nur Briefe an ihren Geliebten schreiben, sondern auch an ihre Mutter und an ihre Freundin. In dem Werk verwandelt sich Mariana von der leidenden Nonne in eine aufsässige Tochter, eine rebellische Studentin. Die Nacherzählung und Interpretation der Mariana-Geschichte mischt sich mit eigenen Briefen, Studien und Gedichten der Marias. Es sind mal zaghafte, mal mutige Zeilen. Mal klingen sie kühl, mal leidenschaftlich bis schwermütig, dann wieder kämpferisch. Doch nie nehmen die Marias ein Blatt vor den Mund. Sie schreiben, was sie denken, fühlen, sehen, was sie sich wünschen, was sie kritisieren und was sie von anderen hören. Im Fokus steht dabei immer das Dasein der Frauen ihrer Zeit.

Gegenüber dem *Time*-Magazin äußert da Horta 1973: »Ich bin nicht für die Emanzipation der Frauen, sondern für ihre Befreiung. Emanzipation ist nur ein Begriff, nur ein politisches Ereignis. Aber Befreiung, das ist Freiheit.« Und Barreno erklärt: »Die schlimmste Fessel für eine Frau ist die Mutterrolle. Die Gesellschaft idealisiert diese Rolle, und dies täuscht darüber hinweg, dass es eine Sklaverei ist.«

Die Themen, die Frauen beschäftigen, sind vielfältig, und so dreht sich das Buch um Jungfräulichkeit und unerwünschte Schwangerschaft und Abtreibung genauso wie um Selbstmord und Furcht, um Masturbation und Prostitution, um Verzweiflung und Einsamkeit und besonders um den Männlichkeitswahn und Demütigungen durch Männer. An einer Stelle heißt es: »O mein Portugal mit seinen Männchen, die ihre Impotenz verschleiern, Zuchttiere, Beschälhengste, so schlechte Liebhaber, so eilig im Bett …« Das Recht der Frau auf sexuelle Initiative wird eingefordert, die Freuden weiblicher Selbstbefriedigung werden stolz verteidigt.

Keiner der einzelnen Beiträge lässt sich einer bestimmten Maria zuordnen. Vielmehr verbünden sich die Autorinnen zu drei Schwestern, die dasselbe erlebt haben und für dasselbe eintreten. Es ist eine Einheit, die sie stark macht und schützen soll vor Angriffen von außen. Und tatsächlich wird sich diese Form der Anonymität als strategisch klug erweisen und ihr Trio sogar einmal vor einer gerichtlichen Verurteilung bewahren.

Im April 1972 erscheint das Buch unter dem Titel *Novas cartas portuguesas*, »Neue portugiesische Briefe«. Die Reaktionen darauf übertreffen die schlimmsten Vorahnungen der drei Marias. Die Autorinnen sind sich durchaus bewusst, dass sie eine provokante Lektüre vorlegen, die die Gemüter erregen und aufstacheln und möglicherweise einen Skandal auslösen wird, doch mit derart extremen Folgen haben sie nicht gerechnet. Ihr Buch wird vom Staat als »pornographisch« zensiert und zum Gegenstand einer Strafanzeige. Die Polizei beschlagnahmt die gesamte erste Auflage, die Autorinnen kommen in Untersuchungshaft. Die Anklage lautet: »Beleidigung des Gefühls für Anstand und Sitte«.

Gegen eine Kaution von jeweils rund achthundertfünfzig Euro können die Frauen die Zeit bis zur Verhandlung in Freiheit verbringen. Gerade für Horta, die an Tuberkulose erkrankt ist und dringend Erholung braucht, ist das eine große Erleichterung. Erst im Herbst 1973 beginnt der Prozess in Lissabon.

Inzwischen formiert sich allerdings der Protest; viele ausländische Intellektuelle und Frauenorganisationen empören sich gegen die Anklage und machen sich für das Buch stark. In Boston demonstrieren über fünfzig Anhänger vor dem portugiesischen Konsulat und fordern die Einstellung des Prozesses. In den USA, in Großbritannien und Frankreich werden Übersetzungen des Werkes vorbereitet, und die bekannte französische Schriftstellerin und Feministin Simone de Beauvoir schickt jeder der drei verfolgten »Schwestern« einen Ring. Die drei Marias, wie sie seither auch auf den Buchumschlägen genannt werden, sind berühmt.

Dieser internationale Druck ist mit ein Grund dafür, dass der Staatsanwalt im Frühjahr 1974 einen Freispruch für die Autorinnen beantragt. Der andere Grund ist die nicht zu klärende Urheberschaft: Da die drei Frauen als Kollektiv agiert haben und kein Text namentlich gekennzeichnet ist, können die besonders strittigen, als »pornographisch und unmoralisch« bezeichneten Passagen keiner von ihnen zugeordnet werden.

Zu einem endgültigen Urteil kommt es nicht mehr. Denn am 25. April 1974 stürzt der Movimento das Forças Armadas (MFA), die »Bewegung der Streitkräfte«, in einer Revolution das diktatorische Regime Caetanos. Da der Putsch nahezu unblutig vonstattengeht – es ist von vier Toten die Rede –, stecken die Menschen den Soldaten der MFA später bei einem großen Volksfest Nelken in die Gewehrläufe. Der Staatsstreich geht als »Nelkenrevolution« in die Geschichte ein.

Mit dem Umsturz wird das Zensurgesetz aufgehoben,

und so wird der Prozess gegen die drei Marias am 7. Mai 1974 beendet. Die Frauen kommen frei, ihr Buch steht fortan wieder in den Regalen der Buchhandlungen – und wird ein großer internationaler Erfolg. Die deutsche Übersetzung erscheint 1976. Schnell ist die erste Auflage vergriffen. In Portugal erscheinen 1974 und 1980 die zweite und die dritte Auflage. Dann folgen dort allerdings Jahre, in denen Frauen in den Buchhandlungen vergeblich nach den *Neuen portugiesischen Briefen* verlangen. Die Verleger sind sich der fortdauernden Aktualität des Buches wohl nicht bewusst. Erst 1998 wird das Werk neu aufgelegt und so für die Frauen der nächsten Generation wieder zugänglich.

Zu dieser Zeit gehen die drei Marias längst getrennte Wege; es kommt zu keiner weiteren Zusammenarbeit mehr. Schon bald stuft die eine Maria die *Neuen portugiesischen Briefe* öffentlich als feministische Kampfschrift ein, für die andere ist es ein Hohelied auf die körperliche Liebe, die dritte sieht es vor allem als ein politisches Werk. Alle drei bleiben aber dem Schreiben verbunden.

Maria Velho da Costa wird 1979 stellvertretende Staatssekretärin für Kultur. Im Jahr darauf geht sie nach England, wo sie bis 1987 als Portugiesischlektorin im King's College der Londoner Universität arbeitet. 1988 folgt sie einem Ruf als Kulturreferentin der portugiesischen Botschaft auf die Kapverden. Auch wenn sie beruflich viel unterwegs ist, verliert sie das Privatleben nicht aus den Augen. Im Dezember 1994 wird ihr Enkel Alfonso geboren, und sie kümmert sich regelmäßig um den Kleinen. Für ihre Veröffentlichungen, Romane wie Kurzgeschichten, darunter *Missa in Albis* oder *Dores*, wird Velho da

230

Costa 1997 mit dem Literaturpreis Vergílio Ferreira der Universität Évora ausgezeichnet. 2002 erhält sie die renommierte Camões-Auszeichnung, benannt nach dem bedeutenden portugiesischen Schriftsteller Luís de Camões. Ihr Buch Corpo Verde ist unter dem Titel *Corpo Verde – Körper, Grün* auch auf Deutsch erschienen. Lange arbeitete sie danach am Instituto Camões in Lissabon, einer Institution, die sich der Förderung der portugiesischen Sprache und Kultur widmet.

Maria Isabel Barreno ist von 1990 bis 1993 Chefredakteurin der portugiesischen Ausgabe der Frauenzeitschrift *Marie Claire,* danach schreibt sie zahlreiche Drehbücher für Film und Fernsehen und wird vielfach ausgezeichnet, darunter 1994 mit dem Preis des portugiesischen PEN-Clubs. Eine Reihe ihrer Bücher – *O diamante roubado (Der gestohlene Diamant), O Círculo Virtuoso (Der Tugendkreis)* und *O Senhor das Ilhas (Herr der Inseln)* – wird auch ins Deutsche übersetzt, und im März 2005 ist sie auf einer Lesereise zu Gast in verschiedenen deutschen Städten. Neben dem Schreiben entdeckt sie ihre Liebe zum Zeichnen und zeigt ihre Werke in mehreren Ausstellungen. Auch sie hat zwei Enkelkinder. Das Familienglück wird jedoch überschattet vom Tod ihres Sohnes im Jahr 2002.

Maria Teresa Horta schreibt nach wie vor Gedichte und hat zahlreiche Werke veröffentlicht wie *Ema, A Paixão Segundo Constança H.* oder *A Mãe na Literatura Portuguesa,* in denen sie immer wieder die Bejahung des weiblichen Körpers und der weiblichen Lust aufgreift. Ihre Ehe mit Luis de Barros hat bis heute gehalten, und ihr Sohn Jorge Luis hat sie mit seiner Frau Maria Antonia inzwischen zur zweifachen Großmutter gemacht.

Jede der drei Frauen ist auf ihre Art erfolgreich und arbeitet noch immer als Schriftstellerin. Alle drei leben in Lissabon. Und auch wenn sie sich später nicht mehr zusammengesetzt haben – in den Wochen und Monaten, in denen sie sich im Jahr 1971 regelmäßig trafen, haben die drei Marias einen Klassiker der feministischen Literatur geschaffen.

# »Manchmal sehe ich Licht am Ende des Tunnels«

*Monira Rahman
betreut in Bangladesch die Opfer
von Säureattentaten*

*Verschmähte Liebe, ein abgelehnter Heiratsantrag, Strei-
tigkeiten über die Mitgift oder die schlichte Tatsache, dass
ein Neugeborenes weiblich ist: In Bangladesch nehmen
viele Männer das zum Anlass, ihrem Opfer Säure ins Gesicht zu schütten oder es zu zwingen, die ätzende Flüssigkeit zu trinken. Zwei Drittel der Betroffenen sind Frauen,
darunter zahlreiche Mädchen und sogar Babys. Die Säure zerfrisst ihre Haut und entstellt die Opfer für ihr Leben. Die Täter werden nur selten belangt. Neun von zehn
Säureattentätern kommen nicht vor Gericht. Monira
Rahman will sich damit nicht abfinden.*

Es ist sieben Uhr morgens in Dhaka, der Hauptstadt
von Bangladesch: Die Millionenmetropole erwacht,
hier und da streunen Hunde durch die Straßen und suchen unter Abfällen nach Fressbarem. Aus vielen Häusern ist Kindergeschrei zu hören, vermischt mit den
Stimmen von Männern und Frauen. Es ist die Zeit, zu der
Monira Rahman jeden Tag die Wohnung verlässt, ihre
beiden Söhne Rayan und Navid, sechs und elf Jahre alt,
zur Schule bringt und schnellen Schrittes zur Arbeit geht.
Sie weiß, dass sie schon erwartet wird, und auf dem Weg
erinnert sie sich häufig daran, wie alles begann.

1997 war es, als Monira Rahman an einem Kongress
zum Thema Kinderrechte in Dhaka teilnahm. Vor ihr
standen zwei junge Frauen, die eine sechzehn Jahre, die
andere siebzehn Jahre alt.

Die beiden Freundinnen waren völlig entstellt, von ihrem Anlitz war fast nichts mehr zu erkennen. Bei beiden
war eine Gesichtshälfte wie weggeschmolzen, völlig ver-

zerrt, ohne Konturen. Das Auge war auf die Höhe der Nase gesunken, und wo man die Nase vermuten würde, klaffte nur noch ein schwarzes Loch; der Mund war eine fleischfarbene Öffnung. Die übriggebliebene Haut war so stark vernarbt, dass das Gesicht einer starren Maske glich. Die zerstörten Gesichter waren das schreckliche Ende einer verschmähten Liebe: Eines der Mädchen hatte den Heiratsantrag eines Verehrers abgelehnt, woraufhin ihr dieser ein Glas Säure ins Gesicht schüttete. Er nahm ihr die Schönheit, kein anderer Mann sollte sie begehren oder besitzen. Das andere Mädchen wollte die Freundin schützen und ging dazwischen. So traf die ätzende Flüssigkeit auch sie.

»Als ich die Mädchen sah, war ich im ersten Moment erschrocken und entsetzt«, erzählt Monira Rahman. »Doch dann unterhielt ich mich mit den beiden, wie es ihnen ging, wie sie sich fühlten, und als die zwei anfingen zu erzählen, war ich völlig erstaunt. Sie klagten nicht über ihre Situation, sondern waren stark. Sie erzählten, sie hätten Hoffnung, und es gäbe Frauenorganisationen, die sich für sie einsetzten.«

Monira Rahman arbeitet zu diesem Zeitpunkt in Dhaka als Sozialarbeiterin für die irische Hilfsorganisation Concern Worldwide. Sie kümmert sich um die Ausgestoßenen der Gesellschaft, um Straßenkinder, Prostituierte, Häftlinge und Obdachlose. Mit Menschen zu tun zu haben, von denen die anderen nichts wissen wollen, ist für die damals Einunddreißigjährige mehr als nur ein Beruf. Es ist das Resultat ihrer Erfahrungen, denn Monira Rahman kennt die Ungerechtigkeiten, die das Leben in ihrem Land bereithält.

Im Februar 1965 kommt Monira Rahman in der Stadt Jessore in der Nähe der indischen Grenze zur Welt. Bangladesch gehört in dieser Zeit noch zu Pakistan und bildet dessen östlichen Teil, der durch Indien vom Mutterland getrennt ist. Rahmans Familie ist wie die Mehrheit der Bevölkerung muslimisch. Der Vater arbeitet als Geschäftsmann, die Mutter ist Hausfrau.

»Ich habe meine Mutter immer bewundert. Obwohl sie erst fünfzehn war, als sie meinen Vater heiratete, wurde ihr nie etwas zu viel. Nie hat sie geklagt«, erzählt Monira Rahman.

Die ersten Jahre ihrer Kindheit, in der sie mit drei Schwestern und drei Brüdern aufwächst, beschreibt Rahman als »sehr glücklich«. Auch als 1970 ein Zyklon über das Land fegt und fast eine halbe Million Menschen sterben, hat die Familie großes Glück und bleibt von dem Wirbelsturm verschont.

In den sechziger Jahren verstärken sich die politischen Spannungen zwischen West- und Ostpakistan. Der Ostteil fühlt sich militärisch und bei der Versorgung in Notsituationen vom größeren Westteil vernachlässigt. Als die Awami-Liga, die nach Unabhängigkeit für Ostpakistan strebt, 1970 die Wahlen im Ostteil und damit auch die Mehrheit im gesamtpakistanischen Parlament gewinnt, wird der Partei die ihr zustehende politische Macht verweigert. Die Regierung unter Präsident Muhammad Yahya Khan unterdrückt die separatistischen Bestrebungen des Ostteils mit militärischer Gewalt. Es kommt zum Krieg zwischen West- und Ostpakistan. Rund dreihunderttausend Menschen werden in den Auseinandersetzungen getötet, mehrere Millionen fliehen nach Indien, das schließlich im Dezember 1971 in den Krieg eingreift und Ostpakistan als »Bangladesch« zur Unabhängigkeit verhilft.

In den Konflikten haben westpakistanische Soldaten viele Gebäude und Wohnhäuser niedergebrannt, auch das Elternhaus von Monira Rahman; die Familie musste flüchten. Sie fand zunächst bei einer befreundeten Familie auf dem Land Unterschlupf und konnte dort ein paar Wochen wohnen. Weil aber der Vater schwer an Cholera erkrankt war, zogen sie im Frühjahr 1971 zu Moniras Großmutter und blieben dort bis zum Ende des Krieges im Dezember. In diesen Monaten stirbt der Vater, Monira und ihre Geschwister werden zu Halbwaisen.

»Meine Mutter war erst zweiundvierzig. Sie hatte keine Ausbildung, sie war ihr ganzes Leben über eine einfache Hausfrau gewesen. Plötzlich stand sie allein da und wusste erst nicht, wie es weitergehen soll«, erzählt Monira Rahman.

Die Mutter zieht mit den Kindern nach Dhaka. Rahmans ältester Bruder, der während des Krieges als Soldat gekämpft hat, stößt wieder zu ihnen. »Mit seinen achtundzwanzig Jahren war er der Älteste von uns Kindern. Er machte sich in Dhaka mit einer kleinen Weberei selbständig und verdiente so das Geld für uns.«

Nach dem Besuch der Highschool beginnt Monira Rahman an der Universität von Dhaka ein Philosophiestudium. »Eigentlich hätte ich lieber Medizin studiert, weil ich schon damals überlegte, wie ich anderen Menschen helfen kann. Doch für dieses Fach habe ich keinen Studienplatz mehr bekommen.«

Ihr Studium fällt in die Zeit des Regimes von General Hussein Mohammed Ershad, der sich – nach einem unblutigen Militärputsch 1982 – Ende 1983 selbst zum Staatschef ernannt hat und eine autoritäre Politik verfolgt. Regierungsgegner werden zum Teil auf offener Straße erschossen, oder sie landen im Gefängnis, wo sie gefoltert werden.

Im Lauf der Jahre ist die Opposition stetig gewachsen, und bei den Parlamentswahlen 1988 ruft sie dazu auf, die Wahlen zu boykottieren – mit durchschlagendem Erfolg: Die Wahlbeteiligung liegt nur bei 1 bis 3 Prozent. Auch Monira Rahman protestiert gegen das Regime. Sie und ihre Mitstudenten scheuen keine Konflikte: Selbst wenn sie bei Demonstrationen einem ganzen Trupp mit Gummiknüppeln bewaffneter Polizisten gegenüberstehen, erhebt Monira Rahman laut ihre Stimme.

Die Studentenproteste führen letzten Endes zu einer so breiten Widerstandsbewegung, dass General Ershad im Dezember 1990 von einem Volksaufstand gestürzt wird. Bangladesch kehrt zur parlamentarischen Demokratie zurück.

»Bereits während des Studiums habe ich mich stark in verschiedenen sozialen Bewegungen engagiert. Vor allem ging es mir um die Rechte von Frauen, um bessere Bildungsmöglichkeiten und Studienbedingungen«, sagt Monira Rahman. Als sie 1992 ihr Studium mit dem Master beendet, beschließt sie, den Kampf für Gerechtigkeit zu ihrem Beruf zu machen, und beginnt für Concern Worldwide zu arbeiten. Die humanitäre Organisation versucht in rund dreißig Ländern der Erde den armen und von der Gesellschaft ausgegrenzten Menschen zu helfen. Die Niederlassung in Dhaka trägt den Namen »Concern Bangladesh«.

Monira Rahman ist für die Probleme der Obdachlosen zuständig. Es gelingt ihr, mit Vertretern der Stadt über die menschenunwürdigen Zustände in öffentlichen Unterkünften zu sprechen, wo Straßenkinder, Obdachlose und Prostituierte zwangsweise unter einem Dach leben. Mit ihrem Elan und ihrer Durchsetzungskraft kann sie die Vertreter der Gemeinde davon überzeugen, ihre Arbeit zu unterstützen: Für Concern Bangladesh und die Stadt entwickelt sie ein Konzept, wie in den Notunterkünften die Einhaltung der Menschenrechte garantiert werden kann. Zeitungen und Radiosender berichten über Rahmans Projekt. Bei einem der vielen Interviews lernt sie den Journalisten Nasir kennen. Die beiden werden ein Paar und heiraten 1996.

»Dass ich im Beruf so einen starken Willen zeige und mich für andere Menschen und gegen Ungerechtigkeiten einsetze, liegt an meiner Mutter. Ich habe ihr viel zu verdanken«, erzählt Monira Rahman. »Sie hat uns Kinder, gerade uns vier Mädchen, zu selbstbewussten Menschen erzogen. Sie hat uns mit auf den Weg gegeben, dass es als Frau wichtig ist, unabhängig zu sein. Von ihr weiß ich, dass das Leben zwar ein Kampf ist, dass es dafür aber einen Sinn gibt.«

Diesen Sinn erahnt Monira Rahman, als sie 1997 mit den beiden entstellten Mädchen spricht, deren Gesichter sie nicht mehr vergessen kann. Tief beeindruckt von dem Lebenswillen der zwei Freundinnen stürzt sie sich in die Recherche und erfährt, dass es für die Opfer von Säureattentaten kaum schnelle Hilfe gibt. Besonders auf dem Land sind die Ärzte mit der Behandlung überfordert und waschen den Betroffenen häufig nicht einmal die Säure vom Gesicht. Zwei Drittel der Geschädigten sind junge Mädchen und Frauen. Ein Drittel sind Männer, die meisten von ihnen wollten ihre Schwester, Cousine oder

Tochter schützen und wurden dabei selbst von der Säure getroffen.

Gerade die jungen Betroffenen, die von ihren Familien oft verstoßen werden, wissen meist nicht, an wen sie sich nach einem solchen Angriff wenden können. In die Schule können Kinder und Jugendliche nach einem Anschlag ebenfalls nicht mehr gehen, denn die Schulleiter sträuben sich aus Scham dagegen, und auch die Mitschüler wollen mit ihnen häufig nichts zu tun haben. Hier muss dringend etwas geschehen, beschließt Monira Rahman. Sie will gegen Säureübergriffe angehen und insbesondere Mädchen und Frauen eine Lobby geben und ihnen Mut machen.

Im Rahmen ihrer Arbeit bei Concern Worldwide hat sie den irischen Chirurgen John Morrison kennengelernt; zu ihm nimmt sie jetzt Kontakt auf. »Ich wusste, dass er sich bereits mit dem Thema beschäftigt und einige Überlebende von Säureattentaten untersucht hatte.« Die zwei kommen ins Gespräch, und Morrison sagt, er brauche dringend jemanden, der ihn in seinem Anliegen, mehr für die Opfer zu tun, unterstützt. »Es passte perfekt«, sagt Rahman. »Wir hatten die gleichen Interessen.«

Für ihr Projekt brauchen die beiden jedoch Startkapital. Deshalb ziehen sie in den nächsten Monaten von Einrichtung zu Einrichtung, erklären den Organisationen ihr Vorhaben und bitten um Unterstützung.

Die größte Resonanz bekommen sie von der Canadian International Development Agency (CIDA), einer Initiative, die Projekte vor allem in Entwicklungsländern unterstützt. CIDA sichert Monira Rahman und John Morrison die Finanzierung eines Büro und einiger medizinischer Geräte zu. Auch Unicef Bangladesch greift ihnen in der Anfangsphase unter die Arme. Zudem sammeln sie

Spenden für Medizin, für Nahrungsmittel oder für die Behandlungskosten im Medical College Hospital in Dhaka. Als die wichtigsten Vorbereitungen abgeschlossen sind, gründen Rahman und Morrison im Frühjahr 1999 gemeinsam die Acid Survivors Foundation (ASF), die weltweit erste Stiftung für Überlebende von Säureattentaten.

»Das erste Jahr war sehr hart und anstrengend für mich«, sagt Rahman. »Ich konnte nachts nicht schlafen, und wenn es mir doch einmal gelang, hatte ich Albträume. Ich sah die durch Säure verstümmelten Gesichter der Mädchen und jungen Frauen vor mir. Ich befürchtete auch, selbst Opfer eines Attentats zu werden. Daher trug ich stets eine Flasche Wasser bei mir.« Damit hätte sie sich notfalls rasch die ätzende Flüssigkeit abwaschen können, wodurch sich zumindest die Schwere der Verletzungen bei solchen Attentaten einschränken lässt.

»Ich versuchte mich zu beruhigen, doch sobald ich die Straße betrat und irgendwohin gehen musste, sah ich mich panisch um, ob mich jemand verfolgt. Erst nach und nach wurde ich innerlich ruhiger. Ich wusste, dass ich stark sein muss, um für die Opfer kämpfen zu können.«

Keine Minute zweifelt sie an dem Sinn ihres Projekts. In ihrem Land bekennen sich fast 90 Prozent der Bevölkerung zum Islam, der Staatsreligion. Sie folgen dem Koran, der in Sure 4,34 dem Ehemann ein Erziehungsrecht der Frau zugesteht. So heißt es: »Und wenn ihr fürchtet, dass Frauen sich auflehnen, dann ermahnt sie, meidet sie im Ehebett und schlagt sie!« Viele muslimische Männer sehen Frauen als ihr Eigentum an und werden gewalttätig, wenn die Frau sich ihnen widersetzt. Über 60 Prozent der Frauen in Bangladesch geben an, zu Hause Gewalt zu erfahren. Und 60 Prozent der Männer halten diese Gewalt für gerechtfertigt.

Wie häufig diese Gewalt in Form eines Säureübergriffs erfolgt, darüber gibt es vor der Gründung der Stiftung 1998 keine genauen Zahlen und Statistiken: »Der Polizei wurden hin und wieder Gewalttaten gegen Frauen und Kinder gemeldet, doch von Säureattentaten im Speziellen war nie die Rede. Wir haben nachgeforscht, haben einzelne Betroffene besucht und stellten so erste Zahlen zusammen.« Rahmans Recherchen zufolge sind es mindestens hundert Säureopfer im Jahr – hundert zu viel. Und da viele Frauen und Mädchen nach einem Anschlag hinter verschlossenen Türen dahinvegetieren, wie Aussätzige abgeschottet von der Gesellschaft, und sich zahlreiche Opfer aus Verzweiflung das Leben nehmen, geht Rahman von einer hohen Dunkelziffer aus: Sie rechnet mit der dreifachen, fast vierfachen Zahl an Opfern.

Um das tatsächliche Ausmaß überblicken zu können, beginnt sie, jeden Vorfall zu dokumentieren, der ihr zu Ohren kommt. Im Jahr 2000 notiert sie zweihundertvierunddreißig Opfer, im Jahr darauf dreihundertneunundvierzig und 2002 sogar vierhundertneunzig. Drei Viertel der Betroffenen sind Frauen, ihr Durchschnittsalter liegt bei einundzwanzig Jahren. »Doch ein Durchschnittsalter verfälscht fast das Bild, statt die Grausamkeiten widerzuspiegeln«, erklärt Rahman und berichtet von der gerade einmal sieben Monate alten Bably. Der eigene Vater flößte seinem Kind Säure ein, weil er eine Tochter nicht für lebenswert hielt und nicht großziehen wollte. Das Kind starb nur wenige Tage nach der Vergiftung.

»Der Vater hat es dafür ›büßen‹ lassen, dass es mit dem falschen Geschlecht geboren wurde. Ich weiß, das klingt unvorstellbar, aber leider ist es die traurige Wahrheit. In Bangladesch herrschen sehr patriarchale Strukturen. Das Leben vieler Mädchen und Frauen liegt in den Händen der Männer, die ihnen kein eigenständiges, unabhängiges Dasein zugestehen, sondern sie permanent kontrollieren wollen. Die Männer sehen sich als Machthaber über die Frauen.« Eines der Mittel, mit denen ein Mann einer Frau zeigt, wer das Sagen hat, ist Säure.

Auslöser ist bei den meisten Attentaten die gekränkte Ehre – die Ohnmacht, einen Besitzanspruch auf die Frau nicht durchsetzen zu können. Doch es kommt auch vor, dass eine Frau ihrer Schwiegertochter Säure in den Mund schüttet, weil diese den Nachbarn von den unwürdigen Zuständen im Haus der Familie erzählt hat. Oder dass ein Vater seine sechzehnjährige Tochter mit Säure übergießt, damit die entstellte Tochter keinen Mann findet und der Vater nicht die Mitgift zahlen muss, die die Familie finanziell ruinieren würde.

Bei der Flüssigkeit handelt es sich meist um Salpetersäure oder konzentrierte Schwefelsäure, wie sie zum Beispiel in Autobatterien verwendet wird. Eine kleine Flasche kostet nicht mehr als zehn Taka, umgerechnet etwa zwölf Cent. Seit 2002 gibt es zwar ein Gesetz zur Kontrolle des Verkaufs von Säure – ein Verdienst von Rahmans Stiftung für Säureopfer –, in der Praxis halten sich aber nur wenige Ladenbesitzer daran. Und so hindert keiner den Vater oder den abgewiesenen Verehrer, sein grausames Vorhaben in die Tat umzusetzen.

»Das Gesetz ist gut, doch es ist ein großes Problem, dass Säure in den verschiedensten Industriebereichen, beim Goldschmied, beim Hufschmied oder in der Lederindustrie, verwendet wird. Wenn ein Mann meint, von einer Frau gedemütigt worden zu sein, und sich an ihr rächen will, findet er leider bei anderen Männern schnell Bestätigung und Unterstützung. Irgendeiner hat an seinem Arbeitsplatz dann schon Zugriff auf Säure und kann sie dem späteren Attentäter problemlos besorgen.«

Anfangs wurden die Opfer von Säureattentaten im Medical College Hospital behandelt, doch im Lauf der Jahre und dank zahlreicher Spenden konnte die Organisation ein eigenes Gebäude anmieten, wo die Säureopfer nun Hilfe erhalten. »Wir haben eine Krankenabteilung mit zwanzig Betten im Haus, die wir ›Jibon Tara‹ nennen, sowie das Rehabilitationszentrum ›Thikana‹ mit ebenfalls zwanzig Betten. Natürlich leisten wir auch psychologische Betreuung und klären die Opfer über ihre Rechte auf. Wir sind damit die einzige Einrichtung in Bangladesch, die die Opfer ganzheitlich und über den kompletten Weg der Heilung betreut.«

Regelmäßig kommen Chirurgen aus der ganzen Welt in die Krankenstation der Stiftung, um den örtlichen Kollegen die neuesten Methoden und Möglichkeiten in der plastischen und rekonstruktiven Medizin zu zeigen. »Nicht wenige unserer Säureopfer müssen in fünf Jahren zwanzigmal operiert werden«, sagt Monira Rahman. »Für die Patienten sind alle Behandlungen und der Aufenthalt kostenfrei. In einem anderen Krankenhaus in Dhaka, das sich allerdings nur um die Erstversorgung von Säureopfern kümmert, müssen die Hilfesuchenden für die Behandlung bezahlen.«

Rahman ist dankbar, dass andere Krankenhäuser sie überhaupt in ihrem Anliegen unterstützen. Durch zahlreiche Gespräche und Aufklärungskampagnen hat sie erreicht, dass Säureopfer in Dhaka mittlerweile innerhalb von vierundzwanzig Stunden in einer Klinik versorgt werden können. »Ja, ich bin auch stolz auf mich, auf das, was ich geleistet habe. Aber ich bin vor allem stolz auf mein Team«, sagt sie.

Seit 2002 ist sie Geschäftsführerin der Stiftung, sie hat die Arbeit bei Concern Bangladesh aufgegeben, um ganz für die Opfer von Säureattentaten da zu sein. »Zu Beginn gab es nur John Morrison und mich. Heute besteht das Team aus etwa siebzig Mitarbeitern. Sicher, die Arbeit ist anstrengend und stressig, und das Erlebte kann psychisch stark belasten. Daher reden wir viel, tauschen uns aus und helfen einander. Für mich und die anderen ist das hier mehr als nur ein Job, es ist eine Lebensaufgabe.«

Der Erfolg dieses großen Engagements spiegelt sich auch in den Zahlen wider. 2003 notierte Rahman in ihrer Statistik vierhundertelf Opfer, in den Jahren danach dreihundertfünfundzwanzig, zweihundertzweiundsiebzig, zweihunderteinundzwanzig und 2007 sogar nur noch hundertdreiundneunzig Opfer. Legte ihr die Regierung anfangs Steine in den Weg, weil sie befürchtete, Rahman schade mit ihrer Arbeit dem Ansehen Bangladeschs und zeichne das Bild eines Landes, das seinen Frauen keine Rechte zugesteht, hat sie sich mittlerweile zur Zusammenarbeit bereit erklärt. Monira Rahman hat sogar erreicht, dass ein Gesetz erlassen wurde, der »Acid Crime Control Act«, mit dem Säureattentate unter Strafe gestellt werden.

»Die Arbeit für das Gesetz begann im November und Dezember 2001. Wir veranstalteten in verschiedenen Städten in ganz Bangladesch spezielle Workshops und Seminare für Vertreter der Polizei, für Politiker und Mitarbeiter humanitärer Organisationen«, erklärt Monira

Rahman. »Wir brachten alle an einen Tisch, erzählten aus unserem Arbeitsalltag, über die Opfer und darüber, dass sie schlechte Zukunftsaussichten haben, während die Täter zumeist weiterleben, als sei nichts geschehen.« Bei jeder Veranstaltung versucht sie den Anwesenden zu verdeutlichen, wie notwendig eine spezielle Rechtsregelung ist, mit der Säureattentate sanktioniert und die Opfer dieser Übergriffe geschützt werden. Doch trotz Rahmans Werben für eine gesetzliche Regelung rührt sich die Regierung anfangs nicht. Sie lässt sich Zeit. Zu viel Zeit, findet Rahman und organisiert am 8. März 2002, dem internationalen Frauentag, eine Demonstration in der Innenstadt von Dhaka. Neben vielen Frauen gehen auch mehrere tausend Männer auf die Straße, die meisten von ihnen sind jung und gebildet, es sind Studenten, Schauspieler, Prominente. Lautstark verkünden sie ihren Abscheu gegenüber Säureattentaten und fordern die Regierung zum Handeln auf.

»Diese Demonstration war sehr wichtig für uns. Sie übte Druck auf die Politiker aus. Nur wenige Tage danach luden uns Mitarbeiter des Justizministeriums ein. In enger Zusammenarbeit haben wir das Gesetz ausgearbeitet, das seit dem 17. März 2002 gilt und wonach den Tätern sogar die Todesstrafe droht.«

Mit ihren Erfolgen ist Monira Rahman über die Landesgrenzen von Bangladesch hinaus zu einem Vorbild geworden. So gibt es bereits in Uganda und Kambodscha, zwei Ländern, in denen Säureattentate ebenfalls zum Alltag gehören, ganz ähnliche Projekte. Auch in Pakistan und Indien sind Einrichtungen für Säureopfer in Vorbereitung.

Vieles hat sich zum Positiven gewendet. Die Gesichter

der Opfer aber gleichen noch immer denen der beiden jungen Mädchen, denen Monira Rahman 1997 begegnet ist. In Sekundenbruchteilen brennt die Säure die Haut weg, als würde sie schmelzen, und in vielen Fällen greift sie sogar die darunterliegenden Knochen an.

Monira Rahman ist sich im Klaren darüber, dass trotz der Erfolge noch ein großes Stück Arbeit vor ihr liegt. Wenn sie durch die Krankenstation geht, streicht sie sanft über vernarbte Wangen, streichelt über in Verbände eingepackte Köpfe, flüstert denen, die sie nicht sehen können und ihr Leben lang blind bleiben werden, liebevolle Worte ins Ohr und schreibt anderen, die durch die Säure taub wurden, eine Nachricht auf ein Blatt Papier. Sie gibt ihnen das Gefühl zurück, wertvoll und wichtig zu sein. Die Opfer spüren, dass da jemand ist, der sie nicht aufgibt.

Mit der Stiftung ermöglicht Rahman ihnen nicht nur, plastische Operationen und psychologischen Beistand zu bekommen, sie will ihnen auch die Basis für eine eigenständige Zukunft schaffen. »Einige der Opfer versuchen wir bei uns in der Stiftung beruflich zu integrieren. Von den insgesamt siebzig Mitarbeitern sind derzeit zwanzig ehemals Betroffene, also Überlebende eines Säureattentats. Sie arbeiten bei uns in den verschiedensten Positionen. Weitere fünfzehn befinden sich in der Ausbildung. Wir wollen die jungen Opfer nach der Behandlung gezielt auf einen möglichen Berufsalltag vorbereiten.« In einer Schneiderwerkstatt beispielsweise werden Mädchen und Frauen ausgebildet, damit sie später einen Beruf ausüben und finanziell unabhängig sein können. Dank der großen Erfolge von Rahmans Organisation und der wachsenden Anerkennung seitens der Regierung öffnen sich immer mehr Firmen und Unternehmen für eine Zusammenarbeit, so dass immer mehr betroffene Frauen als Arbeitskräfte vermittelt werden können.

Mädchen und Frauen, die sich stark genug fühlen, einen Prozess durchzustehen, begleitet Rahman auch vor Gericht. Allerdings werden die wenigsten Täter tatsächlich angeklagt, über 90 Prozent einigen sich außergerichtlich mit der Familie des Opfers, nicht selten verhindern auch korrupte Polizisten und Richter einen Prozess. »In diesem Punkt geht unsere Arbeit leider nur sehr schleppend voran. Bevor es uns gab, kamen lediglich 3 bis 4 Prozent der Täter vor Gericht. Heute sind es immerhin 10 bis 12 Prozent.«

Eine, die den Mut hatte, mit Monira Rahman vor Gericht zu gehen, ist Asma Akter. Das Mädchen war gerade dreizehn Jahre alt, als ihm ein Nachbarsjunge ein Glas mit Säure ins Gesicht schüttete. Der Grund: Asma und ihre Familie hatten seinen Heiratsantrag abgelehnt. Schockiert von dem Säureattentat, wollte ihr Vater rechtlich gegen den Täter vorgehen. Die Acid Survivors Foundation vermittelte ihm den Kontakt zu einer Rechtshilfeorganisation und stellte die Krankenhausberichte als Beweismaterial zur Verfügung.

Durch das Netzwerk der Stiftung konnten plastische Chirurgen einen Teil von Asmas Gesicht retten. Sie leisteten beste Arbeit, trotzdem ist die linke Gesichtshälfte heute vernarbt; wo ihr linkes Auge saß, ist nur noch eine unförmige Hautfläche. Doch die junge Frau versteckt sich nicht. Sie zeigt ihr Gesicht und sagt: »Schmerzen habe ich keine mehr.« Dank Monira Rahman ist sie stark, und strahlt diese Stärke auch aus; sogar einen Ehemann hat sie gefunden. Sie will Lehrerin werden.

Ihr Peiniger von einst wurde nach einem dreijährigen

Rechtsstreit zu dreiunddreißig Jahren Haft verurteilt. »Der Mann sitzt tatsächlich im Gefängnis«, erklärt Monira Rahman, und auch das ist ein Erfolg ihrer Arbeit. Denn häufig werden in islamischen Ländern Urteile nur ausgesprochen, aber wegen der Privilegien, die die Scharia den Männern zugesteht, gar nicht oder nur teilweise vollstreckt. »Wenn ich junge Frauen wie Asma sehe«, sagt Monira Rahman, »gibt mir das Kraft und Hoffnung. Es ist wirklich wie ein Licht am Ende des Tunnels.«

Amnesty International ehrt Monira Rahman 2006 für ihr großes Engagement mit dem Menschenrechtspreis. Eine Auszeichnung, über die sie sich sehr freut, denn sie weiß, dass sie Aufmerksamkeit wecken und Bewusstsein schaffen muss, damit die Säureattentate vielleicht einmal aufhören. Anlässlich der Verleihung des Menschenrechtspreises sagt Rahman: »Bis heute habe ich keine Antwort darauf, warum ein Mensch einem anderen Menschen so etwas antut, ihn mit Säure angreift und damit sein Leben zerstört. Säureattentate sind eine schwere Menschenrechtsverletzung, und dagegen will und werde ich weiter kämpfen.«

Sie hat ein großes Netzwerk von Unterstützern geschaffen, die Regierung ist mittlerweile auf ihrer Seite, ebenso zahlreiche Prominente. Und Monira Rahman weiß, wie sie weiter vorgehen muss: Es ist das traditionelle Rollenbild, an dem sie rüttelt. »Wir arbeiten an Universitäten, gemeinsam mit Prominenten und der Regierung. Wir wollen gerade junge Männer aufklären. Es ist wirklich ein Auf und Ab. Mal haben das Team und ich gute Tage, wenn wir zum Beispiel hören, dass ein Opfer Anzeige erstattet hat oder ein Attentäter tatsächlich verurteilt wurde. Manchmal aber haben wir auch schlechte

Tage, wenn wir zum Beispiel ein zwei Jahre altes Baby gemeinsam mit der Mutter eingeliefert bekommen.« Die Mutter hielt ihr Kind auf dem Arm, als der Täter sie mit Säure übergoss. Das Kind schwebte lange in Lebensgefahr, konnte aber zum Glück genauso wie seine Mutter gerettet werden.

Für Monira Rahmans Arbeitstage gibt es kein wirkliches Ende. Häufig kümmert sich ab dem späten Nachmittag ihr Ehemann Nasir um die beiden Söhne, weil sie noch kurz zu einer Besprechung muss. Doch wer sich mit Monira Rahman unterhält und hört, wie sie über neue Kampagnen und Pläne spricht, wie sie die mehr als zweitausend Opfer erwähnt, denen sie in den vergangenen Jahren helfen konnte, der weiß, dass sie die Arbeit gern auf sich nimmt und überzeugt ist, dass sie ihr großes Ziel sicher erreichen wird: »Ab 2015 will ich in meinen Statistiken eine Null sehen.«

# »In Jugendlichen steckt mehr, als manche meinen«

*Kristina Bullert ist Lehrerin in einer ostdeutschen Kleinstadt und bringt ihren Schülern die Zeit des Nationalsozialismus nahe*

*Allein im Jahr 2006 zählt der Verfassungsschutz in Sach-*
*sen-Anhalt tausendzweihundertvierzig Straftaten aus*
*der Rubrik »Politisch motivierte Kriminalität rechts«. In*
*keinem anderen Bundesland schlagen Rechtsextreme im*
*Verhältnis zur Bevölkerungszahl häufiger zu. Das sind*
*traurige Fakten, aber traurig ist auch, dass sich durch sol-*
*che Nachrichten Vorurteile verfestigen. Denn natürlich*
*sind beileibe nicht alle ostdeutschen Jugendlichen rechts-*
*radikal oder gewalttätig. Wie wichtig es ist, die Jugendli-*
*chen nicht aufzugeben oder pauschal zu verurteilen, zeigt*
*ein Projekt, das die Lehrerin Kristina Bullert mit ihren*
*Schülern realisiert hat.*

Manch einer, der sich dem Wohngebiet »Straße der Jugend« in Schönebeck nähert, könnte den Drang verspüren, auf dem Absatz kehrtzumachen. Das Viertel gilt als das sozial schwächste der Stadt, und die grauen sechsstöckigen Plattenbauten laden nicht gerade zum Wohlfühlen ein. Der Großteil der Bewohner kommt aus dem Ausland, aus den Ländern der ehemaligen Sowjetunion, aus Albanien oder Afghanistan. Fast zwei Drittel von ihnen leben von Hartz IV. Ende der achtziger Jahre baute die DDR-Regierung die Siedlung noch als Wegweiser in eine vermeintlich rosige Zukunft, unterdessen herrscht in zahlreichen Haushalten jedoch Hoffnungslosigkeit. Viele Menschen haben die Stadt verlassen: Zählte Schönebeck kurz vor der Wende über fünfzigtausend Einwohner, sind es heute noch rund dreiunddreißigtausend. »Etliche sind in den Westen gegangen, und jedes Jahr folgen ihnen weitere«, sagt Kristina Bullert.

Sie ist geblieben. Sie ist in Schönebeck geboren, im Januar 1965, hat in Schönebeck ihren Schulabschluss gemacht und in Schönebeck geheiratet. Das kleine Elbstädtchen, gut fünfzehn Kilometer südlich von Magdeburg in Sachsen-Anhalt gelegen, ist ihre Heimat, die sie nicht missen möchte. Sie wohnt mit ihrem Mann und ihren beiden Kindern, zwei Zebrafinken und einem Hasen in einem Mehrfamilienhaus, Tür an Tür mit ihren Eltern.

Kristina Bullert ist Lehrerin. Hunderttausende üben in Deutschland diesen Beruf aus. Und doch unterscheidet sich diese Frau von vielen ihrer Kollegen. Kristina Bullert gehört zu jenen, die immer noch eine Berufung und einen Auftrag in ihrem Beruf sehen. Sie will nicht nur Lehrstoff vermitteln, sondern junge Menschen auf ihre Zukunft vorbereiten, ohne dabei die Vergangenheit außen vor zu lassen.

»Die Schüler sind schon manchmal Chaoten. Wenn sie in einer Tour Kaugummi kauen, sich gegenseitig schubsen und anpöbeln und dabei das eine oder andere unanständige Wort fällt, könnte ich schon mal die Nerven verlieren«, erzählt Kristina Bullert und grinst. Doch so schnell bringt die einen Meter fünfundfünfzig große Frau mit dem Kurzhaarschnitt nichts aus der Ruhe.

Bereits als Kind spielt sie gern Schule und träumt davon, nicht in der Bank, sondern hinter dem Pult zu sitzen. Ihre Eltern, Zahntechnikerin und Lehrlingsausbilder, fördern die Neigungen ihres einzigen Kindes. Kristina geht in den Kindergarten und anschließend, ab dem sechsten Lebensjahr, auf die Polytechnische Oberschule. Wie alle Schüler freut sie sich jeden Sommer auf die Ferien, doch während andere dann gern mit ihren Eltern verreisen, sehnt Kristina Bullert die Tage mit ihrer

Großmutter herbei. Die Oma arbeitet als Schulsekretä-
rin, und Kristina darf mit ihr die Türen zu den leeren
Klassenräumen öffnen und kann in dem Spiel versinken,
eine Lehrerin zu sein.

Mit fünfzehn Jahren lernt sie dann die Frau kennen,
die zu ihrem Vorbild wird. »Da hatte ich eine Klassenleh-
rerin, die war jung, frisch und dynamisch. Sie lud uns
Schüler sogar zu sich nach Hause ein. Mir gefiel ihre Art,
und in diesem Moment hat sich mein Entschluss gefes-
tigt, Lehrerin zu werden«, erzählt Kristina Bullert. Sie
schließt die Polytechnische Oberschule als eine der Besten ab und besucht im Anschluss daran die erweiterte
Oberschule, um die Zugangsberechtigung zur Hochschule zu erlangen.

An der Pädagogischen Hochschule in Magdeburg beginnt sie mit achtzehn Jahren die Fächer Deutsch und
Russisch zu studieren. »Das Studium war mehr Mittel
zum Zweck. Ich bin ein praktischer Mensch. Die Hoch-
schulausbildung fand ich doch sehr theoretisch, 80 Prozent von dem Gelernten kann ich in meinem Berufsleben
heute nicht gebrauchen.« Kristina Bullert wohnt in einem
kleinen Zimmer im Studentenwohnheim, und wenn sie
trotz der lebensfernen Materie ihr Studium durchzieht,
statt zu verzweifeln, dann liegt das einerseits an ihrem Le-
benstraum, Lehrerin zu werden, andererseits aber auch an
einem zwei Jahre älteren Mann namens Mirko. Den lernt
sie auf einer Silvesterparty 1983 in ihrem Heimatort kennen. Eineinhalb Jahre später heiraten die beiden.

Nach Abschluss des Diplom-Lehramtsstudiums teilt
der Kreisschulrat sie 1986 der Dorfschule in Schönebeck-
Elbenau zu, wo sie ihre Studienfächer unterrichten kann.
Ihr Mann Mirko arbeitet als Lokführer.

Zu ihren Schülern findet Bullert schnell einen Draht. Drei Jahre unterrichtet sie fünfte bis zehnte Klassen. Als 1989 die DDR zusammenbricht und viele Menschen um sie herum in den ersten Wochen nach der Wende ganz euphorisch sind, kann Kristina Bullert ihre Gefühle schlecht einordnen. Sie spürt in sich eine Skepsis dem Neuen gegenüber und fragt sich, wie die Zukunft wohl werden wird. Gleichzeitig weiß sie, dass eine Veränderung notwendig war; und schon nach kurzer Zeit empfindet sie die Entwicklung als positiv.

»Die SED hatte ein Idealbild von der Jugend vorgegeben, von wegen ›Kein schlechtes Gedankengut‹ und dass die Jugendlichen unkritisch für ihr Vaterland einstehen würden, aber ich dachte immer nur: So sind die Jugendlichen von heute nicht, so wollen die auch nicht sein«, sagt Kristina Bullert. »Nach der Wende wurde es dann ein wenig mehr so, wie ich es selbst sah. Die Bilder von Pieck, Honecker und Stoph verschwanden von Wänden in den Klassenräumen, stattdessen klebten wir *Bravo*-Poster und Urlaubsbilder der Schüler an die Wände. Wir wollten das Graue vertreiben und gegen etwas Buntes tauschen.«

Schnell kehrt wieder Alltag ein. Kristina Bullert lässt sich zur Englischlehrerin fortbilden, da Russisch nicht mehr Pflichtfach ist. Es ist eine schöne Zeit, in der sich nur ein Wunsch des Paares nicht erfüllt: der nach Kindern. »Die Ärzte konnten keine genauen Ursachen dafür feststellen. Sieben Jahre haben mein Mann und ich es probiert, doch nichts passierte.« Im Januar 1993 stellen Kristina und Mirko einen Adoptionsantrag, und nur sechs Monate später halten sie den eine Woche alten Tilman im Arm.

»Es ging schnell. Manchmal glaube ich, dass das noch Nachwirkungen der Wende waren. Die meisten Menschen hatten einfach andere Sorgen im Kopf, als ein Kind zu adoptieren.« Ein Jahr will sie zu Hause bleiben, um sich ganz um den Sohn zu kümmern. Die Eheleute rechnen nicht damit, dass Kristina Bullert nur sechs Monate später schwanger wird. Auf natürlichem Weg hat es plötzlich doch mit einer Schwangerschaft geklappt. Im September 1994 wird Tochter Lena geboren, und so werden aus einem Jahr Elternzeit gleich zwei. Als sie in den Beruf zurückkehren möchte, gibt es an der Dorfschule keine freien Stellen mehr, und so fängt Kristina Bullert im August 1995 als Deutsch- und Englischlehrerin an der Sekundarschule Maxim Gorki, einer Haupt- und Realschule, an. Wieder unterrichtet sie Schüler der Klassen fünf bis zehn.

»Ich selbst wohne in einem anderen Stadtteil, doch natürlich kannte ich den Bezirk ›Straße der Jugend‹. Ich wusste, dass der Stadtteil ein sozialer Brennpunkt ist, dass er nicht den besten Ruf hat. Doch ich habe es als Herausforderung gesehen.« Kristina Bullert muss feststellen, dass ihre anfänglichen Vorbehalte unbegründet sind, dass es besser ist, sich ein eigenes Bild zu machen, und sie ist froh darüber, mit der neuen Stelle die Möglichkeit dazu zu haben.

Schüler aus fünfzehn Nationen gehen auf die Sekundarschule Maxim Gorki. Die Schüler haben die Wände im Schulgebäude bunt bemalt, im Eingangsbereich wird der Besucher auf kleinen Holzschildern willkommen geheißen, und das gleich in fünfzehn Sprachen. In jeder Ecke stehen Blumen, und im Biologieraum gibt es Vögel, Fische, Kaninchen, Meerschweinchen und Hamster, die von den Schülern betreut werden. Für Kristina Bullert war und ist die Schule eine Oase. »Wieder zu arbeiten tat mir gut. Um eine gute Mutter sein zu können, brauche ich auch die Bestätigung im Beruf.«

Während Kristina Bullert ins Kollegium hineinwächst und im Unterricht immer intensiver mit den Schülern ins Gespräch kommt, häufen sich in Schönebeck und Umgebung die Meldungen von rechtsextremen Übergriffen. Im Februar 2003 überfallen mehr als ein Dutzend rechtsextreme Skinheads vier junge Leute auf dem Schönebecker Marktplatz. Die Opfer erleiden schwere Schädel-Hirn-Verletzungen. Im Januar 2006 gehen im Nachbardorf Pömmelte fünf Jugendliche aus der Neonaziszene auf einen Jungen äthiopischer Abstammung los, treten auf ihn ein, schlagen ihn mit einer Bierflasche und drücken auf seinem Augenlid brennende Zigaretten aus. Der Zwölfjährige lebte in Pömmelte in einem Kinderheim.

Die Taten von Jugendlichen aus der rechten Szene schockieren Kristina Bullert, doch es stört sie auch etwas an der Berichterstattung darüber. »Ich will nicht leugnen, dass es bei uns in Schönebeck rechtsextreme Jugendliche gibt, aber viele Außenstehende stecken ostdeutsche Jugendliche per se in diese Schublade und drücken ihnen nationalsozialistische Tendenzen auf. Genau das ist aber ein großer Fehler, der vielen Mädchen und Jungen die Chance nimmt, zu zeigen, was tatsächlich in ihnen steckt.« Sie würde der Öffentlichkeit gern vor Augen führen, dass es in den neuen Bundesländern auch Jugendliche gibt, die anders sind als jene, die durch Gewalt für Schlagzeilen sorgen und auf die sich die Presse mit Vorliebe stürzt.

Die Möglichkeit dazu bietet sich der engagierten Lehrerin im Mai 2007, als Birgit Herkula bei der Maxim-Gorki-Schule anruft. Die Magdeburger Schriftstellerin ist auf der Suche nach einer Klasse, mit der sie das Jugendprojekt »Zeitensprünge« verwirklichen kann. Der Friedrich-Bödecker-Kreis in Sachsen-Anhalt hat das Projekt ins Leben gerufen: Jugendliche sollen vor Ort die Spuren der Geschichte entdecken, sich so der Vergangenheit ihrer Heimat nähern und diese Eindrücke aufschreiben. Aus dem Material möchte Birgit Herkula ein Buch erstellen. Als inhaltlichen Aufhänger wählt sie eine Bücherverbrennung, die ein Jahr zuvor in der Sechshundert-Seelen-Gemeinde Pretzien, einem beschaulichen Dorf südöstlich von Magdeburg, stattgefunden hat.

Bei einer Sonnwendfeier des »Heimatbundes Ostelbien« im Juni 2006 warfen junge Männer ein Exemplar des *Tagebuchs der Anne Frank* und eine US-Flagge ins Feuer. Über achtzig Teilnehmer, unter ihnen der Dorfbürgermeister, auch er Mitglied im »Heimatbund Ostelbien«, sahen der Aktion zu, ohne einzuschreiten. Erst eine Mitarbeiterin des Ordnungsamts des Landkreises Schönebeck, die als Pretziener Bürgerin ebenfalls bei der Feier war, brach nach dem Vorfall die Veranstaltung ab. Drei Tage danach erstattete jemand anonym Anzeige gegen die jungen Männer. Fünf der sieben angeklagten Rechtsextremen wurden vom Amtsgericht Schönebeck im März 2007 wegen Volksverhetzung und der Verunglimpfung des Andenkens Verstorbener zu jeweils neun Monaten Haft auf Bewährung verurteilt. Zudem mussten die Männer Geldstrafen von dreizehnhundert bis zweitausendzweihundert Euro zahlen.

»Das Thema Nationalsozialismus wird zwar im Unterricht behandelt«, sagt Bullert. »Das Projekt bot aber die Chance, den Schülern, abweichend vom theoretischen Lehrplan, ein Stück der deutschen Geschichte näherzubringen, die aus zu vielen Köpfen bereits verschwunden ist oder nie als Wissen vorhanden war.« Bei einem ersten Gespräch zwischen Herkula und Bullert tauschen sich die beiden über verschiedene mögliche Klassenausflüge zu geschichtsträchtigen Orten und über die dazugehörige Literatur aus.

»Weißt du eigentlich, was da für Arbeit auf dich zukommt?«, meint Ehemann Mirko, als ihm Kristina Bullert von dem Projekt erzählt. Aber Kristina Bullert lässt sich nicht von ihrem Vorhaben abbringen. Vom Friedrich-Bödecker-Kreis erhält sie etwas Geld, einen Fotoapparat und T-Shirts mit dem Aufdruck »Zeitensprünge«. Mit der Klasse recherchiert sie im Internet über die Bücherverbrennung von 1933, sie lesen gemeinsam Texte über den Nationalsozialismus, die Verfolgung der Juden und den Zweiten Weltkrieg.

Am 10. Mai 2007, dem Jahrestag der Bücherverbrennung von 1933, steigt Kristina Bullert mit ihrer 8b schließlich in den Zug und fährt zur Gedenkstätte »Roter Ochse« in Halle an der Saale.

»In den Anfangsjahren der nationalsozialistischen Herrschaft, von 1933 bis 1935, war der Rote Ochse ein Gefängnis. Danach diente das Gebäude als Zuchthaus für politische Gefangene und einige Jahre, von 1942 bis Kriegsende, sogar als Hinrichtungsstätte.« Über fünfhundert Gefangene starben dort vor allem durch das Fallbeil oder den Strick. Nach dem Zweiten Weltkrieg funktionierte das Ministerium für Staatssicherheit das Gebäude für seine Zwecke zur Haftanstalt um. Etwa zehntausend Gefangene, darunter rund tausendfünfhundert Frauen, saßen zu DDR-Zeiten im Roten Ochsen ein.

»Als die Schüler die engen Zellen sahen, kippte die Stimmung. Bis dahin waren die Jugendlichen noch aufgeregt und ausgelassen, das Schicksal der Inhaftierten aber schockierte sie. In allen Gesichtern konnte ich die Betroffenheit sehen«, erzählt Kristina Bullert.

Wenige Tage später unternehmen die achtzehn Schüler mit ihrer Lehrerin eine Fahrradtour zum Schloss Dornburg. Hier hatte 1932 erst die SA eine Sportschule eingerichtet, 1933 folterten SA und SS in den abgelegenen Kellern auf bestialische Weise politische Häftlinge, dann übernahm die Reichswehr die Anlage. In den letzten Monaten des Zweiten Weltkriegs bestand in Dornburg eines der kleinsten Außenlager des Konzentrationslagers Buchenwald.

Als nächste Station steuert die Klasse Weimar an und besichtigt die dortige Gedenkstätte des Konzentrationslagers Buchenwald auf dem Ettersberg. Die Lehrerin berichtet ihren Schülern, dass von 1937 bis 1945 rund zweihundertfünfzigtausend Menschen aus ganz Europa in dem Lager inhaftiert waren, über fünfundfünfzigtausend von ihnen wurden ermordet.

»Ich war schon erstaunt darüber, dass alle Schüler an den Ausflügen teilgenommen haben. Schließlich ging es nicht in irgendeinen Freizeitpark, sondern an geschichtsträchtige Orte. Außerdem fanden die Exkursionen außerhalb der Unterrichtszeit statt, und die Teilnahme war freiwillig.«

Nach jedem Besuch bringen die Schüler ihre persönlichen Eindrücke für das geplante Buch zu Papier. Der aus Vietnam stammende Dat schreibt zum Beispiel: »Geschichtsunterricht muss nicht immer nur aus Büchern vorgetragen werden, man muss ihn auch erleben«, und seine Mitschülerin Jasmin meint: »Der Besuch des Konzentrationslagers war echt erschütternd. Ich hätte mir das nie so schlimm vorgestellt.«

Im Anne-Frank-Zentrum in Berlin tauchen die Schüler einige Wochen später in das Leben des jüdischen Mädchens ein, das im Alter von fünfzehn Jahren im Konzentrationslager Bergen-Belsen starb und mit seinen Aufzeichnungen zu einem Symbol des jüdischen Lebens im Untergrund während des NS-Terrors wurde. »Es war beeindruckend, wie sich die Schüler für die einzelnen Lebensgeschichten begeistern konnten. Dachte ich vor dem Betreten eines Museums: ›Wie soll ich das mit dieser Horde Halbstarker nur schaffen?‹, waren sie binnen weniger Minuten gefangen von einer anderen Welt.«

Auch als Kristina Bullert mit ihren Schülern vor der Tür von Bärbel Döring steht, ist sie zunächst kurz davor, den Termin abzusagen. Die Jugendlichen schubsen sich gegenseitig herum und pöbeln sich an, so dass Kristina Bullert das Schlimmste befürchtet, wenn sie sich in der Wohnung von Bärbel Döring weiter so aufführen. Die Dame ist bereits Anfang siebzig. Ihr Großvater war der erste Bürgermeister der Stadt Staßfurt in der Nähe von Schönebeck. Er wurde im Februar 1933 vermutlich von Nationalsozialisten erschossen. »Doch kaum ging die Tür auf, waren meine Schüler wie verwandelt. Sie zogen ungebeten ihre Schuhe aus, sagten artig guten Tag, und als die alte Dame anfing zu erzählen, von ihrem Vater und seinem Schicksal, von dem Mordkomplott, das bis heute zwar ungeklärt ist, aber allen Ermittlungen nach auf das Konto der Nationalsozialisten geht, war es mucksmäuschenstill im Raum. Meine Klasse bat die Frau, mehr zu erzählen, die Schüler schauten sich interessiert die Fotos an, die die Dame herumreichte, und später sagte sie, wie beeindruckt auch sie von meinen Schülern gewesen sei. Dass es solche vierzehn- und fünfzehnjährigen Jugendlichen heutzutage noch gibt, fand sie toll.«

Kristina Bullert sieht das Projekt auch als ein Mittel zur Verständigung zwischen den Generationen an. Vor allem jedoch ist es für sie der Beweis dafür, dass zu viele Menschen den Jugendlichen zu wenig zutrauen, sie häufig unterschätzen und lieber vorschnell verurteilen, statt sich Zeit für sie zu nehmen. Sie hat gespürt, wie sich die Mädchen und Jungen mit einer Sache identifizieren, wie sie an dem Zuspruch, den sie erfahren, wachsen und das, was sie tun, als etwas Besonderes erfahren.

Deutlich wird ihr dieser Teamgeist auch, als sie mit den Schülern im Juni 2007 zum Jahrestag der Bücherverbrennung nach Pretzien reist. Hier besuchen sie eine Veranstaltung, bei der ich aus dem *Tagebuch der Anne Frank* lese und aus *Stolen Voices* von Zlata Filipovic, einer Sammlung von Einträgen aus Kriegstagebüchern von Kindern und Jugendlichen.

»Unter den Zuhörern wurde nach der Lesung ein Mikrofon herumgereicht, und dann fragte meine Schülerin Valeria Pfannenstiel plötzlich Iris Berben, ob sie nicht auch an unserer Schule lesen könnte, und erzählte von unserem Buchprojekt«, erinnert sich Kristina Bullert. »Für einen kurzen Moment dachte ich, ehrlich gesagt, Valeria spinnt, doch dann überwog der Stolz, dass sie den Mut aufbrachte, einfach zu fragen und damit zu zeigen, dass sie hinter dem steht, was wir machen.«

Das selbstbewusste Auftreten der Schülerin gefällt mir,

und so verspreche ich, einen Blick in meinen Terminkalender zu werfen und zu sehen, ob sich das einrichten lässt. Kurze Zeit nach der Veranstaltung sage ich dann zu. Daraus wird eine Zusammenarbeit, die mich genauso begeistert wie die Schüler. Es ist beeindruckend, junge Menschen kennenzulernen, die sich für die Geschichte ihres Landes interessieren und sich ernsthaft damit auseinandersetzen. Die Klasse 8b der Maxim-Gorki-Schule ist ein Beleg dafür, dass das Klischee von den ostdeutschen Jugendlichen, die nur durch rechtsextreme Parolen und Gewalt auffallen, nicht zutrifft.

Auch über die Lesung in Pretzien schreiben die Schüler und bringen so mehr und mehr Eindrücke zu Papier. Die Schriftstellerin Birgit Herkula stellt die besten Geschichten zusammen, schreibt Texte, die durch das Werk führen, und Ende November 2007 erscheint das achtzigseitige Taschenbuch *Auf den Spuren der Bücherverbrennung. Pretzien 2006 und die Geschichte von Schönebeck.* Damit zieht die Schulklasse über die Grenzen der Stadt hinaus Aufmerksamkeit auf sich: Die Schüler haben beispielhaft gezeigt, dass ostdeutsche Jugendliche nicht in einer braunen Masse schwimmen.

Aufgrund ihres Engagements werden sie am 9. Mai 2008 zu einer Gedenkveranstaltung anlässlich des 75. Jahrestags der Bücherverbrennung nach Berlin eingeladen. »Die Schüler und ich scherzten vorher noch, ob der Bundespräsident uns überhaupt beachten oder jemandem von uns die Hand schütteln würde und ob wir an dem Empfang mit Prominenten teilnehmen dürften. Mit dem, was dann auf uns zukam, hatte keiner gerechnet. Für die meisten Schüler wurde es einer der beeindruckendsten Tage in ihrem Leben.«

Bundespräsident Horst Köhler betont bereits in seiner Begrüßungsrede, er freue sich auf die Schüler der Maxim-Gorki-Schule. Die Klasse nimmt selbstverständlich am Empfang teil, Köhler schreibt Autogramme und lässt sich gern mit den Schülern fotografieren. Sie müssen Interviews geben, beispielsweise dem MDR-Fernsehen und dem Radiosender MDR Sachsen-Anhalt. »Ich kam aus dem Grinsen nicht mehr heraus. Da standen meine Mädchen und Jungen mit Brezeln und einem Glas Sekt in der Hand unter all den Politikern und Prominenten!«

Nur wenige Wochen später, am 4. Juni, findet dann die versprochene Lesung statt. Vor rund hundertfünfzig Schülern, Eltern und Lehrern lese ich an der Maxim-Gorki-Schule aus *Mama, was ist Auschwitz?*. Einige der älteren Zuhörer weinen, sie erinnern sich an Selbsterlebtes, andere an Erzählungen der Eltern, auch die Schüler sind ergriffen; es kommt zu einem lebhaften Austausch. Für einen Dokumentarfilm, den sie über ihr Projekt drehen, interviewen mich die Schüler später noch und fragen unter anderem nach den Hintergründen meines Engagements gegen rechtsextreme Politik und Gewalt.

Kristina Bullert ist stolz auf ihre Schüler. Gefragt nach dem, was ihr als Lehrerin wichtig ist und wodurch das Verhältnis zwischen Jugendlichen und ihr geprägt ist, nennt sie Toleranz und Ehrlichkeit. Das sind die beiden zentralen Werte, die sie selbst von ihren Eltern mit auf den Weg bekommen hat und die sie an Tilman und Lena, ihre eigenen Kinder, weiterzugeben versucht. »So haben wir unserem Sohn von Anfang an nicht verschwiegen, dass er adoptiert ist. Er konnte immer Fragen stellen, nachhaken, wir waren und sind in diesem Punkt immer für ihn da. Diese Ehrlichkeit ist uns allen wichtig.« In ihren Schulklassen legt sie auf eine ähnliche Beziehung wert: »Heute empfinde ich das Verhältnis zwischen Schülern und Lehrern als ehrlicher und offener. Zu DDR-Zeiten hatten die Lehrer eine aufgesetzte, autoritäre Stellung. Heute muss man sich den Respekt mit der Arbeit verdienen und nicht mit dem Status einfordern.«

Die Maxim-Gorki-Schule ist eine von den bundesweit etwa fünfhundert Schulen, die als »Schule ohne Rassismus – Schule mit Courage« ausgezeichnet wurden. Die Bundeszentrale für politische Bildung verlieh ihr diesen Titel im November 2006, weil sich Schüler und Lehrer gemeinsam verpflichteten, gegen Mobbing und Ausgrenzung vorzugehen und sich in regelmäßigen Projekten den Themen Toleranz und Demokratie zu widmen. Die Wochen und Monate, die die Klasse 8b auf den Spuren der Bücherverbrennung von Pretzien verbrachte, waren solch ein Projekt. Kristina Bullert ist sich sicher, dass es nicht das letzte dieser Art war. Nicht für sie, nicht für ihre Schüler und auch nicht für die Schule.

»Die Schüler sind mit dem Projekt gewachsen, sie haben sich eine Meinung gebildet und wissen jetzt mehr. Ich bin stolz auf sie. Die meisten stammen aus eher einfachen Verhältnissen. In diesem Projekt haben sie gezeigt, was in ihnen steckt. Sie sind ein Beispiel für die Jugend, der man eine Chance geben sollte.«

# »Vielen Eltern ist nicht bewusst, was sie ihrem Kind antun«

*Rakiéta Poyga kämpft mit ihrem Verein Bangr-Nooma für die Abschaffung der weiblichen Genitalbeschneidung*

*Es ist kaum zu glauben: Jedes Jahr werden weltweit etwa zwei Millionen junge Mädchen und Frauen an ihren äußeren Geschlechtsorganen verstümmelt. Mit Rasierklingen, Glasscherben oder Messern schneidet man ihnen die Klitoris und meist auch die Schamlippen teilweise oder ganz weg – und das gemeinhin ohne Betäubung und unter unhygienischsten Bedingungen. Viele Mädchen und Frauen sterben an den Folgen des Eingriffs, und jene, die diese schreckliche rituelle Praktik überleben, leiden ihr Leben lang unter den Wunden an Körper und Seele. Auch Rakiéta Poyga ist als Mädchen beschnitten worden; heute geht sie gegen das Ritual an.*

Wann genau es geschehen ist, in welchem Jahr und an welchem Tag, weiß sie nicht mehr. Rakiéta Poyga war jung, sie ging noch nicht in die Schule. Das weiß sie noch. Aber alles andere, was an diesem Tag geschah, die unerträglichen Schmerzen und die Angst, hat ihr Gedächtnis an einem unzugänglichen Ort verstaut. Und wahrscheinlich ist es gut so. »Vielleicht hört es sich für den einen oder anderen unvorstellbar an, aber ich kann mich wirklich an nichts mehr erinnern«, sagt Rakiéta Poyga.

Sie weiß tatsächlich nicht mehr, dass eine Frau zu ihren Eltern kam und sie mitnahm an einen anderen Ort, damit ihr Vater und ihre Mutter und die jüngeren Geschwister nichts von Rakiétas Leiden erfahren. Sie weiß nicht mehr, dass ihr an diesem Tag die Klitoris weggeschnitten wurde und dass sie erst fast zwei Wochen später, als die Wunde langsam verheilte, wieder zu ihrer Familie zurückkehren durfte. Rakiéta Poyga hat es vergessen. Da ist nur ein großes schwarzes Loch in ihren Erinnerungen.

Lange empfand sie ihr Leben als unbeschwert – bis zur Geburt ihres ersten Kindes. Da ist Rakiéta Poyga bereits achtunddreißig Jahre alt. Das Gewebe rund um ihre Scheide ist so stark vernarbt, dass es sich nicht genügend dehnen kann, um das Baby durchzulassen. Die Ärzte müssen das Fleisch aufschneiden, damit sie überhaupt unter größten Schmerzen ihre Tochter zur Welt bringen kann.

Rakiéta Poyga erinnert sich zwar nicht daran, was ihr als junges Mädchen widerfahren ist, aber ihre Mutter hat ihr gesagt, dass sie beschnitten ist. Auch allen ihren Schwestern wurde die Klitoris entfernt, so wie es die Tradition wollte. Allerdings glaubte Rakiéta Poyga all die Jahre über nicht, dass ihr Leben dadurch beeinträchtigt würde; sie wunderte sich stets über die Aufregung, mit der andere diesen Eingriff kritisierten. »Doch bei der Geburt meiner Tochter wäre ich fast gestorben und mein Baby auch. Die Ärztin sagte mir, dass die Beschneidung schuld daran sei«, erzählt Rakiéta Poyga. Künftigen Generationen von Frauen muss diese schlimme Erfahrung erspart bleiben, das steht nach dieser komplizierten Geburt für sie fest.

Rakiéta Poyga fängt an zu recherchieren und erfährt, dass in Burkina Faso, wo sie lebt, über vier Millionen Mädchen und Frauen Opfer von Genitalverstümmelung sind. Weltweit, so schätzt die Weltgesundheitsorganisation, sollen es hundert bis hundertvierzig Millionen Mädchen und Frauen sein, und jeden Tag kommen etwa sechstausend Mädchen hinzu. Gewöhnlich ohne Narkose, in Wohnhütten und ohne die für solche Operationen notwendige Sterilität zu beachten, werden ihnen Teile der weiblichen Genitalien, meist die Klitoris und die inneren, oft auch die äußeren Schamlippen entfernt. Vielen Mädchen wird bei der sogenannten Infibulation, einer besonders drastischen Form der Verstümmelung, die Scheide anschließend bis auf ein kleines Loch zum Wasserlassen zugenäht.

Die weibliche Beschneidung ist eine schreckliche Tradition, die besonders in afrikanischen Ländern wie Äthiopien, Kenia, Mali, an der Elfenbeinküste und in Nigeria, aber auch in Ägypten, in Asien und dem Nahen Osten verbreitet ist. Vor allem soll damit das sexuelle Verlangen einer Frau gemindert werden. Zudem herrscht in vielen Völkern der Glaube, dass ein Mädchen erst durch diesen Ritus zur Frau werde. Bleibt ein Mädchen unbeschnitten, so ist es auf dem Heiratsmarkt nicht zu vermitteln. Sie gilt als unrein, weil »unverschlossen«, und da diese Meinung von einer Generation an die nächste weitergegeben und seit langer Zeit als normal angesehen wird, denkt niemand darüber nach oder hinterfragt diese Praxis. Die Beschneidung der weiblichen Geschlechtsorgane gilt als notwendig; die Risiken und die unerträglichen Schmerzen, die die Mädchen und Frauen erleiden, werden schlichtweg übersehen.

Die seelischen und körperlichen Folgen dauern ein Leben lang. Es kann zu Infektionen der Harnwege, der Gebärmutter, des Eileiters und der Eierstöcke kommen, die wiederum zu Unfruchtbarkeit oder aber äußerst schmerzhaften und komplizierten Geburten führen können. So wie Rakiéta Poyga sie erlebte.

Geboren wird Rakiéta Poyga am 20. Februar 1960 in der Stadt Ouahigouya im Norden von Burkina Faso. In dem kleinen Dorf Bolin wächst sie als erstes von insgesamt sechzehn Kindern auf. »Mein Vater hatte drei Frauen. Das ist in unserer Kultur nicht außergewöhnlich, Polygamie ist erlaubt. Meine Mutter bekam insgesamt neun Kinder, die zweite Frau vier und die jüngste drei. Wir lebten alle zusammen in einem Haus, jede Mutter hatte für sich und ihre Kinder ein eigenes Zimmer. Wir waren eine Großfamilie und haben uns alle gut verstanden.«

Als ältestes Kind muss Rakiéta Poyga viel im Haushalt helfen. Sie zieht ihre Geschwister mit groß, unterstützt die Mütter beim Kochen und Waschen. »Bei so vielen Kindern gab es immer etwas zu tun, deshalb bin ich meiner Mutter umso dankbarer, dass sie sich durchsetzte und ich trotzdem zur Schule gehen durfte«, sagt Rakiéta Poyga. In ihrer Stimme schwingt Bewunderung für ihre Mutter mit, denn damals wie heute ist es keineswegs selbstverständlich, dass ein Mädchen die Schule besucht. Ihre Mutter musste sich denn auch von anderen Frauen anhören: »Warum geht deine Tochter in die Schule, die bekommt doch eh einen Mann und heiratet!« Doch die Mutter bleibt hartnäckig, auch ihre übrigen acht Kinder schickt sie zur Schule. »Sie sagte immer zu mir: Lerne, gib dir Mühe, damit du mal einen guten Beruf hast, dein eigenes Geld verdienst und nicht auf einen Mann angewiesen bist, so wie ich es bin.«

Rakiéta Poyga folgt den Worten der Mutter und geht auf die Grundschule, im Anschluss daran auf die Oberschule. Dort lernt sie Fulgence kennen, einen Mitschüler. »Er wollte mich schon damals gern heiraten, doch mir ging das zu schnell. Ich erinnerte mich an die Worte meiner Mutter, und so wollte ich weiter lernen.«

Burkina Faso erhält zu dieser Zeit von der DDR fünf Stipendien für Auslandsstudien. Wegen ihrer guten Leistungen ist Rakiéta Poyga eine der Glücklichen, die ein solches Stipendium erhalten. Von 1984 bis 1994 studiert sie Sozialistische Betriebswirtschaft an der Hochschule für Ökonomie in Berlin-Karlshorst. Sie erlebt den Mauerfall und die Vereinigung Deutschlands. Menschenrechtsfragen werden jetzt immer häufiger diskutiert, und Rakiéta Poyga wird von deutschen Frauen auf die Problematik der Genitalverstümmelung angesprochen. »Das Thema kam damals langsam auf, es gab erste ausführliche Zeitungsberichte, und so fragten mich beispielsweise Kommilitoninnen, ob ich auch beschnitten sei und was ich darüber denke«, erinnert sich Poyga. »Ich sagte immer, dass alles gar nicht so entsetzlich sei, wie die Berichte es darstellten. Außerdem sei es schließlich unsere Tradition und ein Ritual, damit die Mädchen zu Frauen werden. Ich konnte die ganze Aufregung nicht nachvollziehen. Im Nachhinein schäme ich mich sehr für mein Unwissen, ich war wirklich naiv.«

Als Rakiéta Poyga 1994 nach Burkina Faso zurückkehrt, zieht sie in die Hauptstadt Ouagadougou, weil sie dort dank ihrer exzellenten Deutschkenntnisse bei der Niederlassung der Deutschen Gesellschaft für Technische Zusammenarbeit (GTZ) arbeiten kann. Nur wenige Monate später, im April 1995, heiratet sie Fulgence. Die beiden haben sich über die Jahre nie aus den Augen verloren und regen Briefkontakt gehalten. Auch Fulgence hat studiert, Physik und Biologie, und arbeitet als Lehrer an einer Hochschule in Ouagadougou. Es ist eine Liebesheirat, Fulgence wird keine drei Frauen gleichzeitig haben. Die beiden wünschen sich ein Kind, aber sie müssen sich gedulden. Erst drei Jahre nach der Hochzeit ist Rakiéta Poyga schwanger.

»Ich war achtunddreißig und damit nicht nur für afrikanische Verhältnisse eine späte Mutter. Mein Mann und ich freuten uns wahnsinnig auf das Baby«, erinnert sie sich. Doch im Kreißsaal holt die Vergangenheit sie ein. »Ich konnte nicht pressen – oder besser gesagt: Wenn ich presste, dann kam nichts durch. Ich habe geschrien, mir wurde vor Schmerzen ganz schwindlig.« Fast zwanzig Stunden lang liegt sie im Kreißsaal. Obwohl ihr Töchterchen Magalie mit 2300 Gramm ein Leichtgewicht ist, kann Rakiéta Poyga sie nicht ohne medizinischen Eingriff gebären. Die Ärztin muss das vernarbte Gewebe der Scheide aufschneiden, erst dann passt das kleine Kind hindurch.

»Die Ärztin sagte mir, das stark vernarbte Gewebe sei eine Folge meiner Beschneidung. Damals hatte sich ja keiner um die Wunde gekümmert«, sagt Rakiéta Poyga. »Ich wollte das zuerst gar nicht glauben. Nie zuvor hatte ich Probleme gehabt. Auch beim Sex beispielsweise verspürte ich keine Schmerzen.«

Die Geburt hat sie aufgerüttelt, und Rakiéta Poyga beschließt zu handeln. Denn obwohl die Beschneidung von Frauen in Burkina Faso seit 1996 gesetzlich verboten ist und bei Missachtung eine Gefängnisstrafe von bis zu fünf Jahren droht, halten etliche Einheimische noch immer an der Tradition fest. Schätzungen zufolge werden jedes Jahr mehr als die Hälfte aller Mädchen im Land beschnitten. Dass einige Beschneiderinnen bereits zu Gefängnisstrafen verurteilt worden sind, dass auch die Mütter der

Mädchen Bewährungsstrafen erhalten haben – nichts davon scheint sie zu kümmern.

Zwar informieren auch Schulen und afrikanische Medien mittlerweile über die gesundheitlichen Folgen der Beschneidung, doch die traurige Konsequenz ist: Die Mädchen, die beschnitten werden, sind immer jünger. Viele Eltern geben ihre Tochter schon sehr früh zur Beschneiderin, bevor das Mädchen sich womöglich widersetzen kann, weil es in der Schule über den grausamen Eingriff aufgeklärt wurde. Häufig sind die Kinder erst wenige Wochen alt.

Rakiéta Poyga spricht mit anderen Frauen und findet schnell fünf Gleichgesinnte, die sich mit ihr gegen diesen Akt der Gewalt engagieren wollen. In den folgenden Monaten ziehen die Frauen in Ouagadougou von Tür zu Tür, um mit den Leuten zu sprechen und sie aufzuklären. Jedes Wochenende führen sie einen Film vor, der zeigt, wie ein Mädchen beschnitten wird, und in drastischen Bildern deutlich macht, wie schmerzhaft und unmenschlich die Verstümmelung ist.

»Diese Bilder zu zeigen ist sehr wichtig. Viele Mütter waren wie ich sehr klein und können sich nicht mehr an ihre eigene Beschneidung erinnern, etliche Eltern wissen daher gar nicht, was genau bei einer Beschneidung passiert«, erklärt Rakiéta Poyga. »Wenn die Beschneiderin zu ihnen kommt, geben sie ihr einfach die Tochter an die Hand. Die Frau sammelt häufig gleich mehrere Mädchen aus verschiedenen Familien ein und nimmt sie dann mit an einen anderen Ort, wo keiner die Schreie der Mädchen hören kann. Sie und ihre Helferinnen machen ihre Arbeit, und erst zwei, drei Wochen später, wenn die Wunden der Mädchen ein wenig verheilt sind, kommen die

Kinder zurück zu ihrer Familie.« Da die Eltern nie das Leid gesehen haben, sind sie sich gar nicht bewusst, was sie ihrem Kind antun, wenn sie es mit der Beschneiderin gehen lassen. Sie denken, die Beschneidung sei ein wichtiger Indikator für den Anstand einer Frau.

Mehr und mehr erkennt Rakiéta Poyga, wie wichtig ihre Aufklärungskampagne ist. Sie will strukturierter, professioneller vorgehen, um so viele Landsleute wie möglich zu erreichen und zu überzeugen. Deshalb belegt sie einen Lehrgang zum Thema »Information, Bildung und Kommunikation über Genitalverstümmelung«. Im Anschluss an diese Ausbildung gründet Poyga gemeinsam mit anderen Frauen 1998 die Organisation »Bangr-Nooma« (sinngemäß: »Es gibt nichts Besseres als Wissen«). Der Name soll Programm sein, denn im Wissen sieht Rakiéta Poyga den einzigen Schlüssel zum Erfolg, um die traditionelle Praktik auszumerzen. Nur wenn die Menschen über die Beschneidung und das grausame Vorgehen informiert sind, wenn sie die Risiken kennen – viele Mädchen sterben an Blutvergiftung –, und nur wenn die Menschen verstehen und begreifen, haben die Mädchen und jungen Frauen die Chance, selbst über ihr Schicksal zu bestimmen und sich gegen das Ritual zu wehren.

Montags bis freitags arbeitet Rakiéta Poyga weiter in der Finanzverwaltung der GTZ, an den Wochenenden engagiert sie sich für Bangr-Nooma. Sie nimmt Kontakt auf zu Terre des Femmes, einer internationalen Menschenrechtsorganisation für Frauen und Mädchen, und da diese ihr finanzielle Unterstützung zusichert, kann Rakiéta Poyga vier Aufklärerinnen, sogenannte Animatricen, ausbilden lassen.

Als ersten Ort für ihre gezielte Aufklärungs- und Überzeugungskampagne wählt Rakiéta Poyga ihr Heimatdorf Bolin aus. »Anfangs haben die Leute im Dorf seltsam geguckt. Sie kannten mich ja und dachten: Was will die denn jetzt? Doch zum Glück war der Dorfvorsteher ein sehr gebildeter und aufgeklärter Mann«, sagt Rakiéta Poyga. Er lässt sie und ihre Animatricen gewähren. Das spricht sich herum, und schon wenige Monate nach Gründung der Organisation verfolgen die Mitarbeiterinnen von Bangr-Nooma in über fünfzig Dörfern ihre Mission.

Rakiéta Poyga weiß, dass sie gegen ein stark verkrustetes Denken antritt, das nur schwer aufzubrechen ist. Erfolge sind nicht von jetzt auf gleich zu erwarten, zu lange Zeit haben die Tradition und der tiefe Glaube an die Notwendigkeit der Beschneidung das Leben der Menschen in Burkina Faso bestimmt. Und noch immer kann jeder Achte weder lesen noch schreiben. Als Analphabeten leben die Menschen wie in ihrer eigenen Welt, sie haben keine Schule besucht und sind deshalb auch nicht über das grausame Ritual aufgeklärt worden. Sie kennen nur die Geschichten der älteren Generation. Und wenn die Alten positiv über die Beschneidung sprechen, nehmen die Jüngeren ihren Rat an. Die Beschneidung muss wohl sinnvoll sein, wenn es die Alten mit ihrer Lebenserfahrung sagen.

»Es ist ein schwieriger Prozess. Die Menschen müssen sehen, dass sie auch uns von Bangr-Nooma vertrauen können. Das versuchen wir in mehreren Schritten zu erreichen, unsere Arbeit erstreckt sich über Jahre«, erklärt Rakiéta Poyga. Als erste Maßnahme sprechen die Mitarbeiterinnen von Bangr-Nooma mit den Würdenträgern des Dorfes, zum Beispiel dem Vorsteher und den religiösen Führern. Sie müssen das Anliegen gutheißen.

»Am Anfang befürchten die meisten, wir wollten sie bei der Polizei anzeigen, weil sie Beschneidungen zulassen und gegen das Gesetz verstoßen«, erzählt Poyga. Doch die Mitarbeiterinnen erklären den Dorfvorstehern, dass sie helfen wollen und dass das Gesetz gut ist. Es sollte befolgt werden. »Wir müssen die Dorfobersten auf unserer Seite haben, wir brauchen ihre Unterstützung, denn wir wollen nicht im Geheimen arbeiten. Die Menschen im Dorf sollen und müssen wissen, dass es nichts Falsches oder Schlimmes ist, wofür wir kämpfen.«

Sind die Würdenträger überzeugt, werden eine Frau und ein Mann aus der Dorfbevölkerung zur Animatrice beziehungsweise zum Animateur ausgebildet. Die Gemeinschaft erstellt eine Liste mit den Namen der bedrohten Mädchen. Mit der Hilfe eines gewählten Dorfkomitees sollen die Animateure dafür Sorge tragen, dass den Kindern und Jugendlichen nichts geschieht. »Wir schulen auch andere Personen, zum Beispiel Lehrerinnen, Polizisten und Hebammen«, erklärt Poyga, »Menschen, die im Dorf hochangesehen sind. Haben wir in ihnen Fürsprecher, überzeugt das auch andere.« Anschließend arbeiten die Komitees selbständig, um einen langfristigen Erfolg zu bewirken.

Nach diesem Konzept arbeitet Bangr-Nooma nun schon seit über zehn Jahren. Dank Bangr-Nooma finden heute in rund sechshundertdreißig Dörfern keine Genitalverstümmelungen mehr statt; die Organisation hat in mehr als hundertvierzig Schulen Informationsveranstaltungen abgehalten und über vierhundert Lehrerinnen und Lehrer zu diesem Thema ausgebildet. »Ich bin sehr glücklich. Wir haben nachweislich mehr als zweiundzwanzigtausend Mädchen vor einer genitalen Verstümmelung bewahrt«, sagt Rakiéta Poyga.

Sie und ihr Team wurden von Organisationen anderer afrikanischer Länder wie Mali, des Senegal und Tansania eingeladen, um über ihre Arbeit und ihre Erfahrungen zu sprechen. Dass sich auch andere Länder für ihr Konzept interessieren, ist für Rakiéta Poyga ein weiterer großer Schritt nach vorn und eine wichtige Bestätigung.

»Ich habe diese Strategie selbst entwickelt«, sagt sie. »Mädchen vor der Verstümmelung zu bewahren ist das Wichtigste, doch zu dem Konzept gehört auch, dass wir die Beschneiderinnen mit in unsere Arbeit einbeziehen. Wir versuchen, ihnen eine neue berufliche Perspektive zu geben. Viele gehören mittlerweile zum Team von Bangr-Nooma, und das ist sehr hilfreich, denn sie werden gerade von den Älteren in den Dörfern und Stammesgemeinschaften akzeptiert. Sagen die Beschneiderinnen, dass ihr Handwerk unnütz und gefährlich ist, sind auch die Älteren schneller überzeugt.«

Bangr-Nooma vermittelt Kleinkredite an die Beschneiderinnen, so dass diese sich eine neue Existenz schaffen können, zum Beispiel durch Gemüseanbau. Im Lauf der Jahre gaben so tatsächlich über zweihundert Beschneiderinnen und deren Assistentinnen ihr Handwerk auf.

Die Erfolge machen Rakiéta Poyga stolz, aber ihr Ziel hat sie noch lange nicht erreicht. »Das gesetzliche Verbot ist zwar gut, doch so paradox es sich anhören mag: Es hat die Lage vieler Mädchen nur verschlimmert.« Seitdem das Gesetz in Kraft getreten ist und den Beschneiderinnen eine Haftstrafe droht, wird die Beschneidung verstärkt im Geheimen und an unbekannten Orten durchgeführt, was das Leben der betroffenen Mädchen noch mehr gefährdet. Es kommen auch Beschneiderinnen aus den Nachbarstaaten, wo die Genitalverstümmelung nicht verboten ist. Sie ziehen umher, sammeln die Mädchen ein und gehen nach getaner »Arbeit« in ihr Land zurück, wo sie dafür nicht belangt werden können.

»Es ist schwierig, doch ich und wir alle von Bangr-Nooma geben nicht auf. Ich finde, es ist ein grausames Verbrechen an Mädchen, die keine Chance haben, sich zu wehren«, sagt Rakiéta Poyga.

Inzwischen hat sie ein zweites Kind bekommen, ihren Sohn Cédrick, der 2001 geboren wurde. Dass die Geburt erneut sehr kompliziert war, hat Rakiéta Poyga als Bestätigung empfunden, mit Bangr-Nooma einen wichtigen Beitrag für die Rechte der Frau zu leisten.

»Mein Mann Fulgence steht immer hinter mir. Das ist für mich ein beruhigendes Gefühl. Er hält von Anfang an zu mir, obwohl sich andere Männer immer wieder über ihn lustig machen. Sie finden lächerlich, was ich mache, und verstehen nicht, warum er als mein Mann nicht ein Machtwort spricht und mir mein Engagement verbietet. Ich liebe ihn umso mehr dafür, dass er mich versteht.«

Dank Spenden hat Rakiéta Poyga ein Auto kaufen können, mit dem sie über die Dörfer fährt, und sie hat für sich und ihre Helferinnen ein Büro mit zwei Computern eingerichtet. Inzwischen ist dieses Büro auch für viele Frauen und Mädchen zum Zufluchtsort geworden, die vergewaltigt wurden und/oder HIV-positiv sind.

Die Arbeit, die Rakiéta Poyga für Bangr-Nooma leistet, ist rein ehrenamtlich. Andere Frauen gehen zum Sport, stricken oder töpfern. Das »Hobby« von Rakiéta Poyga ist ihr Engagement für die Frauen von morgen. Sie empfindet es als ihre Pflicht, etwas für die Mädchen zu tun, und sie empfindet die Zeit, die sie Bangr-Nooma widmet, als gut angelegt.

»Von den Töchtern meiner Geschwister ist keine einzige beschnitten«, sagt Rakiéta Poyga. »Ich hoffe, dass eine neue Generation in unserem Land heranwächst und die grausame Tradition irgendwann bald ganz aus dem Denken der Menschen verschwunden sein wird.«

»Ich werde weder vergessen
noch verzeihen!«

*Hebe de Bonafini ist eine der ersten
»Mütter der Plaza de Mayo« und fordert
seit über dreißig Jahren, die Mörder
ihrer Kinder zu bestrafen*

*Über dreißigtausend verschwundene Menschen, das ist die schreckliche Bilanz der Militärdiktatur von 1976 bis 1983 in Argentinien. Nach dem Militärputsch gegen die Regierung von Isabel Perón erlebte das Land sechs Jahre Terror, der viele Opfer und deren Angehörige bis heute leiden lässt. Die folgenden Regierungen wollten das blutige Geschichtskapitel möglichst schnell zu den Akten legen, doch die Hinterbliebenen fragen nach. Statt die Vermissten mit ungeklärtem Schicksal für tot erklären zu lassen, wie die Politiker es tun, wollen sie endlich die Wahrheit über die Verbrechen wissen – und sie fordern Gerechtigkeit. Eine von ihnen ist Hebe de Bonafini.*

Als Erster verschwindet ihr älterer Sohn Jorge. Der Sechsundzwanzigjährige kommt an einem Februartag im Jahr 1977 einfach nicht mehr nach Hause. Erstaunlicherweise hat er auch keine Nachricht hinterlassen, er ist einfach weg. Anfang Dezember 1977 verschwindet dann auch ihr anderer Sohn Raúl, vierundzwanzig Jahre. Beide sind wie vom Erdboden verschluckt. Es gibt keine Spur, keine Hinweise und niemanden, der ihr etwas über ihr Verschwinden erzählen könnte. Hebe de Bonafini macht sich große Sorgen und begibt sich verzweifelt auf die Suche nach ihren Söhnen. Sie rennt von Polizeistation zu Polizeistation, von Militärkaserne zu Militärkaserne. Sie bittet die Beamten um einen Hinweis, und sei er noch so klein, was mit ihren Söhnen geschehen sein könnte. Aber die belächeln sie nur, verspotten Hebe de Bonafini sogar und jagen sie davon.

In diesen Tagen fragt sie sich oft, woher sie die Kraft

zum Weiterleben nehmen soll. Denn auch wenn ihre Söhne längst eigene Wege gegangen sind, sie bleiben ihre Kinder, und die will sie nicht einfach aufgeben. Manchmal ist die Verzweiflung so groß, dass sie es für das Beste hält, ihrem Leben ein Ende zu setzen. Ohne ihre Familie kann sich die 1928 geborene Bonafini keine Zukunft vorstellen. Sie wuchs in La Plata auf, einer der größten Städte Argentiniens, etwa sechzig Kilometer nordwestlich der Hauptstadt Buenos Aires. Bis zur achten Klasse hat sie die Schule besucht, dann geheiratet, eine Anstellung als Schneiderin gefunden und drei Kinder bekommen – zwei Söhne und eine Tochter. Doch nun sind die Söhne nicht mehr da.

Das jüngste der Kinder, die fünfzehnjährige Tochter Maria Alejandra, spürt die schwindende Lebenslust der Mutter und ist beunruhigt.

»Nach dem Verschwinden der beiden Jungen sagte mir meine Tochter: Du kannst dich nicht pausenlos vom Zweifel martern lassen, ob sie noch leben, ob sie gerade gefoltert werden oder ob sie jemals wieder freikommen. Du musst versuchen, ein halbwegs normales Leben zu führen, sonst wirst du wahnsinnig oder du stirbst. Geh ins Kino, lies ein Buch, hör Musik«, erzählt Bonafini in einem Interview mit der *Weltwoche* vom Mai 2007.

Doch die Rückkehr in den Alltag, wie es sich die Tochter von ihr wünscht, fällt Hebe de Bonafini schwer. Es ist die Zeit der argentinischen Militärdiktatur. Isabel Perón, die nach dem Tod ihres Mannes Juan die Präsidentschaft des Landes übernommen hatte, ist am 24. März 1976 durch das Militär unter Führung von Oberkommandeur Jorge Videla gestürzt worden. Seither wütet die Militärjunta, und alle Mittel sind ihr recht, um ihre Macht zu stärken. In etwa dreihundertvierzig geheimen, über das ganze Land verteilten Haftlagern werden Oppositionelle festgehalten. Oft sind es ehemalige Garagen oder Werkstätten, die zu Folterhöhlen umgebaut wurden. Man drückt den Gefangenen den Kopf unter Wasser, in das Exkremente und Erbrochenes gemischt sind, und misshandelt sie mit Elektroschocks. Selbst vor Schwangeren, vor Kindern und Alten macht die Militärjunta nicht halt. Wer Kritik am Regime äußert, bezahlt dafür in der Regel mit dem Leben. Viele der Opfer werden ohne Gerichtsverfahren hingerichtet, die Leichen landen in Massengräbern. Häufig werden Regierungsgegner aber auch betäubt und bei lebendigem Leib von einem Flugzeug aus in den Atlantik oder den Rio de la Plata in den Tod geworfen. Die in Gefangenschaft geborenen Babys vermittelt das Militär zur Adoption an kinderlose Offiziersfamilien.

Hebe de Bonafini weiß, dass sich ihre Söhne Jorge und Raúl einer Untergrundpartei angeschlossen hatten, die gegen die Militärjunta angeht, und sie ahnt, dass das autoritäre Regime für das Verschwinden ihrer Kinder verantwortlich sein könnte.

Zwar geben ihr die Tochter und ihr Mann Halt, aber auf das größte Verständnis trifft Hebe de Bonafini bei Frauen, die ein ähnliches Schicksal wie sie erleben: Mütter, deren Kinder in diesen Wochen und Monaten ebenfalls spurlos verschwunden sind. Am 30. April 1977, einem Samstag, zwei Monate nach dem Verschwinden von Jorge, ihrem ältesten Sohn, trifft sie sich das erste Mal mit ihnen auf der Plaza de Mayo vor dem Präsidentenpalast in Buenos Aires. Die vierzehn Frauen fordern von der Militärjunta die Aufklärung des Schicksals ihrer verschwundenen Söhne und Töchter. Im Palast jedoch scheint niemand sie zu bemerken, deshalb beschließen die Frauen, das nächste Mal an einem Freitag wiederzukommen. Doch auch dann bekommen sie nicht die gewünschte Aufmerksamkeit, deshalb treffen sie sich in der dritten Woche am Donnerstag. So begann ein hartnäckiger stiller Protest, mit dem die »Mütter von der Plaza de Mayo« in die Geschichte Argentiniens eingegangen sind.

Jeden Donnerstag gegen halb vier am Nachmittag kommen die Frauen nun auf dem Platz zusammen und demonstrieren eine halbe Stunde schweigend vor dem Präsidentenpalast. Sie sind ständig in Bewegung, denn auf der Plaza ist es verboten, im Stehen zu protestieren. Das weiße Kopftuch, das eine jede trägt, steht für das Leben und für den friedlichen Widerstand und wird zum Symbol ihrer Gemeinschaft. Zu ihrer Sprecherin und Anführerin bestimmen sie die dreiundfünfzigjährige Azucena Villaflor. Woche für Woche, Donnerstag für Donnerstag ziehen die Frauen über den Platz. Die Militärwachen schreiten gegen den friedlichen Protest nicht ein.

Aber diese Duldung ist ein Trugschluss. Im Dezember 1977 werden zwei der Mütter aus einer Kirche entführt, einige Tage später verschleppt man Azucena Villaflor in der Nähe ihres Hauses. Hebe de Bonafini ist zu diesem Zeitpunkt bereits ein festes Mitglied der Gruppe, und nachdem im Dezember 1977 auch ihr Sohn Raúl verschwunden ist, kämpft sie noch erbitterter um Aufklärung. Deshalb bestimmen die anderen Frauen sie zur Nachfolgerin der verschwundenen Villaflor. In der *Weltwoche* erklärt Hebe de Bonafini: »Dies war ein weiterer

285

Grund, der mich vom Selbstmord abhielt: Ich beschloss, den Kampf meiner Söhne fortzuführen.«

Die Mütter demonstrieren weiter und gründen 1979 offiziell ihre Organisation »Madres de la Plaza de Mayo« (Mütter der Plaza de Mayo). Sie bauen ihre Proteste aus und veranstalten von 1981 an einmal im Jahr einen Vierundzwanzig-Stunden-Marsch als Zeichen des Widerstands und ihres Kampfes für Gerechtigkeit. Dieses offensive Vorgehen hat Folgen. »Einige von uns wurden jeden Donnerstag verhaftet. Meist waren es drei oder vier, die dann während einer Nacht eingesperrt wurden, wobei in der Zelle oft eine Leiche lag. Der Sadismus dieser Kerle war unsäglich«, erzählt Hebe de Bonafini im *Weltwoche*-Interview. »Oder sie drangen in unsere Wohnungen ein und hinterließen eine schreckliche Verwüstung. Es gab viele, die sich unter diesem Druck von der Bewegung zurückzogen. Die Übrigen kämpften dafür umso bedingungsloser.«

Sie wollen mahnen, aufrütteln, endlich Informationen über den Verbleib ihrer Kinder erhalten und rücken noch enger zusammen. Versuchen Sicherheitskräfte, einige Mütter während der Demonstration mitzunehmen, drängen sich alle anderen Frauen mit in die Sicherheitsfahrzeuge oder folgen ihnen zu Fuß bis zur Polizeistation. Sie verlangen, ebenfalls eingesperrt zu werden. Manchmal knien sie sich in der Wache nieder und beten oder singen laut die Nationalhymne und bringen die Beamten damit völlig aus dem Konzept. Das wirksamste Mittel gegen die Gewalt der Polizisten aber ist die Popularität, die die Mütter in kurzer Zeit durch zahlreiche Medienberichte weltweit errungen haben. »Irgendwann blieb dem System nichts anderes übrig, als uns zähneknirschend gewähren zu lassen«, sagt Hebe de Bonafini in dem Interview.

Mehr und mehr kommt es in den folgenden Monaten und Jahren auch im übrigen Land zu Auflehnungen gegen den Staatsterror. Als die Militärdiktatur den Briten im erbitterten Krieg um die Falklandinseln unterliegt, hat Argentinien in nur zweieinhalb Monaten über sechshundert Tote zu beklagen. Der Unmut wächst, es kommt zu Massenprotesten. Da Argentinien zudem wirtschaftlich in der Krise steckt und anderen Staaten zig Milliarden US-Dollar schuldet, beugt sich das Militärregime schließlich dem Druck der Bevölkerung, und es finden Ende Oktober 1983 freie Präsidentschaftswahlen statt, die Raúl Alfonsín gewinnt. Er wird der erste demokratische Präsident nach der Diktatur.

Für Hebe de Bonafini und die anderen Mütter ist das nur ein kleiner Trost. In den sieben Jahren der blutigen Militärherrschaft sind rund dreißigtausend Menschen verschwunden. Auch etwa hundert Deutsche oder Deutschstämmige, die zu dieser Zeit in Argentinien lebten oder arbeiteten, gelten als vermisst.

Die neue Regierung unter Raúl Alfonsín gibt sich alle Mühe, Zeichen der Demokratie zu setzen. So beginnt 1985 vor einem Zivilgericht in Buenos Aires ein großangelegter Prozess gegen neun Junta-Generäle, unter ihnen auch Militärchef Jorge Videla. Aber die Urteile, die im Dezember 1985 gesprochen werden, stellen das Volk nicht zufrieden: Jorge Videla und ein weiterer General werden zu lebenslangen Freiheitsstrafen verurteilt, zudem gibt es drei Verurteilungen zu mehrjähriger Haft und vier Freisprüche. Viele Argentinier sind wütend über das Urteil. In einem Interview mit der *Zeit* sagt Hebe de

Bonafini Anfang 1986: »Wir sind nicht einverstanden mit den Freisprüchen, weil wir alle Verantwortlichen verurteilt sehen wollen.«

Nach dem Prozess versucht die argentinische Justiz, weiter gegen einige mutmaßliche Täter zu ermitteln sowie Hindergründe und Tatverläufe aufzudecken. So erfährt Hebe de Bonafini, dass man ihren älteren Sohn Jorge auf einer Polizeiwache einundzwanzig Tage lang brutal gefoltert und dann ermordet hat. Ihr anderer Sohn Raúl ist im Konzentrationslager La Cacha verhungert und verdurstet. Bis zuletzt hatte sie die Hoffnung, ihre Kinder doch lebend wiederzusehen. Nun ist ihr Tod traurige Gewissheit. »Das Glück, das ich einst hatte, wird nie mehr zurückkehren: Söhne, die studieren und in ihrem Beruf vorankommen, ein Familienleben, Pläne für die Zukunft, Enkel.«

Hebe de Bonafini muss zudem erfahren, dass ihr eigener Cousin bei der Entführung und Folterung von Jorge mithalf. Für Täter wie ihn und alle anderen, die sich an den grausamen Verbrechen beteiligten, empfindet sie nur unversöhnlichen Hass. Als ihr Cousin bei einer Schiffstaufe so tut, als sei nichts geschehen, und ihr die Hand zu reichen versucht, weist Hebe de Bonafini ihn zurück. Sie will erst die ganze Wahrheit wissen. »Ich werde so lange keine Ruhe geben, bis sie alle im Gefängnis sitzen. Aber ich will nicht so sein wie diese Verbrecher, ich würde sie weder foltern noch töten«, sagt sie der *Weltwoche*.

Staatschef Alfonsín allerdings befürchtet, dass das Militär sich gegen die noch junge argentinische Demokratie wenden könnte, wenn die zahllosen Täter und Mittäter strafrechtlich verfolgt würden. Zu unruhig ist die Situation, noch sind nicht alle von der neuen Staatsform überzeugt. Alfonsín erlässt daher zwei Amnestiegesetze, wonach Angehörige des Militärs nicht weiter verfolgt werden dürfen.

Den Müttern von der Plaza de Mayo schlägt die Regierung 1986 vor, die Massengräber öffnen zu lassen. Mit einer Identifikation der Leichen sollen die Angehörigen dann zugleich erklären, dass die Toten nicht bei Folterungen, sondern in bewaffneten Auseinandersetzungen ums Leben gekommen seien. Hebe de Bonafini empfindet dieses Ansinnen als unverschämte Zumutung, die einem Freispruch für die Mörder gleichkäme. Die Madres de la Plaza de Mayo lehnen das »Angebot« der Regierung denn auch mit großer Mehrheit ab. Kurze Zeit hofft der Staat, er könne die Mütter mit einer finanziellen Entschädigung beruhigen, doch Hebe de Bonafini weist das Geld zurück. Sie will, dass die Politiker und die Verantwortlichen in den Polizeistationen einsehen: Was man ihren Söhnen und ihr selbst angetan hat, ist mit Geld nicht wiedergutzumachen.

So wie sie denken auch andere Mütter, doch es sind nicht alle. Einige nehmen die Entschädigungszahlungen der Regierung an. Hebe de Bonafini wirft diesen Müttern vor, nur an sich selbst zu denken und die gesamtpolitische Situation zu verdrängen. Wegen der Meinungsverschiedenheiten spaltet sich die Gruppe.

Zwar gehen die Mütter seither jeden Donnerstag getrennt ihre Runden um die Plaza, doch sie verfolgen noch immer dasselbe Ziel: Gerechtigkeit. Die Frauen fordern, dass nicht nur ein paar Generäle verurteilt werden, sie wollen, dass die fast vierhundert Richter, die während der Diktatur Recht gesprochen haben und immer noch im Amt sind, endlich abgesetzt werden. Auch die Folte-

289

rer sollen verurteilt werden und ihre gerechte Strafe antreten müssen.

Es ist ein schwieriger Kampf, der immer wieder von Rückschlägen gekennzeichnet ist. 1989 begnadigt der Nachfolger Alfonsíns, der neugewählte Präsident Carlos Menem, einige Junta-Mitglieder und stellt laufende Verfahren gegen andere ein, wobei er sich auf die Amnestiegesetze beruft. Für die Mütter ist das wie ein Schlag ins Gesicht, aber sie geben nicht klein bei. Einige von ihnen, wie Hebe de Bonafini, sind bereits über sechzig Jahre alt, manche gar siebzig oder achtzig. Trotzdem gründen sie einen Verlag, bringen eine Zeitung heraus und eröffnen ein Café und eine Buchhandlung. Sie gehen sogar mit einem eigenen Radiosender – »La voz de las Madres« (Die Stimme der Mütter) – auf Sendung und informieren landesweit über politische und soziale Themen, aber auch über Kultur und Geschichte.

Als Präsidentin der Organisation wird Hebe de Bonafini zu Konferenzen in der ganzen Welt eingeladen, um über die Situation in Argentinien zu berichten. Sie sieht darin die große Chance, das internationale Interesse auf die Vergangenheit und die Zukunft ihres Landes zu lenken. »Es ermöglicht mir, immer und immer wieder zu erzählen, was man mir und den anderen Müttern angetan hat. Ich werde weder vergessen noch verzeihen, aber ich kann versuchen, aus dem Schlechten, das ich erlebt habe, etwas Gutes zu machen.«

Im Dezember 1999 nimmt Hebe de Bonafini im Namen aller Mütter der Plaza de Mayo den Preis für Friedenserziehung der UN-Organisation für Erziehung, Wissenschaft und Kultur entgegen (Unesco). Das Preisgeld von fünfundzwanzigtausend US-Dollar können die

Frauen für ihre verschiedenen Einrichtungen gut brauchen. In ihrer Dankesrede erklärt Bonafini, dass sie als Mütter zwar wüssten, dass ihre eigenen Kinder nicht mehr zurückkehren werden, aber sie hätten beschlossen, mit allen Müttern solidarisch zu sein, deren Kinder durch Bomben, Armut oder Hunger zugrunde gehen. Sie wollen weiter auf die Missstände in ihrer Heimat Argentinien, aber auch in anderen Ländern aufmerksam machen. »Die Ziele unserer Organisation haben sich geändert. Wir kämpfen heute weltweit für die Einhaltung der Menschenrechte, wir unterstützen den Bau von Sozialwohnungen für Arme und die Errichtung von Schulen für Kinder aus der Unterschicht.«

Mit ihrem Einstehen für die Schwächsten in der Gesellschaft und ihrer nicht nachlassenden Forderung nach Gerechtigkeit begeben sich die Mütter jedoch noch immer in Gefahr. Anfang 2001 wird Hebe de Bonafini am Telefon bedroht, der Anrufer sagt, man werde sie dort treffen, wo es sie am meisten schmerzt. Im Mai 2001 dann wird ihre Tochter Maria Alejandra in dem Haus, das sie mit der Mutter bewohnt, Opfer eines Attentats: Unbekannte geben sich als Angestellte der Telefongesellschaft aus, um Einlass zu bekommen. Die Männer überfallen die Neununddreißigjährige, schlagen sie zusammen, fesseln sie und verbrennen sie am ganzen Körper mit glühenden Zigaretten. Die Täter konnten bis heute nicht ermittelt werden.

Sosehr sie der Überfall auf ihre Tochter schockiert, so deutlich hat er Hebe de Bonafini auch gemacht, dass die Zeit der Diktatur nur auf dem Papier vorbei ist. Die Vergangenheit ist allgegenwärtig, und schon morgen könnte es wieder eine Diktatur geben, wie es schon mehrere gab und wie sie sie zuletzt zwischen 1976 und 1983 erlebt hat. Auch deshalb setzt Hebe de Bonafini ihre Offensive fort, auch deshalb trifft sie sich weiter Donnerstag für Donnerstag mit den anderen Müttern auf der Plaza de Mayo und bricht einmal im Jahr zu dem Vierundzwanzig-Stunden-Marsch auf. Sie will die Regierung nicht von den Menschenrechtsverletzungen freisprechen.

Als im Mai 2003 Néstor Kirchner zum neuen Staatsoberhaupt gewählt wird, scheint sich endlich, nach so vielen Jahren, etwas zu tun. In einem ersten Schritt hebt das argentinische Parlament bereits im August 2003 die zwei einst von Präsident Alfonsín eingeführten Amnestiegesetze wieder auf. Sieben Stunden diskutieren die Abgeordneten, dann steht fest: Folterer und Mörder aus der Zeit der argentinischen Militärdiktatur können wegen Verbrechen gegen die Menschlichkeit und Kriegsverbrechen bestraft werden. Etliche friedliche Demonstranten verfolgen die Debatte vor dem Kongressgebäude über Lautsprecher und fallen sich jubelnd in die Arme, als die Entscheidung verkündet wird. Als erster Präsident zeigt Néstor Kirchner, dass er die Vergangenheitsbewältigung ernst nimmt, und empfängt Hebe de Bonafini und die Madres de la Plaza de Mayo in seinem Palast.

Hebe de Bonafini sieht darin einen großen Fortschritt. Zwar werden wieder nicht die Handlanger vor Gericht gestellt, aber nach und nach macht man zahlreichen Generälen der Militärdiktatur den Prozess. Haftstrafen von über zwanzig Jahren werden genauso ausgesprochen wie das Urteil »lebenslänglich«. Kirchner verwirklicht damit sein Versprechen, die Verbrechen der Militärdiktatur aufzuarbeiten, und so brechen die Mütter im Januar 2006 zu ihrem fünfundzwanzigsten und letzten Vierundzwanzig-

Stunden-Marsch auf. »Der Feind ist nicht mehr in der Regierung«, sagt Hebe de Bonafini. »Der Präsident hat die Türen geöffnet, er hat Dinge getan, die niemand mehr erwartet hatte. Deshalb hören wir mit diesen jährlichen Protestmärschen auf. Aber nicht mit denen, die wir weiter jeden Donnerstag machen werden.«

Sie halten Wort: Noch immer treffen sie sich jeden Donnerstag zu ihrer halbstündigen Demonstration. Wie stark die Vergangenheit allen Menschen präsent ist, zeigt sich am 24. März 2006, dem dreißigsten Jahrestag des Putsches gegen die Regierung von Isabel Perón. Mehr als hunderttausend Menschen kommen zusammen, um bei dem Marsch der Verschwundenen zu gedenken. Ein über zweihundert Meter langes Transparent zeigt Fotografien der über dreißigtausend Opfer der Militärdiktatur. Der friedliche Demonstrationszug, zu dem auch andere Menschenrechtsgruppen aufgerufen haben, verläuft vom Kongress zum Regierungspalast. Mit diesem Marsch erinnern die Frauen um Hebe de Bonafini nicht nur an ihr eigenes Schicksal, sondern auch an das zahlreicher anderer Mütter, die sich aus Angst vor Repressalien bis heute nicht trauen, das Verschwinden ihrer Kinder anzuzeigen.

Auf der Plaza de Mayo ist das Symbol der Mütter, das weiße Kopftuch, inzwischen auf den Asphalt gemalt worden. Zudem wurde auf dem Platz zu Füßen der Mayo-Pyramide, einem Zeichen der Unabhängigkeit des Staates von Spanien, die Asche von Azucena Villaflor begraben. Die Leiche der ersten Sprecherin der Organisation ist erst 2005 gefunden worden.

Ihre Söhne wird Hebe de Bonafini nicht mehr wiedersehen. Trotzdem steht für sie fest, dass sie bis zum letzten

Atemzug gegen das Vergessen angehen wird: »Ich bin eine Mutter, der man ihre Kinder weggenommen hat und der deshalb nichts anderes übrigblieb, als den Rest ihres Lebens einer einzigen Sache zu widmen.«

# »Bei uns in Bagdad werden jeden Monat dreißig Frauen ermordet«

*Yanar Mohammed kämpft für die Gleichberechtigung von Frauen im Irak und riskiert dabei ihr Leben*

*Endlich durften die Frauen wählen oder sich zur Wahl stellen. Endlich durften sie öffentliche und private Ämter bekleiden, konnten Eigentum erwerben und das Sorgerecht für ihre Kinder erhalten, wenn sie sich scheiden ließen. Die irakische Verfassung von 1970 sicherte den Frauen die Gleichbehandlung zu. Drei Kriege hat der Irak seitdem hinter sich. Diktator Saddam Hussein wurde gestürzt, Truppen unter Führung der USA und Großbritanniens besetzten das Land. Der Irak ist im Chaos versunken. Auf der Strecke geblieben ist die gesetzliche Gleichberechtigung der Frauen. Sie sind am nachhaltigsten von den andauernden Konflikten und der angespannten Sicherheitslage im Land betroffen. Macht- und wehrlos, werden sie angegriffen, entführt, vergewaltigt oder sogar ermordet. Yanar Mohammed ist eine von denen, die das nicht so einfach hinnehmen.*

Mit ihrer Größe von einem Meter dreiundfünfzig könnte man sie schnell übersehen. Ihre dicken schwarzen Haare trägt sie meist offen, manchmal bindet sie sie zu einem lockeren Pferdeschwanz oder steckt sie zu einem strengen Knoten. Sie trägt gern bequeme Jeans und T-Shirts. Auf den ersten Blick wirkt die 1960 geborene Yanar Mohammed fast unscheinbar – jedenfalls auf Menschen aus Ländern, in denen nicht das islamische Gesetz gilt. Für viele ihrer Landsleute, vor allem für Männer, ist aber schon das äußere Erscheinungsbild der Irakerin Yanar Mohammed eine Provokation. Sie hält sich nicht an die islamischen Kleidungsvorschriften. Sie duckt sich nicht und kuscht nicht, wie es die meisten

Männer im Irak von einer Frau erwarten. Zu laut und massiv fordert sie die Gleichberechtigung der Frauen.

Yanar Mohammed will es nicht hinnehmen, dass täglich Frauen auf offener Straße vergewaltigt oder sogar getötet werden, dass viele einfach verschwinden, ohne dass jemand sie als vermisst meldet, und dass Frauen wie Menschen zweiter Klasse behandelt und wie Tiere gehalten werden. Sie geht dagegen an, obwohl sie weiter in Kanada als angesehene Architektin hätte arbeiten können, statt täglich ihr Leben aufs Spiel zu setzen. Doch Nordamerika ist nicht ihre Heimat. »Ich bin im Irak aufgewachsen, und bis ich ein Teenager war, konnten Mädchen wie selbstverständlich die Schule besuchen, gerade in Bagdad. Es gab viele gut ausgebildete, studierte Frauen, die auch in hohen Positionen arbeiteten und Kleidung ihrer Wahl trugen. Heute aber werden die Familien angehalten, die Mädchen bereits nach der sechsten Klasse von der Schule zu nehmen. Die Frauen müssen sich hinter Schleiern verstecken und riskieren schon ihr Leben, wenn sie nur allein zu einem Lebensmittelgeschäft gehen wollen.«

Yanar Mohammed weiß, dass sie die Zeit nicht zurückdrehen kann. Zu viel ist in den vergangenen Jahren im Irak geschehen. Aber sie will die Menschen wachrütteln und ihre Geschlechtsgenossinnen mobilisieren, damit sie wieder an sich glauben und die Motivation entwickeln, für ihre Rechte zu kämpfen. Schließlich hat Yanar Mohammed selbst erfahren, dass es funktionieren kann: Mann und Frau können auf einer Stufe stehen, auch im Irak.

»Meine Eltern gehörten einer modernen Generation an, sie führten eine moderne Partnerschaft«, erzählt Mohammed, und mit Blick auf die islamische Vielehe sagt sie: »Für meinen Vater gab es keine andere Frau, er achtete meine Mutter und behandelte sie gut. Er war ein Familienmensch, wir bildeten alle zusammen eine Gemeinschaft.« In Bagdad, wo sie geboren ist, wächst Yanar Mohammed gemeinsam mit vier Geschwistern auf. Der Vater ist Ingenieur, die Mutter Lehrerin. Wie sie sollen auch ihre Kinder eine gute Ausbildung erhalten, darauf legen die Eltern Wert. Und so schreibt sich Yanar Mohammed nach Abschluss der weiterführenden Schule an der Universität in Bagdad ein. Ihr Berufsziel: Architektin.

»Das Studium hat mir Spaß gemacht, und es war selbstverständlich, dass ich als Frau eine Universität besuche. In meinem Seminar waren sogar mehr Frauen als Männer, und es gab Stipendien für Frauen.« 1984 schließt sie das Studium mit dem Bachelor ab.

An der Universität lernt sie ihren späteren Ehemann Issam Shukor kennen. »Er war im selben Seminar wie ich, 1986 haben wir geheiratet.« Zwei Jahre später, 1988, wird der gemeinsame Sohn Diar geboren. Yanar Mohammed nimmt ihr Studium wieder auf und macht 1993 den Master. Doch die Lebensbedingungen verschlechtern sich besonders für Frauen immer mehr. Nach dem zweiten Golfkrieg im Jahr 1991 bangt Diktator Saddam Hussein um seine Macht. Um sich gerade bei den traditionellen islamischen Gruppen Sympathie zu verschaffen, beruft er sich auf religiöse Traditionen, lässt Moscheen bauen und beschneidet die Rechte der Frauen. Er billigt die Mehrehe und führt die weitgehende Straflosigkeit von Ehrenmorden ein.

Yanar Mohammeds Mann fühlt sich in dieser verrohenden Gesellschaft immer unwohler, gleichzeitig sieht er die Berufschancen für seine Frau schwinden. Da er nicht möchte, dass seine kleine Familie weiter unter diesen Zuständen lebt, will er aus dem Irak auswandern. Doch seine Frau fühlt sich tief mit ihrem Land verbunden. »Wäre es nach mir gegangen, hätten wir Bagdad nie verlassen. Ich hänge an dieser Stadt, auch wenn das Leben hier sehr gefährlich war und ist. Vielleicht können andere das nicht verstehen und schütteln den Kopf darüber, doch es ist meine Heimat.« Sie will versuchen, die Verhältnisse zu ändern, nicht aus ihnen flüchten. Aber sie denkt auch an ihren kleinen Sohn und seine Zukunft. Und so verlässt sie mit ihrer Familie 1993 schweren Herzens das Land. »Auswandern ist ein langer Prozess, gerade wenn man einen irakischen Pass hat. Wir sind zunächst in den Libanon geflüchtet, arbeiteten hier und da, sparten unser Geld und kümmerten uns um die nötigen Papiere. Erst im Mai 1995 gingen wir nach Toronto. In Kanada lebten bereits einige irakische Familien, die wir kannten.«

Nach einigen Monaten hat sich die Familie eingelebt; der Sohn geht zur Schule, und Yanar Mohammed findet als Architektin eine gutbezahlte Stelle. Aber das Leben im neuen Wohlstand lässt sie ihr Geburtsland und die Situation der Frauen dort nicht vergessen. Gewalt prägt weiterhin den Alltag im Irak. Nach wie vor ist Saddam Hussein an der Macht, und da der Irak Rüstungsinspektionen verweigert, kommt es zu Luftangriffen durch die Amerikaner und Briten.

Yanar Mohammed möchte versuchen, den Frauen in ihrer Heimat zu helfen. Gemeinsam mit anderen Exil-Irakerinnen gründet sie 1998 die Organisation »Defense of Iraqi Women's Rights« (DIWR, Verteidigung der

Rechte der irakischen Frauen). In den nächsten Jahren setzt sich Mohammed von Kanada aus gegen die Benachteiligung der Frauen im Irak ein und führt Aufklärungskampagnen durch. Gleichzeitig geht sie ihrem Beruf als Architektin nach.

Doch in Mohammeds Ehe kriselt es. Das Paar versteht sich zwar noch gut, aber für eine Liebesbeziehung reichen die Gefühle nicht mehr aus. Anfang 2003 lassen sich die beiden scheiden, ohne den Kontakt zueinander vollständig abzubrechen. Für Yanar Mohammed ist es die Chance, den Weg zu gehen, den sie schon vor Jahren angestrebt hat. Sie will nach Bagdad zurückkehren, um die Umstände im Land zu verändern und unmittelbar vor Ort Hilfe anzubieten. Nachdem das Haus in Toronto verkauft ist, reist Mohammed Mitte 2003 wieder in den Irak. Ihr geschiedener Ehemann und der siebzehnjährige Sohn bleiben in Kanada.

Als sie durch die Straßen ihrer Kindheit und Jugend streift, ist sie entsetzt. »Es war alles zerstört. Ich glaube, wer noch nicht selbst gesehen hat, wie es in einem Land nach einem Krieg, nach ständigen Bombardements und Explosionen aussieht, kann sich das kaum vorstellen. Eine irakische Kollegin, die ebenfalls für meine Organisation aktiv war, und ich richteten in einem ehemaligen Bankgebäude, das zu großen Teilen ausgebrannt war, einen Raum ein. Es ein Büro zu nennen wäre übertrieben.« Es gibt kein Telefon, kein Fax, geschweige denn einen Internetanschluss. Trotzdem verbreitet sich in den Straßen schnell die Nachricht, dass Yanar Mohammed eine Anlaufstelle für schutzsuchende Frauen bietet. Schon nach wenigen Tagen stehen vier Frauen vor der Tür und bitten um Hilfe.

»Sie waren auf der Flucht vor ihren eigenen Familien. Denn wenn eine Frau länger als vierundzwanzig Stunden von zu Hause fortbleibt, kann sie im Prinzip nicht mehr zurück. Ihr Vater oder Bruder oder beide zusammen würden sie im Namen der Ehre umbringen.« Mohammed nimmt die vier Frauen auf, erklärt ihnen aber auch, dass sie nicht über Räumlichkeiten verfügt, die sich für einen längeren Aufenthalt eignen. Sie legt Matten in einem anderen Raum des beschädigten Gebäudes aus, wo die Frauen übernachten können. Ihr ist klar, dass das keine Lösung auf Dauer sein kann. Die Unterbringung in direkter Nähe zum offiziellen Büro der Hilfsorganisation ist zu gefährlich. Deshalb sucht Yanar Mohammed nach Alternativen und mietet wenige Tage später ein Haus in Bagdad an und ein weiteres Gebäude in der Stadt Kirkuk, im Norden des Irak. Es sind die ersten Frauenhäuser des Landes.

»In den ersten Monaten steckte ich einen großen Teil meiner Ersparnisse aus dem Hausverkauf in Kanada in die Organisation. Wir waren schließlich noch unbekannt, es gab keine Spenden. Die Hilfe für die Frauen musste jedoch schnell erfolgen.« Mohammeds Mut und Engagement rufen bald die Presse auf den Plan. Bereits nach wenigen Wochen gibt sie täglich vier bis fünf Interviews, sowohl für irakische als auch für internationale Medien. Yanar Mohammed spricht sich vor allem gegen die Anwendung des islamischen Rechtssystems, der Scharia, aus, wonach beispielsweise angebliche Ehebrecherinnen öffentlich gesteinigt oder ausgepeitscht werden und sich Frauen nur tief verschleiert zeigen dürfen.

Die Öffentlichkeitsarbeit für die Organisation hat jedoch zwei Seiten. So wichtig es ist, auf die Lage der

Frauen im Irak aufmerksam zu machen, so schwierig und riskant ist die Zusammenarbeit mit der einheimischen Presse. Jeder Bericht über ihre Arbeit für die Frauen regt nicht nur Menschen zum Nachdenken an, er macht auch ihre Gegner hellhörig. Diese kommen vor allem aus der islamisch-fundamentalistischen Ecke, und sie trachten ihr nach dem Leben.

Von dieser Bedrohung erfährt sie im Januar 2004 in einem öffentlichen Internetcafé, als sie ihre Mails abruft. Darunter ist eine Mail der vom Iran und Saudi-Arabien geförderten irakisch-islamistischen Miliz Jaish al-Sahaba (Armee von Sahaba, auch: Armee der Gefährten des Propheten). Die Betreffzeile lautet unmissverständlich: »Killing Yanar Mohammed«.

»Die Absender führten näher aus, dass ich und die Frauen um mich herum in die Luft gesprengt werden sollten. Ich schrieb meinen Freundinnen und Freunden daraufhin sofort eine Mail und bat sie, auch anderen mitzuteilen, dass es mir gutginge und dass wir den Kampf nicht einfach aufgeben könnten. Aber natürlich war ich auch geschockt und fragte sie, was ich tun soll.« Ihre Vertrauten raten ihr dringend, sich zu verstecken. Sie solle für einige Monate untertauchen und das Haus nur in Begleitung verlassen.

Mohammed kommt bei guten Freunden unter. Doch schon nach einigen Tagen wird sie unruhig. »Ich konnte nicht weiter dortbleiben, ich wollte nicht kneifen, ich wollte weiterkämpfen für uns Frauen im Irak.« Die Freunde machen sich allerdings große Sorgen um sie. Im Wissen um die Gefahr, der sich Mohammed aussetzt, wenn sie vor die Tür tritt, schenken sie ihr eine kugelsichere Weste. »Es war schon merkwürdig, sie auch nur in der Hand zu halten. Brauchte ich, Yanar Mohammed, wirklich so eine Weste? Ich fand den Gedanken anfangs sehr seltsam. Doch dann dachte ich, wenn mir dieses Ding die Möglichkeit gibt, am Leben zu bleiben, dann trage ich es. Seit Februar 2004 gehe ich nie ohne kugelsichere Weste auf die Straße.«

Jeden Tag riskiert sie ihr Leben, das weiß Yanar Mohammed. Stärker als die Angst, ermordet zu werden, ist aber ihr Wille, etwas für die Frauen zu tun. Im Juni 2004 benennt sich ihre Organisation um in »The Organization of Women's Freedom« (OWFI, Organisation für die Freiheit von Frauen). Yanar Mohammed ist weiterhin die Geschäftsführerin. Sie will die Frauen nicht allein lassen; zu viele von ihnen sind nach den Kriegen der vergangenen zwanzig Jahre schon einsam zurückgeblieben. Weil ihre Männer bei Gefechten starben oder weil Saddam Hussein sie hinrichten ließ – der Diktator ging gnadenlos gegen alle vor, die ihm hätten schaden können –, wurden Hunderttausende irakische Frauen zu Witwen und viele von ihnen zu alleinerziehenden Müttern. Andere wurden die zweite oder dritte Ehefrau von Männern, die damit keine finanzielle Verantwortung für sie übernahmen. Doch selber für ihren Lebensunterhalt zu sorgen gestaltet sich für viele Frauen äußerst schwierig. Die meisten sind nicht auf ein selbstbestimmtes Leben vorbereitet worden, und denen, die eine Schule besucht haben und über eine gute Ausbildung verfügen, gibt man im Irak wegen ihres Geschlechts keinen Job.

»Früher, gerade in den achtziger Jahren, arbeiteten Frauen in guten Positionen. Stellen im öffentlichen Bereich waren zu 40 Prozent weiblich besetzt. Heute aber hat fast keine Frau mehr einen Job. Die meisten stehen mittellos da«, sagt Yanar Mohammed. Die wenigen freien Arbeitsplätze werden in neun von zehn Fällen an männliche Bewerber vergeben. Aus diesem Grund fordert Yanar Mohammed von der Coalition Provisional Authority (CPA), der Übergangsverwaltung nach dem dritten Golfkrieg, eine monatliche Zahlung in Höhe von hundert Dollar für Frauen, und zwar als eine Form der staatlichen Fürsorge. Doch bei den Verantwortlichen stößt sie damit auf taube Ohren.

Viele Frauen sind damit überfordert, ganz auf sich allein gestellt zu sein, und angesichts eines Lebens ohne Aussicht auf Besserung gehen viele irakische Frauen in den Selbstmord. Bevor sie sich weiter demütigen lassen, bevor sie womöglich von ihren männlichen Verwandten umgebracht werden, töten sich viele Mädchen und junge Frauen selbst. Allein in der autonomen Region Kurdistan im Nordirak nehmen sich im Jahr 2007 über sechshundert Frauen das Leben.

»Eine der schlimmsten Tatsachen in diesem Land ist, dass so viele Frauen und Mädchen einfach verschwinden, vergewaltigt und entführt werden, am helllichten Tag, und keiner fragt nach«, sagt Yanar Mohammed. »Diese Frauen werden häufig nicht einmal als vermisst gemeldet, weil die eigene Familie sie ohnehin nicht mehr sehen will. Denn wird ein Mädchen nach einer Vergewaltigung wieder zu seiner Familie zurückgebracht, und es wird bekannt, dass es missbraucht wurde, ist die Gefahr groß, dass der Bruder oder Vater es ermordet, um die Ehre der Familie wiederherzustellen.«

Zuverlässige Statistiken über Vergewaltigungen und Entführungen von Frauen in Bagdad gibt es nicht. Zum Teil liegt das daran, dass Polizeistationen nur über Notbelegschaften verfügen und dass viele Opfer die Verbrechen erst gar nicht melden und auch keine medizinische Hilfe in Anspruch nehmen. Und es gibt noch einen Grund: Eine Vergewaltigung zählt im irakischen Strafgesetz nicht als schweres Verbrechen.

»Wir haben unsere eigenen Informationsquellen. Da wir direkt vor Ort sind, sehen wir, was passiert. Wir wissen, dass außerhalb von Bagdad etwa sieben bis acht Frauen in der Woche verschwinden, in Bagdad selbst sind es jede Woche zehn bis fünfzehn«, sagt Yanar Mohammed. Für Außenstehende klingt es unvorstellbar, dass Menschen verschwinden können, ohne dass jemand sie vermisst. Doch im Irak gehört das zur Realität. Viele Frauen werden gleich ermordet, andere werden erst vergewaltigt und dann getötet, wieder andere werden vergewaltigt und/oder als Sexsklavinnen verkauft. Ein beträchtlicher Teil des organisierten Menschenhandels im Irak hat sich auf den Handel mit Frauen spezialisiert, der auch über die Landesgrenzen hinaus betrieben wird. »Man verschachert die Frauen wie Vieh. Eine ganz normale Frau gibt es für umgerechnet etwa hundert US-Dollar, eine Jungfrau kostet um die zweihundert.«

Um näher bei den Betroffenen zu sein, schließt Yanar Mohammed das Frauenhaus in Kirkuk. Stattdessen baut sie zwei Zufluchtsstätten in Bagdad auf, eine im Zentrum und eine am Stadtrand. Die genauen Adressen hält die Organisation streng geheim. »Zu groß ist die Gefahr, dass die männlichen Verwandten die Frauen aufspüren und töten.« Beide Frauenhäuser werden rund um die Uhr von bewaffneten Schutzmännern bewacht. Bis zu zehn Frauen leben in jedem der Gebäude und teilen sich zwei Schlafräume und ein Wohnzimmer. Die meisten kommen ohne Papiere und ohne Pass, sie sind eingeschüchtert und verängstigt. Die Organisation versucht, ihnen Hoffnung zu geben. Rund zweihundertfünfzig Frauen konnten so in den vergangenen Jahren vor einer drohenden Ermordung im Namen der Ehre gerettet werden. Zahlreichen Frauen ermöglichte die OWFI die Flucht ins Ausland, andere sind mittlerweile bei der Organisation angestellt und betreuen neue Opfer.

»Es ist nicht leicht, geeignete Mitarbeiter für unsere Frauenhäuser zu finden. Die Leute wissen um die Gefahr, der sie sich aussetzen. Außerdem denken viele sehr traditionell, erschreckenderweise selbst Frauen. Einmal suchten wir zum Beispiel eine Ärztin, die auf Traumatherapie spezialisiert war. Als wir glaubten, die Richtige gefunden zu haben, fragten wir sie, ob sie bei uns mitarbeiten wolle. Sie lehnte ab. Sie verachte Frauen, die sich unehrenhaft benehmen, und wolle solche Frauen auf keinen Fall behandeln, sagte sie.«

Im Irak verfolgen viele mit Argwohn, was Yanar Mohammed leistet. Damit ihre Gegner die Frauenhäuser nicht finden können, wechseln Mohammed und ihr Team spätestens nach einem Jahr die Unterkunft für die schutzsuchenden Frauen. Trotz solcher Vorsichtsmaßnahmen macht Mohammed immer wieder die Erfahrung, dass ihr eigenes Leben in Gefahr ist, manchmal gerade dann, wenn sie sich in Sicherheit wähnt. »2005 nahm ich mir einen Leibwächter. Ich merkte, dass ich mich dadurch besser fühlte. Außerdem musste ich dann nicht immer Freunde bitten, mich zu begleiten.« Der Bodyguard ist fortan ständig an ihrer Seite, er kennt ihren Tagesablauf, ihre Termine, ihre Freunde, hört teilweise ihre Telefonate mit und weiß, wann Yanar Mohammed allein ist und wann sie Besuch bekommt. Er verfügt damit über ein Wissen, das ihn für die Feinde von Mohammed interessant macht.

»Ich ahnte nicht wirklich etwas, höchstens unbewusst, doch ich schob diese Gedanken beiseite. Ich vertraute ihm und dachte, er sehe die Sache nicht nur als Job, sondern stünde auf meiner Seite. Im Juni 2007 fehlte dann plötzlich mein kanadischer Pass, und mein Leibwächter war über alle Berge. Da wurde mir klar: Er hatte mich bestohlen.« Später erfährt Yanar Mohammed: Der Leibwächter hatte von ihren Gegnern Geld dafür angenommen, sie auszuspionieren. Den Pass stahl er, damit Mohammed nicht ausreisen konnte, wenn sie die Gefahr erkannte. Ihre Feinde wollten sie zermürben. »Ich tauchte wieder bei Freunden unter und dachte viel nach. Natürlich fragte ich mich auch, ob es das alles wert ist, doch davon bin ich fest überzeugt.«

Seit diesem Vorfall ist sie noch vorsichtiger geworden, auch im Umgang mit Freunden. Sie hat für sich selbst ein Haus in Bagdad gemietet, nur die engsten Freunde kennen die Adresse. Aber selbst diese Vertrautheit ist ihr irgendwann nicht mehr geheuer, und so zieht sie spätestens nach zwölf Monaten in ein neues Zuhause und richtet sich dort wieder einen Rückzugsort ein. Im Grunde ist sie immer auf der Flucht.

»Ich komme nur selten wirklich zur Ruhe. In Bagdad zu entspannen, das fällt mir schwer.« Es gibt immer noch Anschläge, große Teile der Stadt sind zerstört, und an den Sommertagen klettern die Temperaturen auf über vierzig Grad. Selbst in der Nacht wird es nicht wesentlich kühler, meist herrschen auch dann noch um die fünfundzwanzig Grad. Da die Stromversorgung weitgehend zusammengebrochen ist, sind die Klimaanlagen nur selten in Betrieb. »Es ist so heiß, dass ich oft nur zwei Stunden in der Nacht schlafen kann, die restliche Zeit liege ich herum. Spätestens um acht stehe ich dann auf und frühstücke, damit ich um neun im Büro sein kann.«

Mittlerweile besteht das Team der Organization of Women's Freedom in Bagdad aus fünfzehn Frauen und Männern, die sich gemeinsam mit Yanar Mohammed engagieren. Ihre Arbeit erfordert nicht nur Überzeugung, sondern auch großen Mut. Wie die Frauenhäuser wird auch das Büro rund um die Uhr von schwerbewaffneten Sicherheitskräften bewacht. Die Mitarbeiterinnen gehen ebenfalls nur mit Bodyguards auf die Straße. Zu groß ist die Gefahr, dass sie angegriffen werden. »Eine Kollegin von uns, Melissa, wurde von Islamisten aus ihrem Haus gezerrt. Die Männer riefen dabei immer wieder: ›Sie ist eine Prostituierte!‹ Sie schleiften Melissa hinter sich her, und der Bruder wollte ihr zu Hilfe kommen. Doch sie haben ihn brutal zur Seite gestoßen. Er musste mit ansehen, wie diese Männer Melissa innerhalb weniger Minuten auf offener Straße fesselten und dann erhängten.«

Yanar Mohammed erschüttern diese Verbrechen umso mehr, je weniger Menschen danach fragen, warum sie geschehen. Wird im Irak eine Frau umgebracht, geschieht dies im Namen der Ehre, davon sind die meisten Leute überzeugt. Nach Mohammeds Schätzungen werden in Bagdad und Umgebung monatlich etwa dreißig Frauen getötet. »Im November kam einer unserer Mitarbeiter unter Schock ins Büro gestürzt und sagte, er habe im Leichenschauhaus die Körper von hundertfünfundachtzig geköpften Frauen gesehen. Es habe zudem alles so ausgesehen, als seien diese Menschen vor ihrer Ermordung

308

schwer misshandelt worden«, sagt Yanar Mohammed. »Das war keine Massenhinrichtung, es war vielmehr ein Beispiel dafür, was täglich auf Iraks Straßen passiert. Frauen werden öffentlich hingerichtet. Als unser Mitarbeiter uns berichtete, was er gesehen hatte, war mir klar, dass hier Islamisten am Werk gewesen waren. Das Köpfen ist als Tötungsart typisch für sie.«

An diese Grausamkeiten kann und will sich Yanar Mohammed nicht gewöhnen. Gemeinsam mit ihren Angestellten organisiert sie regelmäßig Frauenabende mit Tee und Musik, an denen Arbeiterinnen genauso wie Studentinnen und Intellektuelle teilnehmen. Die Organisation will die Frauen aufklären und mobilisieren.

»Wenn wir wirklich etwas in unserem Land bewegen wollen, müssen wir aber auch die Männer von unserem Anliegen überzeugen und in unsere Arbeit einbeziehen«, sagt Yanar Mohammed. Das versucht sie durch die arabischsprachige Zeitung *Al-Musawat* (Gleichheit) zu erreichen, die sie als Chefredakteurin betreut, und seit einigen Jahren regelmäßig auch mit dem Projekt »Freedom Space«. Dabei laden sie und ihr Team Männer und Frauen zu Musikveranstaltungen und literarisch-poetischen Vorträgen in öffentlichen Parks oder Gebäuden ein. »Es sind keine politischen Events, vielmehr geht es um einen Austausch zwischen den Menschen. Natürlich bringt das Risiken mit sich, darum sind auch immer viele freiwillige Helfer und Leibwächter im Einsatz. Doch wenn ich sehe, wie über fünfhundert Leute miteinander reden, statt sich zu bekämpfen, wie sie Freude haben und wie sich Männer und Frauen als Zeichen der Verbundenheit am Ende einer Veranstaltung an den Händen halten und einen Kreis bilden, dann gibt mir das Kraft.«

Immer wieder reist Mohammed ins Ausland, um auch dort die Öffentlichkeit für die Situation der Frauen im Irak zu sensibilisieren. So fliegt sie im Mai 2008 auf Einladung einer ausgewanderten Irakerin in die Schweiz und hält Vorträge in mehreren Städten. »Es ist mir wichtig, dass die Menschen erfahren, was die Frauen bei uns durchleben müssen. Wir brauchen diese Öffentlichkeitsarbeit, wir finanzieren uns nur durch Spenden. Die Vorträge sollen verdeutlichen, wie notwendig eine Unterstützung ist.«

Für ihr unermüdliches Engagement opfert sie fast ihr gesamtes Privatleben. Ihre Geschwister leben mittlerweile verstreut in Kanada, den USA und im Libanon, und Mohammed sieht sie nur selten. Die wenigen Freiräume und Auszeiten, die sie sich verschafft, nutzt sie, um nach Kanada zu ihrem Sohn zu reisen. »Bei allem, was ich tue, bin ich auch Mutter. Mutter zu werden und zu sein verändert das eigene Leben. Man ist nicht nur für sich allein verantwortlich, man ist untrennbar verbunden mit dem Leben eines anderen Menschen.« Meist versucht Yanar Mohammed, mehrere Wochen am Stück mit ihrem mittlerweile erwachsenen Sohn zu verbringen, um an seinem Leben teilzuhaben, bevor sie wieder in die Heimat zurückkehrt.

Dort hat sie in ihrem neuen irakischen Lebensgefährten einen engen Vertrauten gefunden, der sie in ihrer Arbeit unterstützt und sie für ihren Mut bewundert. Er macht ihr keine Vorwürfe, dass sie so viel Kraft in ihre Arbeit steckt. Angst hat er trotzdem um sie, denn er weiß, dass er mit einer Frau lebt, die noch viele Pläne hat und sich nicht stoppen lässt. So würde Yanar Mohammed bei der irakischen Regierung gern ein Büro einrichten, das sich ausschließlich mit den Fragen und Wünschen von Frauen beschäftigt, gerade vor anstehenden Wahlen. Ihr ist jedoch klar, dass das derzeit noch eine Utopie ist. Erst müsste die Verfassung neu geschrieben und über sie abgestimmt werden.

Aber wenn sie nicht voller Hoffnung wäre, hätte Yanar Mohammed längst aufgegeben. Vor der männlichen Herrschaft zu kapitulieren, davon ist sie weit entfernt. »Das Engagement für die Frauen ist wichtig. Es geht um das Leben von Menschen, und wir müssen es verteidigen. Ich sehe, wie täglich Frauen vergewaltigt und ermordet werden. Leben die Frauen im Irak weiterhin ohne Menschenrechte, sind sie eines Tages womöglich selbst von ihrer vermeintlichen Minderwertigkeit überzeugt. Ich will etwas dagegen tun, auch wenn ich mir damit viele Feinde schaffe und immer wieder mein Leben riskiere. Das ist es mir wert.«

# »Jedes Kind hat eine Chance verdient«

*Tina Witkowski kümmert sich mit ihrem Verein Kahuza um Kinder in Deutschland, die in Armut leben*

*Wie heißt es so häufig: Kinder sind unsere Zukunft! Doch was ist, wenn wir ihnen gar keine Perspektive geben? Fast zwei Millionen Mädchen und Jungen leben in Deutschland unter der Armutsgrenze, das ist jedes sechste Kind. Sie wachsen in Familien auf, in denen es zumeist am Nötigsten mangelt: Es fehlt das Geld für genügend Lebensmittel, für neue Kleidung und für Spielzeug. Und oftmals fehlt es diesen Kindern auch an Zuwendung und Aufmerksamkeit. Für solche Mädchen und Jungen macht Tina Witkowski sich stark.*

Der Start ins Leben beginnt für Tina Witkowski denkbar schlecht. Sie ist unerwünscht, als sie am 1. August 1964 in Halle an der Saale zur Welt kommt. Und sie wird in den nächsten achtzehn Jahren, bis sie von zu Hause auszieht, vieles erleben, auf das sie im Nachhinein gut hätte verzichten können. »Meine Mutter wollte unbedingt einen Jungen, ich war nun einmal ein Mädchen, und ihre Verärgerung über diese Tatsache ließ sie mich spüren«, erzählt Tina Witkowski. Früh macht sie die Erfahrung, dass es für Schläge und Geschrei keinen bestimmten Grund geben muss. Erwachsene sind stärker, und manche von ihnen, wie ihre Mutter, erheben gegenüber einem Kind die Hand, wie und wann es ihnen passt.

Der Vater ist wenig zu Hause, und als Tina Witkowski fünf Jahre alt ist, trennen sich die Eltern. Bald lernt die Mutter einen neuen Mann kennen. Zu ihrem Stiefvater baut Tina Witkowski jedoch nie eine Beziehung auf. »Er war einfach da und der Freund meiner Mutter, mehr nicht. Er interessierte sich nicht für mich, für meine Situation in der Familie, und so war ich weiter den Aggressionen meiner Mutter ausgesetzt.«

Die einzigen schönen Momente in ihrer Kindheit erlebt sie bei der Großmutter. Die hat Zeit für die Enkelin, spielt mit ihr und erzählt ihr Geschichten. »Zu meiner Oma hatte ich ein sehr inniges Verhältnis, ich freute mich immer, wenn ich zu ihr gehen durfte.«

Auch als ihre Mutter endlich einen Sohn bekommt, ist der Terror noch nicht zu Ende. Während ihr Halbbruder verschont bleibt – er ist schließlich der lang ersehnte Junge –, bezieht Tina Witkowski weiter Schläge. Tief in ihr keimt in dieser Zeit ihr Kampfeswille auf: Sie will es trotzdem schaffen, die Mutter kann sie verprügeln, aber sie wird sie nicht zerstören. Diese Kämpfernatur wird einmal ihr Markenzeichen sein, für das andere sie bewundern, ohne die Geschichte zu erahnen, die dahintersteht.

Sie besucht die Polytechnische Oberschule, die allgemeine Pflichtschule der DDR, die sie 1981 mit Abschluss der zehnten Klasse beendet. »Ich wäre gern Kommissarin geworden, das war mein Traum, doch meine Mutter war dagegen, und ich konnte mich nicht durchsetzen. Irgendwie war es mir auch egal, was ich mache. Ich wollte nur weg von zu Hause, und so habe ich Chemiefacharbeiterin gelernt. Für die Ausbildung musste ich in ein Internat nach Dresden, also fort, und das war gut.« Tina Witkowski spezialisiert sich in der Ausbildung auf Lacke und Farben, doch da sie mit der Zeit allergisch auf diese Stoffe reagiert, kann sie nach der Lehre nicht in ihrem Beruf weiterarbeiten. Der Chef des Betriebs bietet ihr die Möglichkeit, als Assistentin im Büro anzufangen.

»Ich war achtzehn und verdiente sofort mein eigenes

315

Geld. So konnte ich mit meinem Freund zusammenziehen, wir waren schon länger ein Paar.« 1984 heiraten die beiden, zwei Jahre später kommt der gemeinsame Sohn Norman auf die Welt. Immer öfter jedoch kriselt es in der Beziehung. »Ich glaube, wir waren einfach noch zu jung; ich meine, ich war damals gerade einundzwanzig und mein Mann dreiundzwanzig«, sagt Witkowski. 1986 zerbricht die Ehe, das Paar lässt sich scheiden.

Der kleine Norman bleibt bei seiner Mutter, die sich fortan als Alleinerziehende durchboxen muss. Sie arbeitet weiter, während der Junge in den Kindergarten geht. Der Alltag ist anstrengend und zehrt an den Kräften, abends fällt sie todmüde ins Bett. Viel Zeit für sich selbst findet die junge Frau in dieser Zeit nicht.

»Von der Wende habe ich daher, ehrlich gesagt, nicht wirklich etwas mitbekommen. Auf einmal war die Mauer eben weg«, erinnert sich Tina Witkowski an den November 1989. Als jedoch nur wenige Monate später ein wahrer Bauboom einsetzt – es geht um den Aufbau Ost –, erkennt sie ihre Chance und wechselt die Branche. Sie wird Niederlassungsleiterin bei einer Gerüstbaufirma und merkt schnell, dass sie das ganze Management auch allein schaffen könnte. 1992 gründet sie ihre eigene Firma.

»Die ersten Jahre liefen gut«, erzählt Tina Witkowski. Sie hat in dieser Zeit an die zwanzig festangestellte Mitarbeiter, unter ihnen auch Mike, der erst ihr Freund und 1995 ihr Ehemann wird. »Nein, das war kein Problem, dass ich der Boss war«, sagt sie grinsend. »Ich war eine gute Chefin, ich habe das auch gern gemacht; Organisieren und Delegieren, das liegt mir. Ich hatte immer alles im Griff.« Womit sie jedoch nicht rechnet: Immer mehr

Kunden nehmen es mit der Zahlungsmoral nicht so genau; immer öfter muss Tina Witkowski deshalb Mahnungen schreiben und säumigen Kunden damit drohen, die Gerüste einfach wieder abzubauen. »Die meisten meiner Angestellten hatten eine Familie zu versorgen. Sie waren auf ihren Lohn angewiesen«, erzählt Witkowski. Und da sie aus eigener Erfahrung weiß, wie es ist, wenn man sich auf niemanden verlassen kann, ist es ihr umso wichtiger, ihre persönlichen und beruflichen Beziehungen verbindlich und verlässlich zu gestalten. Die Angestellten sollen mit ihr rechnen können. Und sie schafft es: Die Mitarbeiter erhalten immer ihren Lohn, wenn auch manchmal mit ein paar Tagen Verspätung.

Knapp vier Jahre hält sie die Firma, die Angestellten und sich selbst noch über Wasser, aber Ende 1999 zeigt die Krankenkasse keine Einsicht mehr und beantragt die Insolvenz des Unternehmens. »Ich war zwar häufig mit Zahlungen für meine Mitarbeiter in Rückstand geraten, doch ich hatte immer alles aufgeholt«, erzählt Witkowski. »Ich habe die Leute von der Krankenversicherung angebettelt, sie mögen mir noch eine Chance geben.« Aber das Bitten nutzt nichts. Tina Witkowski muss ihre Firma aufgeben, und während ihre Angestellten, darunter auch Ehemann Mike, schnell bei anderen Betrieben neue Jobs finden, steht sie vor dem Nichts. Jahrelang hat sie ihre Energie und ihre Leidenschaft in den eigenen Betrieb gesteckt, jetzt ist alles vorbei.

»Natürlich habe ich mich beworben, erst auf Stellen, die zu meinem Können passten, irgendwann aber auf alles, was es gab. Ich glaube, es waren an die zweihundertdreißig Bewerbungen in neun Monaten. Es war eine Zeit, in der ich fast nur am Schreibtisch saß – entweder um

Bewerbungen zu schreiben oder weil ich mich um den Insolvenzverwalter kümmern musste.« Ihr Eifer wird jedoch nicht belohnt, in ihrem Briefkasten landen nur Absagen. Manchmal ruft sie den zuständigen Personalverantwortlichen an, um sich nach den Gründen für eine Ablehnung zu erkundigen, und bekommt dann rhetorische Fragen zu hören wie: »Meinen Sie wirklich, als ehemalige Chefin sind Sie teamfähig? Können Sie sich denn unterordnen und in die Gruppe einbringen?«

Tina Witkowski ist frustriert, aber auch verärgert darüber, dass man ihr keine Chance gibt. Sie erinnert sich an ein Erlebnis vor etlichen Jahren: Ein guter Freund war bei einem Motorradunfall ums Leben gekommen, und sie hatte an seinem Grab eine Rede gehalten. Später sagten ihr einige der Anwesenden, sie hätte genau die richtigen Worte gefunden. Vielleicht liegt darin ihr Talent. Sie weiß schließlich aus eigener Erfahrung, wie es ist, wenn man sich allein fühlt. Und nach der Insolvenz des Betriebes weiß sie auch, wie sehr eine Krise einen Menschen erschüttern kann. So beschließt sie, sich als Trauerrednerin zu versuchen. Lieber wagt sie noch einmal den Schritt in die berufliche Selbständigkeit, als weiter zu Hause herumzusitzen. Sie möchte für andere da sein und ihnen in schweren Momenten zur Seite stehen.

Doch es ist auch die Zeit, in der in der Presse immer häufiger über Kinderarmut in Deutschland zu lesen ist. Allein in ihrer Stadt, in Halle an der Saale, wachsen bereits rund zehntausend Mädchen und Jungen in Hartz-IV-Familien auf. Tina Witkowski findet, das ist ein Skandal. Und es nervt sie, dass andere nur darüber klagen, wie schlecht es ihnen geht, aber keine Initiative zeigen, etwas dagegen zu tun. »Die Medien verbreiteten ständig die

Meinung, dass diese Kinder keine Zukunft hätten. Aber auch sie blieben tatenlos«, sagt Tina Witkowski, und noch im Rückblick vibriert ihre Stimme vor Trotz und Energie. Schmerzlich erinnert sie sich an die eigene Kindheit, und wieder erwacht die Kämpfernatur in ihr. »Ich habe einfach beschlossen, dass ich das jetzt angehe und versuchen möchte, diesen Kindern zu helfen. Jedes Kind sollte eine Chance bekommen. Man darf sie doch nicht gleich abschreiben!« Sie leiht sich von einem guten Bekannten fünftausend Euro als Darlehen und gründet 2005 den Verein Kahuza.

»Der Name, der ist schon etwas Besonderes«, sagt Witkowski. Lange hat sie hin und her überlegt, nach einem geeigneten Namen für ihr Projekt gesucht und fast schon aufgegeben. »Ich setzte mich dann einfach an den Tisch und schrieb auf, was der Verein alles leisten soll.« Und so verstecken sich hinter »Kahuza«, diesem Wort, das wie der Name einer asiatischen Kampfkunst klingt, ganz konkret ihre Anliegen: Das K steht für »Kinder – für sie wollen wir etwas bewegen«, das A für »Kinder-Armut in Deutschland«, das H für »unsere Hilfe ist aktiv«, das U für »Unterstützung durch Sponsoren und Spender«, das Z für »Zukunft ohne Armut und Gewalt« und das zweite A für »das ist unsere Aufgabe«.

In einem ersten Schritt besinnt sich Tina Witkowski auf das, was sie hat und was sie kann: Sie hat beste Kontakte zur Baubranche, und sie kann andere von ihren Ideen überzeugen. In den nächsten Wochen greift sie mehrmals täglich zum Telefon, ruft bei Baufirmen in Halle an oder fährt mit dem Auto bei ihnen vorbei und fragt nach Holzresten oder anderem Material, nach Computern, die für die Büroarbeit ausgedient haben – und sie erzählt von

Kahuza. Sie hat treffende Argumente und kann die Firmen überzeugen, so dass diese gern etwas spenden. »Unternehmen müssen sich fragen, woher sie übermorgen qualifizierte und motivierte Mitarbeiter nehmen«, erklärt Tina Witkowski. »Es ist wichtig, allen Kindern optimale Entwicklungsmöglichkeiten zu geben.« Ihre Initiative nennt sie »MUK«, eine Abkürzung für »ManagerInnen unterstützen Kinder«, und schon nach wenigen Monaten kann sie ein Haus anmieten. Sie richtet ein Computerzimmer sowie ein Lern- und Spielzimmer ein, es gibt Regale mit vielen Büchern, und auf dem Hof stehen einige Fahrräder für die Kinder, dazu gibt es Fußbälle und jede Menge Spielzeug.

Außerdem knüpft Tina Witkowski Kontakte zu den umliegenden Geschäften und fragt nach Gemüse, nach Obst und anderen Lebensmitteln, die vielleicht am Ende des Tages übrigbleiben und sonst im Müll landen. Sie möchte einen Mittagstisch anbieten, und schon bald steht Kahuza auf der Liste der gemeinnützigen Organisation »Tafel«, die überflüssige Lebensmittel aus Restaurants oder Geschäften an Bedürftige verteilt.

Ein halbes Jahr nach der Gründung stehen die ersten Mädchen und Jungen vor ihrer Tür. In den Zeitungen erscheinen einige Berichte über den Verein, und Witkowski weiß, dass vor allem die Kinder untereinander sich viel über Kahuza erzählen.

»Anfangs waren es um die zehn, schnell wurden es mehr, und heute haben wir im Schnitt fünfundzwanzig bis fünfzig Kinder bei uns.« Manche von ihnen sind jeden Tag da, pünktlich nach der Schule, gegen dreizehn Uhr, manche nur am Monatsende, wenn zu Hause das Geld knapp wird und kein Mittagessen mehr auf den

Tisch kommen kann. Dann gehen sie zu Tina, wie die Kinder sie einfach nennen.

Witkowski möchte den Kindern allerdings nicht nur eine warme Mahlzeit servieren, sie will den Mädchen und Jungen auch eine Struktur im Leben geben, denn das ist etwas, das viele von zu Hause, wo sich häufig keiner für sie interessiert, nicht kennen. Deshalb legt Tina Witkowski großen Wert auf einen geregelten Tagesablauf. Die Kinder kommen aus der Schule, dann gibt es Mittagessen, danach haben sie eine halbe Stunde Zeit, um runterzukommen, und anschließend geht es ab ins Lernzimmer. Dort stehen Vierertische für kleine Gruppen, ein Regal mit Kinderbüchern, Lernhilfen in Form von Spielen, Postern und eine Musikanlage.

Haben die Kinder die Hausaufgaben erledigt, liegt es Tina Witkowski am Herzen, dass sie trotzdem noch ein wenig weiterlernen, sich zum Beispiel vorbereiten auf den nächsten Schultag. Kaum ein Kind weiß allerdings, wie »lernen« geht. Und Lust hat schon gar keines dazu. »Woher sollen sie auch die Freude am Lernen nehmen?«, sagt Witkowski. »Zu Hause, überall hören sie, sie hätten sowieso keine Perspektive. Das ist die Erfahrung ihrer Eltern, die sich selbst auch ohne Chance sehen.«

Aber die Kahuza-Gründerin resigniert nicht so schnell wie manche Mutter oder mancher Vater. Sie lässt sich die Klassenarbeiten und Zeugnisse der Kinder zeigen, redet mit jedem einzelnen Mädchen und Jungen, fragt nach, in welchen Fächern es noch hakt, lobt aber genauso ausdrücklich Fortschritte. »Wie sollen sie denn sonst aus dem Chaos ausbrechen? Lernen, gute Noten und etwas können, das ist eigentlich ihre einzige Möglichkeit.« Bei diesem Thema überkommt Tina Witkowski manchmal ein trauriges Gefühl. Schließlich weiß sie: Wenn gegen neunzehn Uhr die Türen von Kahuza schließen, kehren etliche der Kinder in ein Zuhause zurück, wo stundenlang der Fernseher läuft, keiner nach den Schulergebnissen fragt und niemand sich bei den Kindern erkundigt, wie ihr Tag gelaufen ist. Einige der Eltern hat Tina Witkowski nie kennengelernt. Manche wissen auch gar nicht oder wollen nicht zur Kenntnis nehmen, dass ihre Kinder die Nachmittage bei Kahuza verbringen.

»Wenn ein Kind neu zu uns kommt, fragen wir nicht gleich nach, was zu Hause los ist«, sagt Tina Witkowski. »Wir lassen die Kinder erst einmal ankommen, bauen Vertrauen auf, versuchen, ihnen das Gefühl von Geborgenheit zu geben, und dann kommen die meisten schon von allein und erzählen von ihren Problemen.«

Vielen Familien fehlt es an Geld; an Taschengeld für die Kinder ist nicht zu denken. Das drückt auf die Stimmung, die Atmosphäre wird gereizt, und nicht selten sind es die Kinder, an denen der Frust ausgelassen wird. In Kahuza sollen die kleinen Erdenbürger einen Ort haben, an dem sie sich sicher und aufgehoben fühlen. »Die Eltern haben mit sich selbst zu tun. Sie haben ja auch ihre Geschichte und etliche von ihnen auch wohl ein aussichtsloses Leben«, sagt Tina Witkowski. »Daher will ich mir kein Urteil über sie erlauben, doch ich will für die Kinder da sein.«

Für viele der Mädchen und Jungen ist Tina die wichtigste Bezugsperson in ihrem Leben, und Kahuza ist ihr zweites Zuhause. Hier nimmt man sie wahr, hört ihnen zu, redet und lacht mit ihnen. Es ist ein bisschen das Leben, das viele von ihnen nur aus dem Fernsehen kennen, aus Spielfilmen, die von der heilen Welt erzählen. Selbst aber haben sie es nie kennengelernt. Wenn sie an ihrem Geburtstag ins Kahuza-Haus kommen und da plötzlich ein Kuchen vor ihrer Nase steht, eigenhändig gebacken von den anderen Kindern, und sie die Kerzen auspusten sollen, dann erleben etliche Mädchen und Jungen zum ersten Mal, dass sie sich etwas wünschen dürfen.

»Es ist wichtig für die Kinder, dass sie kulturell viel erleben und einfach mal über den eigenen Tellerrand hinausschauen können«, weiß Tina Witkowski. Deshalb unternehmen die Kinder einmal im Monat einen Ausflug. Gemeinsam geht es zum Beispiel in den Zoo oder ins Schwimmbad. Und in den Schulferien bietet Kahuza Wochenfreizeiten an.

Für Tina Witkowski gehört all dies zur Befriedigung der Grundbedürfnisse: eine warme Mahlzeit am Tag, ein sicheres Dach über dem Kopf, Spielsachen, die nötige Aufmerksamkeit und Zuwendung und auch das Richtige zum Anziehen. Für Letzteres fehlt einigen Eltern schlichtweg das Geld, und so hat Tina Witkowski eine kleine Kleiderkammer bei Kahuza eingerichtet. »Wenn ein Kind selbst im Winter im T-Shirt oder einer viel zu dünnen Jacke ankommt oder fünf Tage lang immer das Gleiche trägt, fragen wir nach und gehen mit ihm in die Kleiderkammer. Sie nehmen die Sachen auch gern an.«

Dass so viel Unterstützung anerkannt und gewürdigt wird, sollte eigentlich selbstverständlich sein. Doch in den vergangenen Jahren wurde Tina Witkowski mehrfach von anderen Vereinen angefeindet. »Weil wir nicht rumjammern, nicht ständig die Hand aufhalten und den Staat um Gelder bitten, so wie es andere Organisationen oftmals tun«, sagt Witkowski. Sie hingegen verlässt sich lieber auf ihr Durchsetzungsvermögen und ihre Überzeugungskraft, treibt unermüdlich Spenden ein und zeigt so, dass es auch ohne staatliche Mittel geht.

Bis heute weiß Tina Witkowski nicht, wer ihr dafür einmal das Bauordnungsamt ins Haus schickte, das prüfen sollte, ob das Kahuza-Gebäude überhaupt für eine Vereinsnutzung geeignet ist. Sie vermutet, dass es jemand aus einem anderen Verein war. »Das ärgert mich – maßlos. Und genauso ärgert mich zum Beispiel, dass die meisten denken, dass ich Geld für die Arbeit bekomme. Ich bekomme aber keines. Ich mache das alles ehrenamtlich.«

Sie macht kein Geheimnis daraus, dass das Geld, das sie als Trauerrednerin verdient, nur ein kleiner Zuschuss zur Haushaltskasse ihrer Familie ist. Davon leben könnte sie nicht. Es ist ihr Glück, dass Ehemann Mike, der sich als Trockenbauspezialist selbständig gemacht hat, komplett hinter ihr steht und die Hauptkosten mit seinem Verdienst abdeckt. Tina Witkowski könnte sich natürlich nach einem anderen Job umsehen, doch das will sie nicht, und mittlerweile kann sie es auch nicht mehr, dafür bauen die Kinder viel zu sehr auf sie. Kahuza aufzugeben hieße, die Kinder im Stich zu lassen, so wie zu viele andere Erwachsene es schon getan haben.

Tina Witkowski hat ihre Aufgabe gefunden, und dafür steht sie jeden Morgen um sieben Uhr auf, fährt zum Vereinshaus, leistet zehn Stunden ehrenamtliche Arbeit. »Das Wörtchen Urlaub, das gibt es nicht in meinem Duden«, sagt sie.

Gefragt danach, was sie immer wieder dazu antreibt, engagiert und voller Überzeugungskraft für Kahuza Spenden zu sammeln, und was sie jeden Tag motiviert, das Vereinshaus aufzuschließen, um dann ohne einen Cent

Bezahlung für die Mädchen und Jungen da zu sein, antwortet Tina Witkowski: »Das Lachen eines Kindes, das ist es!« Und sie meint es auch so. Sie bettelt nicht um Aufmerksamkeit, und sie erwartet auch keinen Applaus. Tina Witkowski hat ihren eigenen Motor, der schon in frühester Kindheit angesprungen ist und unermüdlich läuft.

Auch als man Kahuza wegen Brandschutzmängeln das Haus kündigt, in dem der Verein lange untergebracht war, gibt Witkowski nicht auf. Sie findet ein anderes Gebäude, und durch zahlreiche Spenden und die tatkräftige Hilfe vieler Firmen können Tina Witkowski, die Mitarbeiter und all die Mädchen und Jungen schon im März 2008 das neue Zuhause beziehen.

Im Sommer 2008 wurde sie für ihr Engagement mit dem »Prix Courage für die Frau des Jahres« ausgezeichnet, gestiftet von der ZDF-Redaktion *Mona Lisa* und dem Kosmetikkonzern Clarins. »Ganz ehrlich, ich freue mich über jede Aufmerksamkeit von außen. Es zeigt mir doch, dass ich in meinem Leben das Richtige tue«, sagt Witkowski.

Am Ziel angekommen ist Tina Witkowski noch lange nicht. Sie und ihr Team planen die Kleinkindbetreuung auszubauen, sogar einen eigenen Kindergarten wollen sie eröffnen. »Damit wir die Mädchen und Jungen von Anfang an noch intensiver begleiten können und damit sie gar nicht erst in diesen tückischen Kreislauf kommen.« Weil die Eltern sich nur wenig um sie kümmern, nicht mit ihnen spielen und auch ihre Fähigkeiten nicht fördern, schneiden viele Mädchen und Jungen bei den Schultests schlecht ab und landen auf Schulen für Lernbehinderte. Die Chance auf einen guten Job tendiert damit gegen null.

»Das ist wirklich das Hauptproblem. Dabei werden die Kinder doch nicht dumm geboren!«, empört sich Tina Witkowski. »Man muss sich für die Knirpse Zeit nehmen, sie fördern.« Witkowski sieht ihren Verein daher auch als eine Art Reparaturwerkstatt. Gemeinsam mit den mittlerweile vier ABM-Kräften und einem Helferstab von drei bis fünf ehrenamtlichen Mitarbeitern versucht sie die Kinder aufzurichten und das, was andere vielleicht schon zerstört haben, neu zu entdecken und zu fördern. Sie möchte, dass die Kinder Selbstvertrauen finden, denn sie weiß nur zu gut, dass sie sonst schnell abgestempelt werden. »Und das mag ich nicht. Ich mag nicht, dass man die Menschen in Schubladen steckt. Das gilt für uns Ostdeutsche, das gilt für Ausländer, das gilt für unsere Mädchen und Jungen, und das gilt auch für mich und meine Kindheit«, erklärt Tina Witkowski. »Man sagt ja häufig, dass die Opfer später selbst zu Tätern werden. Ich glaube, ich bin ein gutes Beispiel dafür, dass es nicht so sein muss.«

Und auch darum will Tina Witkowski weiterarbeiten. Sie möchte, dass sich das Denken in den Köpfen der Menschen vielleicht doch ein wenig ändert und auch andere sich motiviert und aufgefordert fühlen, etwas für vernachlässigte Kinder und solche aus sozial schwachen Familien zu tun.

»Denn Kinderarmut, das ist ein generelles Problem. Das betrifft nicht nur uns hier im Osten, wie viele im Westen gerne glauben. Kinder, die in sozial schwachen Familien aufwachsen und denen es am Nötigsten fehlt, gibt es in ganz Deutschland.« Tina Witkowski selbst ist es nicht vergönnt gewesen, in einer glücklichen Familie groß zu werden. Zum leiblichen Vater kam nie mehr ein

Kontakt zustande, mit der Mutter gab es höchstens alle drei, vier Monate ein kurzes Treffen. Beide Elternteile sind mittlerweile verstorben. Wo der Stiefbruder lebt, weiß Tina Witkowski nicht, und sie will es auch nicht wissen. Nach verschiedenen Enttäuschungen hat sie beschlossen, dieses Kapitel ihres Lebens zu schließen.

Tina Witkowski liebt Blumen, und in der wenigen Freizeit, die ihr bleibt, versucht sie sich hin und wieder in der Rosen- und Orchideenzucht. Sie weiß die ruhigen Momente mit Ehemann Mike zu schätzen, und häufig schaut auch Norman vorbei, ihr Sohn. Mit ihrer Vergangenheit hat sie längst Frieden geschlossen; sie lebt viel zu sehr in der Gegenwart, mit den Menschen und einer Arbeit, die sie liebt. Für die Kinder hat sie mit Kahuza einen Zufluchtsort geschaffen und so etwas wie eine Großfamilie – auch für sich selbst.

# »Bäume sind ein lebendes Symbol für den Frieden«

*Wangari Maathai pflanzte in Kenia bereits über vierzig Millionen Bäume und erhielt als erste Afrikanerin den Friedensnobelpreis*

*Touristen aus aller Welt reisen jedes Jahr nach Kenia. Viele buchen eine Safari oder verbringen ihren Urlaub an einem der langen Sandstrände, und fast alle berichten später von der atemberaubenden Natur des Landes. Doch dass die immer wieder bedroht ist, weil korrupte Geschäftemacher unnötige Hotelkomplexe und Hochhäuser bauen, bleibt den meisten Besuchern genauso verborgen wie andere Probleme des Landes, etwa dass zahlreiche Frauen in den Dörfern sich mit ihren Kindern allein durchschlagen müssen, weil der Ehemann in der Großstadt arbeitet und nur selten Geld schickt. Oder dass nach langen Dürreperioden stets eine Hungersnot droht und immer mehr Frauen keinen anderen Ausweg sehen, als ihren Körper an einen der zahlreichen Sextouristen zu verkaufen. Doch es gibt eine bewundernswerte Frau, die sich seit über dreißig Jahren dafür einsetzt, dass ihr Land eine Zukunft hat und so naturgewaltig bleibt, wie es ist: Wangari Maathai.*

Männer und Frauen laufen auf die Straße, feiern und jubeln. Aufgeregte Journalisten belagern ihr Hotel, und einige werden sich in dieser Freitagnacht des 8. Oktober 2004 insgeheim ärgern, dass sie diese Frau, Wangari Maathai, über die Jahre immer wieder beschimpft und ausgelacht haben. Sie wurde mit Steinen beworfen, verprügelt, ins Gefängnis gesteckt. Doch sie haben diese Frau unterschätzt. Keiner von ihnen hat das Lebenswerk von Wangari Maathai erkannt, das die übrige Welt außerhalb Kenias so stark beeindruckt, dass man ihr heute als erster Afrikanerin den Friedensnobelpreis verleiht.

Kurz zuvor hat Maathai selbst die Nachricht erhalten, und es ist für sie, als würde sie nach einer langen, schweren Reise endlich ankommen. Oft hatte sie in den vergangenen Jahren oder vielmehr Jahrzehnten das Gefühl, einen einsamen und sinnlosen Kampf zu führen. Immer wieder gab es Rückschläge, privat wie beruflich, und Wangari Maathai ist bis an ihre körperlichen und seelischen Grenzen gegangen. Ans Aufgeben aber hat sie nie gedacht, und darum tut sie in dieser Oktobernacht 2004 zur Feier des Tages einfach, was sie die ganze Zeit über getan hat, worüber die einen lachen und die anderen sich freuen: Sie pflanzt einen Baum. Es ist ein Geschenk an die Natur ihres Heimatlandes, damit diese so bleibt, wie Wangari Maathai sie als kleines Mädchen kennengelernt hat.

»Ich liebe mein Land, und als ich aufwuchs, waren da überall klare Bäche, es gab Bäume, viele Büsche und Sträucher, die Beeren und andere Früchte trugen. Es war einfach wunderschön.«

Tatsächlich ist Kenia noch sattgrün und fruchtbar, als Maathai im April 1940 als Wangari Muta in dem Dorf Ihithe geboren wird, rund zwei Stunden von der Hauptstadt Nairobi entfernt. Ihre Familie gehört zum Volk der Kikuyu. Kenia ist zu dieser Zeit noch britische Kolonie, und Wangaris Vater arbeitet als Fahrer und Mechaniker auf der Farm eines britischen Siedlers. Wie die meisten kenianischen Männer lebt der Vater polygam. Er hat vier Ehefrauen, eine jede wohnt mit ihren Kindern in einer eigenen Hütte, gebaut aus Lehm und Holz. Zusammen aber bilden die Frauen und Kinder eine große Lebensgemeinschaft.

»In vieler Hinsicht hatte das polygame System für Kinder Vorteile«, schreibt Wangari Maathai später in ihrer Biographie *Afrika, mein Leben.* »Auch wenn meine Mutter jeden Tag zum Arbeiten aufs Feld ging, hatten meine Geschwister und ich nie das Gefühl, wir würden alleingelassen. Wenn wir zu Hause blieben, kümmerte sich eben ein anderer Erwachsener um uns.« Wangaris Mutter ist Bäuerin. Neben der Versorgung der Kinder und dem Haushalt bewirtschaftet sie eine kleine Ackerfläche, auf der sie Bohnen, Mais und Weizen anbaut. Der Boden ist nährstoffreich, die sauberen Flüsse versorgen die Menschen mit Trinkwasser, so dass keiner im Land Hunger leiden muss.

Wangari ist das zweite von sechs Kindern, nur ihr Bruder Nderitu wurde vor ihr geboren. Als älteste Tochter hilft sie, kaum dass sie laufen kann, der Mutter im Haushalt und auf dem Feld. Staunend sieht sie zu, wie ihre Mutter Samen auf dem Ackerboden ausbringt, Unkraut jätet, die Erde bewässert und später Gemüse erntet, wodurch die Familie etwas zu essen hat. Die Mutter spürt die Faszination der Tochter und überlässt ihr einen eigenen kleinen Garten, knapp eineinhalb Quadratmeter groß. Sie zeigt Wangari, wie sie rote Kidneybohnen, Süßkartoffeln und Hirse anbaut, wie sie Pflanzen sät und pflegt. Manchmal wühlt das Mädchen vor Ungeduld einige Samen wieder aus der Erde, um zu sehen, ob sie schon aufgegangen sind, doch die Mutter ermahnt sie, geduldig zu sein, und Wangari erkennt: Was sie sät, braucht zwar etwas Zeit, aber es kommt von allein aus dem Boden.

Während sie mit auf die Felder geht, wundert sich ihr älterer Bruder Nderitu, warum seine kleine Schwester nicht wie er auch die Schule besucht, und fragt seine Mutter danach. Er ist dreizehn, Wangari gerade acht Jahre alt. Später im Leben hat sich Wangari Maathai oft überlegt, was wohl gewesen wäre, wenn ihre Mutter in diesem Moment geantwortet hätte: »Warum sollte ein Mädchen zur Schule gehen?«, oder: »Wir haben nicht das Geld«, oder: »Ich brauche Wangari bei der Hausarbeit«. Stattdessen unterhält sich die Mutter mit dem Onkel. Da der Vater oft mehrere Wochen, sogar monatelang auf der Farm des Siedlers lebt, trifft der Onkel als Familienvorstand die Entscheidungen. Und weil er seine Tochter ebenfalls zur Schule schickt, darf Wangari mit ihr gehen. Sie besucht die Grundschule des Dorfes, die Ihithe Primary School, und lernt dort in ihrer Muttersprache Kikuyu lesen, schreiben und rechnen. Ab der vierten Klasse erhält sie Englischunterricht.

Wangaris Vater hat mit seinem Arbeitgeber großes Glück. Der Siedler behandelt seine Angestellten fair; er schenkt dem Vater zum Beispiel einen Ziegenbock und später sogar ein eigenes Stück Land.

Doch so gut, wie es ihr Vater getroffen hat, haben es nicht alle Einheimischen. Viele kenianische Bauern fühlen sich gegenüber den weißen britischen Farmern benachteiligt und unterdrückt. Sie wollen gegen die zunehmende Landaneignung durch die Siedler angehen. Aus diesem Unmut heraus bildet sich Ende der vierziger Jahre die sogenannte Mau-Mau-Bewegung, deren Ziel die Unabhängigkeit des Landes ist.

In den folgenden Jahren kommt es zu gewaltsamen Auseinandersetzungen der Einheimischen mit britischen Soldaten und afrikanischen Söldnern der Kolonialmacht. Auch die junge Wangari Muta wird Zeugin des brutalen Konflikts. Manchmal bekämpfen sich die Gegner unmittelbar vor ihrer Hütte, und um nicht von Söldnern oder

Soldaten vergewaltigt zu werden, muss sich Wangari öfters sogar mit ihren Schwestern und Müttern im Wald verstecken.

Ein Lichtblick in diesen unruhigen Zeiten ist für die junge Wangari die Schule. Es ist wie eine Flucht in eine andere Welt. Und gleich, ob Erdkunde, Englisch oder Mathematik – in allen Fächern erbringt sie gute Leistungen. Das bemerken auch ihre Eltern und beschließen, ihr im Anschluss an die Dorfschule die Ausbildung in einem katholischen Internat zu ermöglichen. Selbst der große Bruder hilft dabei, das nötige Schulgeld zu verdienen.

In den folgenden vier Jahren kommt Wangari nur in den Ferien nach Hause, doch das Heimweh, das sie anfangs überkommt, ist schnell verflogen. Im Internat hat sie bald viele Freundinnen, und sie ist glücklich, dass sie so viel lernen kann. 1956, mit sechzehn Jahren, beendet sie die Schule als Klassenbeste und geht im Anschluss auf die Highschool in Limuru, etwas außerhalb von Nairobi.

Es sind die Jahre des politischen Umbruchs. Der Kampf der Mau-Mau-Bewegung ist in einer Revolte eskaliert. Zwar endeten die Aufstände 1957 mit knapp achttausend Opfern auf kenianischer Seite und über fünfhundert toten Sicherheitskräften, Söldnern und britischen Soldaten, doch das Land ist nicht zur Ruhe gekommen. Die Kolonialmacht sieht sich zum Handeln gezwungen. 1957 dürfen sich erstmals schwarze Afrikaner an den Wahlen beteiligen, ein Jahr später wird die Rassentrennung aufgehoben. 1959 lädt die britische Regierung verschiedene kenianische Politiker nach London, um über eine neue politische Ordnung nachzudenken, und bereits ein Jahr später laufen die Vorbereitungen für die Unabhängigkeit Kenias. Den kenianischen Politikern wird dabei bewusst, dass das Land dringend Männer und Frauen mit einer guten Ausbildung benötigt, die nach Abzug der britischen Verwaltungsbeamten deren Posten übernehmen können. Deshalb knüpfen die kenianischen Politiker Kontakte in die USA; es sollen Stipendien geschaffen werden für besonders qualifizierte kenianische Studenten, um ihnen die Möglichkeit zu geben, in den Vereinigten Staaten zu studieren. Von alldem weiß Wangari Muta nichts, doch als sie 1960 die Highschool wiederum als Klassenbeste abschließt, eröffnet sich ihr eine einmalige Gelegenheit: Sie ist eine von rund dreihundert kenianischen Studenten, die ausgewählt wurden, in den USA zu studieren.

Wangari zögert keine Sekunde. Im September desselben Jahres beginnt sie ihr Biologiestudium am Mount St. Scholastica College in Atchison im US-Staat Kansas. Wieder ist es eine christliche, eine katholische Schule, und später, als Wangari Muta längst zum katholischen Glauben übergetreten ist, sagt sie über ihre Zeit an dem College: »Die Menschen dort waren mehr als nur meine Lehrer. Sie wurden meine Freunde, meine Mütter und Schwestern.« Diese Menschen mit ihrem Glauben haben sie zu der Person werden lassen, die sie heute ist.

Vier Jahre später, im September 1964, setzt sie ihr Studium an der Universität von Pittsburgh fort und kehrt erst im Januar 1966 mit dem Master-Titel in der Tasche wieder nach Nairobi zurück.

»Das Studium und das Leben in den USA waren in vielerlei Hinsicht eine prägende Erfahrung für mich. Natürlich hat es mich fachlich weit gebracht, und ich habe an Selbständigkeit und Selbstbewusstsein gewonnen. Da zur Zeit meines Aufenthalts in den USA die Frauenbewegung aufkam, es um Freiheiten im Denken und Handeln ging, wurde mir aber auch vor Augen geführt, dass wir Afrikanerinnen noch einige Einschränkungen zu überwinden haben auf dem Weg hin zu einem gleichberechtigten Dasein mit den Männern in unserem Land. Gerade in den folgenden Jahren wurde mir das immer wieder bewusst, und ich musste oft an das unabhängigere Leben in Amerika zurückdenken.«

1966 ist für die sechsundzwanzigjährige Wangari Muta ein aufregendes Jahr. Nach ihrer Rückkehr in die Heimat bekommt sie eine Assistenzstelle am Institut für Veterinärmedizin der Universität Nairobi, gleichzeitig beginnt sie ihre Doktorarbeit über ein spezielles Thema der Tiermedizin: die Entwicklung und Differenzierung von Keimdrüsen bei Rindern. Und Wangari holt auch ihre beiden Schwestern Beatrice und Monica nach Nairobi. Da die beiden nicht studiert haben, schlägt sie ihnen vor, ein Handwerk zu erlernen, um für sich selbst sorgen zu können. Die Arbeitsaussichten in der Großstadt sind besser als auf dem Land, und in einem ersten Schritt eröffnet Wangari Muta mit ihren Schwestern parallel zur Universitätsarbeit einen kleinen Laden, in dem sie Gemüse, Getränke, Snacks und Milch verkaufen.

Im April desselben Jahres lernt Wangari Muta über Freunde den fünf Jahre älteren Mwangi Mathai kennen. Er ist gebildet und hat wie sie in Amerika studiert, außerdem sieht er gut aus. Nachdem er für einige Unternehmen gearbeitet hatte, ist er inzwischen in die Politik gewechselt und plant, als Mitglied der Kenya African National Union (KANU) für die Parlamentswahlen zu kandidieren. Die beiden verlieben sich ineinander, und schon wenige Wochen später steht für sie fest, dass sie heiraten wollen. Doch so schnell kann die Hochzeit nicht stattfinden, denn Wangari Muta möchte erst ihre Doktorarbeit abschließen. Ihr Doktorvater ist Deutscher, und so bekommt sie die Chance, ihre Forschungen in Deutschland fortzuführen. Zwanzig Monate – von Mitte 1967 bis Anfang 1969 – studiert sie in Gießen und München. »Es war eine schöne, aufregende Zeit. Spaziergänge im Englischen Garten, Fasching, die Alpen. Ich lernte neben dem Studium auch das Land etwas kennen. Nur meine Deutschkenntnisse sind anschließend viel zu schnell wieder verflogen. Heute kann ich noch ›Wie geht es?‹ und ›Guten Tag‹ sagen, mehr leider nicht.«

Nach ihrer Rückkehr aus Deutschland zieht sie mit Mwangi Mathai zusammen, das Paar heiratet im Mai 1969, und aus Wangari Muta wird Wangari Mathai, damals noch mit nur einem a. Im Dezember wird der gemeinsame Sohn Waweru geboren. Die jungen Eheleute stellen ein Kindermädchen ein, so dass Wangari Mathai weiter an der Universität arbeiten kann. Mitte 1971 schließt sie ihre Doktorarbeit ab und erhält als erste kenianische Frau den Doktortitel an der Universität Nairobi. Auch ist sie bereits zum zweiten Mal schwanger. Ihre Tochter Wanjira kommt 1971 einen Tag nach Weihnachten zur Welt, 1973 folgt Sohn Muta.

Wangari Mathai ist in diesen Jahren in vielerlei Hinsicht glücklich und mit ihrem Leben zufrieden, doch was ihr zunehmend missfällt, ist ihre Diskriminierung als Frau. Während männliche Universitätsangestellte als Sonderleistungen beispielsweise eine kostenlose Unterkunft und Urlaubsgeld erhalten und auch der Schulbesuch ihrer Kinder bezahlt wird, geht Mathai leer aus. Gemeinsam mit einer anderen Lehrbeauftragten geht sie gegen diese Ungerechtigkeit an, spricht bei der Verwaltung vor und erreicht für sie beide tatsächlich die gleichen Privilegien wie für die männlichen Kollegen. Man gesteht ihnen diese allerdings nur zu, weil sie führende Positionen bekleiden. Die übrigen weiblichen Universitätsangestellten erhalten weiterhin weniger Lohn. Mathai und ihre Kollegin versuchen diese Frauen dazu zu bewegen, dass sie keine diskriminierenden Arbeitsverträge mehr unterschreiben. Aber das gestaltet sich schwieriger als gedacht, denn auch in den Köpfen zahlreicher Frauen ist das traditionelle Rollenbild so stark verankert, dass sie nur ein geringes Selbstwertgefühl haben und gar nicht erst um ihre Rechte kämpfen wollen.

Es ärgert Mathai, dass die Kolleginnen zufrieden sind, obwohl sie benachteiligt werden. Ihr wird klar, dass sie nicht bei den Frauen, sondern beim System ansetzen muss. Um ihren politischen und sozialen Ambitionen folgen zu können, engagiert sie sich bei Organisationen wie dem kenianischen Roten Kreuz und der Kenya Association of University Women (Kenianische Vereinigung von Frauen an der Universität) und tritt 1976 dem National Council of Women of Kenya bei, dem Nationalen kenianischen Frauenrat. Parallel dazu arbeitet sie weiter an der Universität. Nachdem sie 1974 bereits zur leitenden Dozentin in Anatomie ernannt worden ist, folgt 1976 die Ernennung zur Leiterin des Fachbereichs und 1977 schließlich zur Professorin für veterinäre Anatomie.

Beruflich gesehen sind es erfolgreiche Jahre, aber Wangari Mathai bedrückt neben der Diskriminierung von Frauen ein weiteres Problem: Immer mehr Waldflächen wurden in den Jahren zuvor gerodet, um Platz zu schaffen für Hotelanlagen und Bürohochhäuser. Zudem haben zahlreiche Bauern den Anbau auf ihren Feldern umgestellt und säen nicht mehr breitflächig verschiedene Getreide und Gemüse aus, sondern konzentrieren sich auf den Tee- und Kaffeeanbau, da diese Produkte auf dem internationalen Markt gefragt sind.

»Ich sah, dass das Land, wie ich es so sehr liebte, mehr und mehr dem korrupten Handeln von geldgierigen Bauherren zum Opfer fiel«, erzählt Maathai. Hinzu kommen Nachrichten über die Folgen der Zerstörung der natürlichen Ressourcen: »Frauen aus den ländlichen Gegenden berichteten uns als Frauenrat, dass sie kein Feuerholz mehr fanden, kein Baumaterial für Zäune, kein Futter für die Tiere und dass sie auch kein sauberes Trinkwasser mehr hatten. Die Frauen waren machtlos, sie wurden vor vollendete Tatsachen irgendwelcher Bauherren gestellt und dadurch in die Armut gedrängt.«

Als sie die Klagen der Frauen hört, erinnert sie sich an ihre Kindheit, an das Bild all der Sträucher, Büsche und Bäume, das sie sich in der Erinnerung bewahrt hat. Sie fürchtet, dass die Zerstörung der Natur zu einer Bedrohung für das ganze Land, für seine Bewohner und die Tiere wird, doch plötzlich fällt es ihr wie Schuppen von den Augen: Bäume zu pflanzen, das könnte die Lösung sein! »Es war wie eine Eingebung. Auf einmal war mir klar, dass Bäume die Natur und auch die Menschen retten können. Die Frauen würden wieder Brennholz haben, genauso Futter für die Tiere und Baumaterial für Zäune und Hütten. Die Bäume würden Schatten spenden und das Grundwasser schützen. Gleichzeitig könnte die Bodenerosion verhindert werden.«

Mathai kann auch andere Mitglieder des Frauenrats

von ihrer Idee begeistern, und so pflanzen sie am 5. Juni 1977, dem Weltumwelttag, im Kamukunji-Park am Rande von Nairobi gemeinsam sieben Bäume. Ein afrikanischer Feigenbaum ist darunter, ein afrikanischer Tulpenbaum und eine Steineibe.

Es sind die ersten sieben von vielen Millionen Bäumen, die sie und andere Menschen in Kenia noch pflanzen werden, aber das weiß an diesem Tag weder Wangari Mathai noch eine der anderen Frauen. In diesen Stunden am 5. Juni 1977 will Mathai vor allem ein Zeichen setzen. Um es zu bekräftigen, gründet sie eine Organisation und nennt sie »Green Belt Movement«, Grüngürtel-Bewegung. Sie hat ein verwegenes Ziel: Jede Schule, jedes Büro- und jedes Wohnhaus, alle Bauernhöfe und anderen Gebäude sollen von Bäumen umgeben sein. Wie ein grüner Gürtel sollen die Bäume die Lebensgemeinschaft zusammenhalten. Diese Vision beflügelt Wangari Mathai, die schon Pläne für Grüngürtel schmiedet, die sie in den folgenden Monaten und Jahren schaffen will.

Mwangi allerdings missfällt die engagierte und selbstbewusste Art seiner Frau. Sie hat Erfolg, ist gebildet und hat sogar einen Doktor- und einen Professorentitel. In den Jahren ihrer Ehe hat sie sich kontinuierlich weiterentwickelt. Sie ist anders als die anderen Frauen und entspricht nicht dem traditionellen Rollenverständnis, wonach der Mann das Sagen hat und in der Familie den Ton angibt. Mwangi zieht die Konsequenzen aus seiner wachsenden Unzufriedenheit, ohne ein Wort darüber zu verlieren. Eines Abends im Juli 1977, wenige Wochen nach der ersten Pflanzaktion, kommt Wangari Mathai nach Hause und erfährt vom Kindermädchen, dass ihr Mann seine Sachen gepackt hat und ausgezogen ist.

»In den ersten Tagen danach dachte ich oft, dass ich das nie schaffe, ich allein mit drei kleinen Kindern, dazu mein Fulltime-Job an der Universität und meine Ideen für die Organisation. Die Kraft, die ich brauchte, um überhaupt an eine Zukunft zu glauben, gaben mir meine Kinder. Ich musste und wollte für sie da sein.« Statt zu resignieren, stürzt sich Wangari Mathai in die Herausforderungen. Gemeinsam mit dem Frauenrat versucht sie, die Grüngürtel-Bewegung in Kenia bekannt zu machen. Dafür muss aber zunächst ein Hindernis überwunden werden: Zwar pflanzt Mathai weitere Bäume, beispielsweise in der Nähe des Viktoriasees im Westen des Landes oder im Kitui- und im Kajiado-Distrikt, südlich von Nairobi. Doch statt zu wachsen, verkümmern die Setzlinge. »Ich musste einen Anreiz für die Menschen schaffen, sich auch nach dem Pflanzen um die Bäume zu sorgen, sie zu pflegen, vor den Tieren zu schützen sowie regelmäßig zu gießen und ihren großen Nutzen zu erkennen.«

Sie reist von Dorf zu Dorf und spricht dort vor allem mit den Frauen, informiert sie über die vielen Vorteile von Bäumen und verteilt einen Leitfaden an sie. In zehn Schritten erklärt Mathai den Frauen, dass sie sich am besten in Gruppen zusammenschließen, dann ein geeignetes Stück Land für eine Baumschule finden, Sämlinge setzen und pflegen. Sie sollen Wangari Mathai und den Frauenrat über ihre Erfolge informieren; als Anreiz verspricht sie den Frauen für jeden gepflanzten Setzling aus eigener Zucht vier amerikanische Cent. Es ist eine Hilfe zur Selbsthilfe.

Etliche Wochen und Monate vergehen, eine Zeit, in der sich ihr Ehemann weder bei Wangari noch bei ihren Kindern blicken lässt. Erst Anfang 1979 treffen sich die

Eheleute wieder – beim Anwalt. Mwangi wirft seiner Frau Bösartigkeit und Ehebruch vor, was diese bestreitet, und so wird die Scheidung vor Gericht ausgetragen. Drei Wochen dauert der Prozess, und da Wangari Mathai als Universitätsprofessorin und Initiatorin einer bekannten Organisation eine Person des öffentlichen Interesses ist, berichten die Zeitungen über jedes Detail der Beziehung. Mathai fühlt sich wie die Protagonistin einer Seifenoper. Sie lässt sich Mwangis Vorwürfe nicht gefallen, auch gegenüber dem Richter verteidigt sie sich. Der Richter jedoch sieht in ihrer offensiven Art die Bestätigung für die Behauptung ihres Mannes, sie sei eine widerspenstige Frau – mit dem Ergebnis, dass sie den Prozess verliert und die Kosten für die Scheidungsanwälte übernehmen muss.

Das Paar wird geschieden, und Mwangi verbietet ihr, dass Wangari weiter seinen Nachnamen trägt. Doch das lässt sie sich nicht gefallen. »Ich weiß noch, dass ich dachte: ›Ich bin doch kein Objekt, das mit jedem neuen Besitzer einen neuen Namen bekommt‹«, schreibt sie in ihrer Biographie. Mwangi ist und bleibt durch die Kinder ein Teil von ihr. Um dies zu verdeutlichen und gleichzeitig ihre Selbständigkeit zum Ausdruck zu bringen, fügt sie dem Namen kurzerhand ein weiteres a hinzu. So wird aus »Mathai« »Maathai«.

Wangari Maathai ist über den Richter, sein Urteil und die Berichterstattung so aufgebracht, dass sie sich gegenüber einem Journalisten darüber beklagt. Als der Richter dessen Artikel liest, droht er Maathai mit einer Klage wegen Missachtung des Gerichts. Sie entschuldigt sich nicht wie verlangt und landet tatsächlich im Gefängnis. Sechs Monate Haft stehen ihr bevor. Zu ihrem Glück benachrichtigen Freunde die Presse, und ihr Anwalt übt Druck auf das Gericht aus, so dass Maathai ihre Zelle bereits nach drei Tagen verlassen kann. Die kurze Inhaftierung hat ihr jedoch eines vor Augen geführt: Wehrt sich eine Frau und fordert ihr Recht ein, wird sie schnell mundtot gemacht und bestraft.

Maathai kehrt zu ihren drei Kindern zurück, die in der Zwischenzeit in der Obhut des Kindermädchens waren. Neben ihrer Arbeit an der Universität versucht sie sich wieder auf die Grüngürtel-Bewegung zu konzentrieren. Aber das Geld für sie und die Kinder wird immer knapper, denn Mwangi ist gesetzlich nicht verpflichtet, seine Familie finanziell zu unterstützen. Zudem hat Wangari Maathai durch die Kosten für die Scheidungsanwälte plötzlich Schulden. Es schmerzt sie, ihren Kindern zum Beispiel nach dem Schwimmen kein Getränk oder etwas zu essen kaufen zu können. Nicht einmal kleine Sonderwünsche kann sie ihren Liebsten mehr erfüllen. Schweren Herzens trifft sie einen Entschluss und redet sich ein, es sei das Beste für ihre Kinder: 1979 gibt sie die drei zu ihrem früheren Ehemann. »Damals dachte ich, und das denke ich auch heute noch, dass es für Mwangi wie für jeden Vater wichtig war, ein gutes Verhältnis zu seinen Kindern zu haben«, schreibt sie in ihrer Autobiographie.

Sechs Jahre bleiben ihre Tochter und die beiden Söhne beim Vater; Wangari Maathai erkundigt sich regelmäßig nach ihnen. Erst 1985, die Kinder sind sechzehn, vierzehn und zwölf Jahre alt, ziehen sie auf eigenen Wunsch wieder zur Mutter zurück. Die ist mit ihrer Grüngürtel-Bewegung inzwischen so erfolgreich, dass sie die Familie ernähren kann. Durch ihre Arbeit hat sie Kontakt zu vie-

343

len Menschen im Land aufgebaut, und sie hat begonnen, sich in politischen Gremien zu engagieren. Bereits 1980 ist sie zur Vorsitzenden des National Council of Women of Kenya gewählt worden. 1982 bewirbt sie sich um einen Sitz im Parlament. Da der damalige Präsident Daniel arap Moi 1978 das Einparteiensystem von seinem Vorgänger übernommen hat, kann sie nur als Kandidatin der regierenden KANU-Partei antreten. Maathai sieht darin eine Chance, sich in die aktuelle Politik einzumischen und vielleicht etwas zu bewegen. Wie vorgeschrieben, kündigt sie ihre Stelle an der Universität, um sich ganz auf das mögliche Mandat zu konzentrieren. Doch sie wird schon im Vorfeld ausgebremst. Die Behörden weisen ihre Kandidatur zurück: Ihre Dokumente seien nicht vollständig, und sie sei nicht wahlberechtigt, heißt es.

Arbeitslos – denn die Stelle an der Universität erhält sie nicht zurück – und mit dem Gefühl, als engagierte Frau bewusst ins Abseits gedrängt worden zu sein, versucht sie, eine neue Stelle zu finden, und steckt ihre Energie in die Green-Belt-Organisation. Sie schreibt Briefe an verschiedene internationale Gremien, telefoniert, erklärt und überzeugt die Menschen schließlich von ihrer Idee: Der Fonds für ehrenamtliche Arbeit der Vereinten Nationen sichert ihr eine Unterstützung in Höhe von über hundertzwanzigtausend Dollar zu, und dank der Zuwendung einer so angesehenen Institution gewinnt sie schnell auch andere Sponsoren. Wangari Maathai beendet ihre Jobsuche und beschließt, die Organisation zu ihrer Lebensaufgabe zu machen. Von den Geldern kann sie nicht nur sich selbst ein kleines Monatsgehalt auszahlen, sie kann auch erstmals Mitarbeiter engagieren und stellt mehrere junge Frauen als Inspektorinnen ein, die

die Projekte und Baumschulen auf dem Land beobachten sollen.

Maathai versucht auch, die Frauen vor Ort stärker in das Netzwerk zu integrieren. Statt die selbstgezogenen Setzlinge lediglich weiterzuverkaufen, sollen sie fortan auch kontrollieren, ob die Menschen richtig mit den Pflanzen umgehen. Dafür erhalten die Frauen eine bescheidene Prämie, ein Prinzip, nach dem die Organisation noch heute arbeitet.

Mitte der achtziger Jahre gibt es in ganz Kenia bereits an die zweitausend Frauengruppen, die Baumschulen betreiben, Setzlinge pflanzen und Ableger zum Beispiel an Bildungseinrichtungen, Behörden und Privatleute verkaufen. Immer mehr Grüngürtel entstehen, so wie es sich Maathai zu Beginn ihres Vorhabens gewünscht hat. Dafür arbeitet sie zu dieser Zeit täglich fast achtzehn Stunden.

Über die Landesgrenzen hinaus sind mittlerweile die Medien auf sie aufmerksam geworden, Journalisten aus der ganzen Welt bitten sie um Interviews. 1984 erhält sie für die Gründung des Green Belt Movement sogar den Alternativen Nobelpreis, 1986 die Umweltmedaille der amerikanischen Better World Society, 1988 den Windstar Award, und 1989 zeichnet die britische Organisation Women's Aid sie mit dem Women of the World Award aus.

Während das internationale Interesse und die Anerkennung für Maathai wachsen, zeigen sich die Regierenden in ihrem Heimatland wenig beeindruckt von Maathais Kampagne. Unter der Präsidentschaft Daniel arap Mois verarmt die Bevölkerung zusehends, das Land wird zu einem Polizeistaat, in dem die politischen Freiheiten mit Notstandsgesetzen beschnitten werden. Etliche Oppositionelle verlassen das Land oder werden inhaftiert. Immer wieder kommt es zu blutigen Unruhen, aber die von den USA und Westeuropa unterstützte Regierung wackelt nicht. Stattdessen greift die Korruption um sich. Jahr für Jahr werden die Parks im Land verkleinert, um Platz zu schaffen für Hochhäuser und Hotels.

Wangari Maathai geht dagegen an, sie schreibt sogar an Präsident Moi. Und sie ruft dazu auf, sich gegen den Landraub, gegen die Verkleinerung des Lebensraums der einfachen Bürger zu wehren.

Ihr offensives Vorgehen bleibt nicht ohne Folgen. Zwar gelingt es ihr zusammen mit anderen Kenianern und internationalen Umweltgruppen, so großen Druck auf Präsident Moi auszuüben, dass beispielsweise ein zweihundert Millionen Dollar teurer Baukomplex, für den ein Park weichen sollte, auf sechzig Millionen schrumpfen muss und ein Großteil der Grünanlage erhalten bleibt. Doch die Regierung kündigt dem Green Belt Movement 1989 die regierungseigenen Büroräume, die die Organisation aufgrund der engen Beziehung zum Nationalen Frauenrat erhalten hatte.

Unter dem Vorwurf, sie habe gehässige Gerüchte gestreut, die Bevölkerung aufgewiegelt und das Land verraten, lässt der Präsident Wangari Maathai verhaften und anklagen.

Für Maathai eine äußerst kritische Situation – auf Landesverrat steht die Todesstrafe. Zudem leidet Wangari Maathai, die mittlerweile zweiundfünfzig Jahre alt ist, an Arthritis in den Kniegelenken, und so sind schon die wenigen Tage, die sie im Gefängnis verbringen muss, schmerzhaft und kräfteraubend. Vier Polizisten müssen sie stützen, als ihr Prozess beginnt.

Noch bevor ein Urteil gesprochen wird, haben sich zum Glück aber schon andere für sie stark gemacht. Ihr Sohn Muta hat mit Pressevertretern gesprochen und Briefe in die ganze Welt gesandt, in denen er um Unterstützung gebeten hat. Politiker wie die US-Senatoren Edward Kennedy und Al Gore setzen sich für Wangari Maathai ein. Mit Erfolg: Die Kenianerin kommt frei!

In den nächsten Jahren engagiert sie sich weiter unermüdlich für ihr Projekt. Selbst die Einschüchterungsversuche der Polizei können sie nicht von ihrem Weg abbringen. Mehr als einmal werden sie und ihre Mitarbeiter überfallen, als sie Setzlinge auf Flächen pflanzen, auf denen Luxusbauten entstehen sollen, und man schlägt mit Peitschen und Knüppeln auf sie ein.

Regelmäßig lädt Wangari Maathai Journalisten und Politiker aus der ganzen Welt ein, um eine breite Öffentlichkeit auf den fortschreitenden Landraub aufmerksam zu machen. Doch nicht nur die Natur ist ihr wichtig. Als in Kenia die Unzufriedenheit mit der Regierung zunimmt und es zwischen verschiedenen ethnischen Gruppen zu gewaltsamen Auseinandersetzungen kommt, macht sich Wangari Maathai mit ihren Mitarbeitern immer wieder auf den Weg zu einzelnen Stämmen, beruft »Peace Committees« ein und moderiert Treffen, um für ein friedliches, multiethnisches Kenia zu sorgen. Sie hört hin und nicht weg, wie es viele zu dieser Zeit in der Regierung tun.

Die Ignoranz der Regierung gegenüber den Belangen der Bevölkerung rächt sich. Nachdem die Opposition bei den Wahlen 1997 nur knapp gescheitert ist, erhält sie im Dezember 2002 die überwältigende Mehrheit der Stimmen. Auch Maathai tritt 2002 zur Wahl an. Mit Mitgliedern und Freunden der Grüngürtel-Bewegung hat sie die Partei Mazingira gegründet und bewirbt sich um ein Mandat im Wahlkreis Tetu ihres Geburtsortes Ihithe. Mit 98 Prozent der Stimmen wird sie als erste grüne Politikerin Kenias ins Parlament gewählt. Der neue Präsident Mwai Kibaki ernennt sie im Januar 2003 zur stellvertretenden Ministerin für Umwelt und natürliche Ressourcen.

Wie selbstverständlich arbeitet sie neben der Politik weiter für das Green Belt Movement; für ihr Engagement erhält sie unter anderem im April 2004 den Petra-Kelly-Preis der Heinrich-Böll-Stiftung – und im Oktober 2004 den Friedensnobelpreis. »Wir haben mit dem Preis für Wangari Maathai den Friedensbegriff bewusst erweitert«, begründet das Komitee seine Entscheidung. »Ohne eine gut funktionierende Umwelt gibt es keinen Frieden.«

Diese Worte sind für Maathai nicht nur eine große Bestätigung, sondern auch Ansporn, die Grüngürtel-Bewegung weiter voranzutreiben. Landesweit arbeiten in Kenia mittlerweile über hunderttausend Frauen für die Grüngürtel-Bewegung, und es gibt etwa sechstausend Baumschulen. Ihr Wissen und ihre Erfahrungen hat Wangari Maathai jedoch nicht für sich und Kenia behalten, sondern längst international verbreitet. Ständig sind die weltweit hundertfünfzig festangestellten Mitarbeiter auch in anderen Ländern unterwegs, sie schulen, informieren und beraten. In fünfzehn Nationen, darunter Sambia, Uganda, Tansania, Mosambik und Haiti, haben Menschen die Idee der Bewegung übernommen und eigene, ähnliche Projekte gegründet.

»Meine Tochter Wanjira kümmert sich um das internationale Fundraising. Ich kann mir gut vorstellen, dass sie das Projekt fortführen wird«, sagt Maathai. Noch ist es allerdings nicht so weit, dass die Tochter die Mutter ablöst. Trotz ihres Alters und ihrer über dreißig Jahre Arbeit für das Green Belt Movement ist Wangari Maathai weiter voller Tatendrang. Bis 2007 war sie Kenias stellvertretende Umweltministerin, sie hält Gastvorlesungen an Universitäten auf der ganzen Welt, ist Mitglied in verschiedensten internationalen Organisationen wie dem »Global Crop Diversity Trust« (Welttreuhandfonds für Kulturpflanzenvielfalt) und in Gremien wie der Jury des Goldman Environmental Prize, der jedes Jahr für herausragenden Umweltschutz verliehen wird. Etwa einmal im Jahr steigt sie zudem ins Flugzeug und begibt sich auf eine mehrwöchige Reise, um an den verschiedensten Orten der Welt über ihr Projekt und die Bedeutung der Bäume zu referieren.

»Erst kürzlich ging es zunächst zu einem Kongress in die USA, dann zu einem Vortrag nach Neuseeland und einige Tage später nach Italien. Der Austausch mit anderen und die Aufklärungsarbeit sind mir noch immer wichtig.« Aber mehr als früher gönnt sie sich auch Zeiten der Ruhe und Entspannung. In Nairobi lebt sie in einem kleinen Haus, ihre drei Kinder wohnen gleich in der Nähe. »Nach Mwangi gab es keinen anderen Mann. Irgendwie habe ich einfach nicht den ›Mister Right‹ gefunden. Aber in der ganzen Zeit hatte ich auch so viel zu tun, es gab die Kinder und die Arbeit – ganz ehrlich, ich habe nichts vermisst. Ich bin mit der One-Woman-Show wirklich glücklich geworden.« Wenn sie heute durch die Straßen von Nairobi geht, kommt sie manchmal auch am Kamukunji-Park vorbei, wo sie 1977 die sieben ersten Bäume pflanzte. Zwei von

ihnen stehen noch und sind im Lauf der Jahre über zehn
Meter in die Höhe gewachsen. Im Schatten der Bäume
verkaufen Händler ihre Waren, andere Menschen ruhen
sich einfach aus. Es ist eine kleine Oase, deren Anblick
Wangari Maathai mehr als zufrieden stimmt.

»Ich will nur eine Antwort: Warum musste Casey sterben?«

*Cindy Sheehan verlor 2004 ihren Sohn im Irakkrieg und mobilisiert seitdem weltweit Menschen gegen den Krieg*

*Am 20. März 2003 beginnt die US-Luftwaffe, Bagdad zu bombardieren. Nur wenige Tage später treffen die ersten amerikanischen Truppen in der irakischen Hauptstadt ein. Es ist der Anfang des Irakkriegs, ausgerufen durch den damaligen US-Präsidenten George W. Bush. Er rechtfertigt ihn mit vermeintlichen Beweisen für Massenvernichtungswaffen im Irak und der Unterstellung, Saddam Hussein unterstütze die Terrororganisation al-Qaida. Die amerikanischen Soldaten würden dem irakischen Volk nur helfen, nach Beendigung der Diktatur eine Demokratie aufzubauen. Selbst angesichts der seit Kriegsbeginn etwa viertausend getöteten US-Soldaten und geschätzten zweihunderttausend getöteten irakischen Zivilisten bleibt Bush auch Jahre später noch bei seiner Rechtfertigung. Während die US-Regierung die Kriegskosten mit rund fünfhundert Milliarden Dollar beziffert, kommen Experten wie der amerikanische WirtschaftsNobelpreisträger Joseph Stiglitz bei ihren Berechnungen auf über drei Billionen Dollar, mehr als das Sechsfache. Für Cindy Sheehan sind das alles nur nackte Zahlen – sie hat im Krieg ihren Sohn verloren.*

Ein einziger Tag verändert ihr Leben. Plötzlich stellt sich Cindy Sheehan Fragen nach Sinn und Sinnlosigkeit, nach Recht und Gerechtigkeit und nach Gott. Ihr bis dahin gefestigter Glaube gerät ins Wanken. Was gibt einem einzelnen Mann und dem von ihm beherrschten System das Recht, nicht nur ihr Dasein, sondern auch das vieler anderer Menschen zu zerstören?

Es ist halb neun Uhr abends am 4. April 2004, als ihre

Welt aus den Fugen gerät. Bis dahin lief ihr Leben so ab wie das vieler anderer, es gab Höhen und Tiefen. Nie zuvor aber ein großes schwarzes Loch.

Geboren 1957 als Cindy Miller im kalifornischen Inglewood, wächst sie gemeinsam mit ihrem Bruder Scott und ihrer Schwester Dede in Bellflower auf, einem Vorort von Los Angeles. Die Eltern stammen aus der Arbeiterschicht, der Vater arbeitet als Elektriker. »Es war schön, dass wir Kinder uns hatten, wir haben viel miteinander gespielt und uns gut verstanden. Diese Gemeinschaft hat uns drei Geschwistern Kraft gegeben. Denn es gab auch Unerfreuliches in dieser Zeit. Mein Vater war Alkoholiker, er hat uns Kinder und meine Mutter häufig belogen«, erzählt Sheehan.

Nach der Grundschule geht Cindy auf die Highschool, verdient sich als Babysitter bei Nachbarn ihr Taschengeld und vertieft sich stundenlang in die Welt der Bücher. Mit siebzehn lernt sie ihren späteren Mann Patrick Sheehan kennen, der im Nachbarort wohnt; 1977 heiraten sie. Cindy Sheehan bringt in rascher Folge vier Kinder zur Welt: 1979 wird Casey Austin geboren, 1981 folgt Carly, wiederum zwei Jahre später Andy und 1985 Jane.

»Als Jane zwei Jahre alt war, wollte ich zurück zum College und meinen Bachelor machen.« Cindy Sheehan entscheidet sich für das College in der benachbarten Stadt Cerritos und schreibt sich anschließend an der Universität von Kalifornien in Los Angeles ein, um amerikanische Geschichte zu studieren. Nach Abschluss des Studiums 1996 bekommt sie gleich eine Anstellung als Jugendseelsorgerin bei der St.-Mary-Kirche in ihrem neuen Wohnort Vacaville, ungefähr auf halber Strecke zwischen Sacramento und San Francisco gelegen. Patrick arbeitet als Klempner. Die beiden führen ein eher bescheidenes Leben: Sie wohnen in einem kleinen Haus, Urlaube können sie sich als sechsköpfige Familie nicht leisten. Trotzdem sind sie zufrieden. »Ich war und bin gern Mutter, das füllt mich aus. Wenn es meinen Kindern gutging, dann ging es auch mir gut. Mehr brauchte ich im Leben nicht«, sagt Cindy Sheehan.

Als im März 2003 der Irakkrieg beginnt, geht es Sheehan und ihrer Familie wie den meisten Amerikanern. Der 11. September 2001 hat sich ihnen ins Gedächtnis gebrannt. Mehr als dreitausend Menschen sind bei dem Anschlag auf das World Trade Center und das Pentagon ums Leben gekommen. Erstmals wurden die USA auf ihrem eigenen Territorium angegriffen. Viele US-Bürger beschäftigt seither die Frage, wie sicher sie in ihrem Land sind. Als Reaktion auf die Anschläge hat George W. Bush 2001 bereits einen Krieg in Afghanistan geführt, und nun lässt er mit der gleichen Begründung, es diene der Sicherheit der Vereinigten Staaten, Bagdad bombardieren.

»Casey war damals ein verträumter junger Mann, er wollte gern Priester werden und ging nur zur Armee, um sich das Geld fürs College zu verdienen«, berichtet Cindy Sheehan über den August 2003, als ihr Sohn Casey von zu Hause auszieht. Er verpflichtet sich für die Armee und wird in der Militärbasis Fort Hood im Süden von Texas stationiert.

»Die Beziehung zwischen Casey und mir war sehr eng. Er hatte keine Freundin, ich war seine Freundin, seine Vertraute«, erzählt die Mutter. Sooft es geht, ruft Casey sie an. Weihnachten 2003 ist er noch einmal zu

Hause, doch zu diesem Zeitpunkt wissen sie bereits, dass er Ende März 2004 in den Irakkrieg ziehen soll.

»Als Casey in die Armee eintrat, war er sich darüber im Klaren, dass das dazugehören könnte, doch er wollte nicht in den Krieg. Wir als gesamte Familie waren gegen diesen Krieg, aber wir haben nie protestiert. Im Rückblick bedauere ich das sehr. Ich hätte schon damals laut meine Meinung sagen sollen, statt mich zu verstecken und zu akzeptieren, dass mein Sohn einfach in den Krieg ziehen muss, gegen seinen Willen und seine Auffassung.«

Casey richtet im Internet ein Blog-Tagebuch ein, in dem er seiner Familie regelmäßig schreiben will, wie es ihm im Irak ergeht. Doch sein erster Eintrag bleibt der einzige. Er schildert darin, dass er mit anderen Soldaten des texanischen Stützpunkts in das Kriegsgebiet im Irak verlegt wurde. Was er in den Tagen nach seiner Ankunft Ende März in Bagdad erlebt und warum er keinen weiteren Bericht mehr verfasst hat, erfährt Cindy Sheehan nie von ihrem Sohn.

Am frühen Abend des 4. April 2004, dem Tag, der ihr Leben verändert, sitzen Cindy und Patrick Sheehan beim Abendessen und schauen die Fernsehnachrichten. Aufmerksam verfolgen sie die CNN-Berichte aus dem Irak. »Der Nachrichtensprecher sagte, dass bei Kämpfen in Bagdad acht amerikanische Soldaten getötet wurden, und ich weiß nur, dass ich aufsprang und schrie: ›Einer von ihnen ist Casey‹«, erzählt Cindy Sheehan. Lautstark widerspricht Patrick seiner Frau und betont, es gebe im Irak hundertdreißigtausend amerikanische Soldaten und es sei bestimmt nicht Casey, der bei diesem Gefecht ums Leben gekommen ist. »Später dachte ich oft, dass dies der Moment war, wo Pat und ich begannen, getrennte Wege zu gehen«, sagt Cindy Sheehan.

Die erregte Stimmung zwischen den beiden legt sich. Cindy setzt sich an den Computer und sucht im Internet nach näheren Informationen zu dem Vorfall in Bagdad. Da sie nichts findet, beruhigt sie sich langsam und bricht mit ihren beiden Hunden zu einer Runde um den Häuserblock auf.

Als sie wenig später zurückkehrt, sieht sie schon von weitem durch die Fenster ihren Mann und die Tochter Carly im Wohnzimmer stehen. Bei ihnen sind drei Männer, sogenannte Army's Angels of Death, »Todesengel der Armee«. Cindy Sheehan erkennt sie an ihren grünen Uniformen. Noch bevor sie die Tür erreicht, schreit sie immer wieder: »Nein, nein!«

Als sie ins Haus tritt, weint ihr Mann, im Gesicht ihrer Tochter steht das blanke Entsetzen. Die Männer der Armee haben ihnen mitgeteilt, dass Casey im Irak getötet wurde. Er hatte sich freiwillig gemeldet, um im Bagdader Stadtteil Sadr City einige verwundete Kameraden zu bergen. Bei diesem Einsatz wurde Casey durch einen Kopfschuss aus dem Hinterhalt getötet.

»Ich habe irgendwann gar nicht mehr zugehört. Ich wollte es nicht glauben. Casey war doch erst knapp eine Woche im Irak, er war erst vierundzwanzig Jahre alt, und plötzlich sollte er einfach tot sein?!«

Stunden später bringen Freunde sie ins Bett und setzen sich zu ihr. Sie weint und redet immer wieder über Casey, sagt, das könne alles nicht wahr sein.

Einige Wochen danach erhalten Pat und Cindy Sheehan einen Anruf. Sie werden zu einem Empfang bei Präsident Bush eingeladen – gemeinsam mit anderen Familien, die ebenfalls ihre Söhne im Irakkrieg verloren haben. »Ich wollte, dass Bush sich ein Foto von Casey anschaut, und ich wollte ihm sagen, was Casey für ein großartiger und wertvoller Mensch für uns gewesen war. Doch er wollte nichts von Casey wissen. Das Bild schaute er sich nicht einmal an. Ich hatte den Eindruck, dass er nicht in das Gesicht von jemandem blicken wollte, der aufgrund all seiner Lügen und Rechtfertigungen getötet worden war.«

Diese frustrierende Begegnung lässt in Cindy Sheehan die Wut über George W. Bush und die Sinnlosigkeit des Irakkriegs wachsen. »Ich konnte nicht mehr mit anhören, wie es Bush ständig einen ›guten Zweck‹ nannte, wofür mein Sohn und bereits Hunderte andere US-Soldaten gestorben waren.«

Im Januar 2005 gründet sie mit anderen Frauen und Männern die Friedensinitiative »Gold Star Families for Peace«. Der Gold Star ist eine Anstecknadel, die die Regierung an verwitwete Partner, Eltern und Angehörige verleiht, die ein Familienmitglied im Krieg verloren haben. Bereits nach dem Zweiten Weltkrieg hatten sich die »Gold Star Mothers« zusammengefunden, und ähnlich wie sie sieht Sheehan den Gold Star fast schon als Provokation, denn die höchste Auszeichnung für Kriegsteilnehmer der US-Streitkräfte ist der Silver Star.

»All diese Menschen in der Initiative waren wie ich persönlich vom Irakkrieg betroffen. Einige hatten wie ich ihren Sohn verloren, andere ihre Tochter, ihren Ehemann, ihre Ehefrau, Bruder, Schwester, ihr Enkelkind. Jeder von uns hatte ein persönliches Schicksal zu erzählen.« Gemeinsam fordern sie das Ende des Irak-Einsatzes und die Rückkehr der US-Truppen.

Cindy Sheehan jedoch reicht dieses Engagement noch nicht. Sie kommt nicht zur Ruhe, findet keinen inneren Frieden. »Früher war ich sehr gläubig, bin jeden Sonntag in die Kirche gegangen und fand Halt bei Gott. Doch von diesem Glauben hatte ich nach dem Tod von Casey viel verloren.« Die Tätowierung »Casey '79 – '04«, die sie sich auf dem linken Knöchel anbringen lässt – Name, Geburts- und Todesjahr ihres Sohnes –, ist für sie Ausdruck ihrer Trauer und ihres Nicht-vergessen-Wollens.

Aber Cindy Sheehan will mehr. Sie will eine klare Antwort auf die Frage: »Warum musste mein Sohn im Irak sterben?« Und sie will sie von keinem Geringeren als dem Mann, der den Irakkrieg ausgerufen und ihren Sohn Casey ins Gefecht geschickt hat. Sie will ein Treffen mit Präsident Bush, bei dem sie ihn zur Verantwortung ziehen kann.

Im Sommer 2005 verbringt George W. Bush seinen Urlaub wie üblich auf seiner Prairie Chapel Ranch in Crawford in Texas. Am Rand der Zufahrtsstraße zu dem Anwesen schlägt Cindy Sheehan am 6. August ein Zelt auf. Sie rammt zahlreiche weiße Kreuze in den Boden, die die Namen von im Irak gefallenen Soldaten tragen, und hält Mahnwache. Dass Temperaturen von über vierzig Grad herrschen, ist ihr gleichgültig; sie will ausharren, der Präsident soll sie nicht übersehen können. Er soll ihr in die Augen schauen und erklären, warum ihr Sohn Casey sterben musste.

Bush aber lehnt ein Gespräch ab. Stattdessen schickt er immer wieder Abgesandte zu Sheehan, die sie dazu bewegen sollen, das Feld zu räumen. Doch sie weigert sich und besteht darauf, von Angesicht zu Angesicht nur mit dem Präsidenten sprechen zu wollen. »Ich habe ihnen stets von neuem versichert, dass ich jedes Mal wieder an Ort und Stelle sein werde, wenn Bush seinen Urlaub in der Ranch verbringt. Er sollte wissen, dass ich ihn nicht so einfach entkommen lassen werde. Er sollte mit mir reden.«

Während sich der Präsident weiter in seiner Ranch verschanzt, kommen in den folgenden Tagen viele andere Menschen zu Sheehan. Sie schlagen ebenfalls Zelte auf, zeigen sich solidarisch mit ihrem Anliegen und wollen ebenfalls friedlich demonstrieren. Erst sind es über hundert, dann über tausend, am Ende über zehntausend. Ein großer Teil von ihnen hat wie Cindy Sheehan einen Angehörigen im Irak verloren.

Nach und nach entsteht ein regelrechtes Lager, und dieses Bild ruft die Medien auf den Plan. Die Fernseh- und Radiostationen übertragen in alle Welt, wie Bushs Fahrzeugkolonne an den Demonstranten vorbeirast und sie in einer großen Staub- und Abgaswolke stehenlässt. Nicht nur die amerikanische Bevölkerung sieht: Der Präsident, sonst nicht um Worte verlegen, wenn es gilt, den Einsatz der US-Truppen im Irak zu begründen, drückt sich vor der Konfrontation mit den Angehörigen der Gefallenen.

Während die Sympathie der Amerikaner für ihren Präsidenten von Tag zu Tag abnimmt, wächst sie für Cindy Sheehan und ihre pazifistische Bewegung Tag für Tag an. Als Sheehan für den 17. August 2005 zu landesweiten Mahnwachen aufruft, folgen über sechzigtausend Bürger in allen fünfzig US-Bundesstaaten ihrem Appell. Die Menschen zünden Kerzen an, halten Blumen in den Händen und singen Friedenslieder.

Sheehan selbst muss zwar kurz darauf ihre Demonstration unterbrechen, weil ihre Mutter einen Schlaganfall erlitten hat, doch Menschenrechtsgruppen und Friedensorganisationen unterstützen ihr Anliegen und setzen wie selbstverständlich den Protest fort. Als es ihrer Mutter nach einigen Tagen bessergeht, kehrt Cindy Sheehan zum Camp zurück und hält mit ihren Mitstreitern bis zum Ende von Bushs Aufenthalt am 31. August 2005 durch. Auch in diesen letzten Tagen stellt sich Präsident Bush nicht den Fragen der Demonstranten, sondern zieht es vor, zu golfen und sich mit Freunden zu treffen.

Einerseits ist Cindy Sheehan enttäuscht. Ihr Ziel, den Präsidenten persönlich zu treffen, hat sie nicht erreicht. Dafür ist etwas anderes geschehen: »Camp Casey«, wie die Presse die Zeltstadt nennt, hat Sheehan weit über die Grenzen der USA hinaus bekannt gemacht. Sie ist zu einer Symbolfigur der Antikriegsbewegung geworden, und die Menschen wollen sie sprechen hören. Immer wieder packt sie ihre Reisetasche und macht sich auf den Weg: nach Venezuela, Kuba, Großbritannien, Italien, Irland, Frankreich, in die Türkei und sogar in den Irak. Sie hält Vorträge über den Sinn und Unsinn von Kriegen im Allgemeinen und des Irakkriegs im Besonderen. Vor allem aber sucht sie das Gespräch mit führenden Politikern und Ministern der jeweiligen Länder, um sie bei der Suche nach friedlichen Lösungen zu unterstützen und ihnen alternative Wege für den Umgang mit den Konflikten im Nahen Osten vorzuschlagen. Man hört ihr zu, und in etlichen namhaften Zeitungen wie der *New York Times,* der *Washington Post* und Magazinen wie *Vanity Fair* oder *Rolling Stone* erscheinen große Berichte über ihre Person und ihre Arbeit.

Die plötzliche Popularität hat allerdings ihre Schattenseiten. Während Cindy Sheehan den Kampf für Frieden zu ihrem Lebensinhalt macht, kriselt es in ihrer Ehe. »Pat wollte einfach wieder in den Alltag zurückkehren, den wir bis zu diesem schlimmsten Tag in meinem Leben, dem 4. April 2004, hatten. Er wollte fast so tun, als sei nichts geschehen. Das konnte und wollte ich nicht. Obwohl er eigentlich genauso denkt wie ich, dass der Krieg eine große Lüge ist, und obwohl auch er einen Sohn verloren hat, den er mehr als sich selbst liebt, konnte er meinen unermüdlichen Einsatz nicht nachvollziehen.« Ende 2005 lässt sich das Paar scheiden. Patrick Sheehan hat heute eine neue Lebensgefährtin, doch Cindy und er sind Freunde geblieben und haben regelmäßig Kontakt.

Unermüdlich setzt Cindy Sheehan ihr Engagement fort. Sie reist, hält Vorträge und geht bei Veranstaltungen auf die Menschen zu. Immer wieder versucht sie, durch medienwirksame Kampagnen Aufsehen zu erregen. Am 31. Januar 2006 geht sie auf Einladung einer demokratischen Abgeordneten ins Repräsentantenhaus in Washington, um die alljährliche Rede von George W. Bush zur Lage der Nation zu hören. Sie trägt ein T-Shirt mit dem Schriftzug »2,245 dead. How many more?« (2245 Tote. Wie viele noch?). Sicherheitsbeamte fordern sie auf, den Antikriegsslogan zu verdecken. Als sie sich weigert, nimmt man sie fest und führt sie in Handschellen ab. Wenige Stunden später kommt sie wieder auf freien Fuß.

Ein halbes Jahr darauf folgt die nächste spektakuläre Aktion. Im Juli 2006 tritt Sheehan in Hungerstreik und bittet die Bürger, das Ganze in eine Art Staffel-Hungerstreik auszuweiten: Jeder fastet für vierundzwanzig Stunden, dann kommt ein anderer an die Reihe. Und sie schafft es tatsächlich, die Menschen zu mobilisieren. Am Ende nehmen rund dreitausend Menschen an dem Hungerstreik teil, darunter auch Prominente wie die Schauspieler Susan Sarandon und Sean Penn. Sheehan selbst versucht den Hungerstreik so lange wie möglich durchzuhalten. Sie trinkt nur Wasser und Saft, nimmt aber keine feste Nahrung zu sich. Nach knapp vier Wochen muss sie wegen Erschöpfung medizinisch behandelt werden. Die Fernsehsender, Zeitungen und Rundfunkanstalten berichten darüber.

Sheehan und die gesamte Friedensbewegung erreichen einen Etappensieg: Präsident Bush gerät auf nationaler Ebene deutlich unter Druck, zeitweise tolerieren weniger als 40 Prozent der Amerikaner den Kriegseinsatz im Irak. Die Mehrheit ist durch die Zahlen der Todesopfer, durch persönliche Schicksalsberichte von Hinterbliebenen in Zeitschriften, durch Sheehans Medienpräsenz und die zahlreichen anderen Friedensaktivisten aufgerüttelt und befürwortet den Abzug der Truppen.

»Ich glaube, ich habe den Menschen gezeigt, dass auch eine einzelne Person, sogar eine Frau, etwas in Bewegung setzen kann. Gerade mit dem ›Camp Casey‹ habe ich eigentlich etwas ganz Simples getan. An einem heißen Augusttag schlug ich einfach mein Zelt auf und setzte mich hin. Was daraus wurde, wissen wir. Daher ist es ein Irrglaube, eine Lüge, dass ein Einzelner nichts bewegen kann. Jeder von uns kann ein Stück weit die Welt verändern.«

Neben ihren Aktionen schreibt Cindy Sheehan mehrere Bücher. 2005 erscheinen *Not One More Mother's Child* (Kein weiteres Kind einer Mutter mehr) und *Dear President Bush*. Ein Jahr darauf folgt ihre Autobiographie, betitelt mit dem Namen, den ihr so viele zu diesem Zeitpunkt bereits gegeben haben: *Peace Mom,* Mutter des Friedens.

Trotz aller Sympathiebekundungen von außen gibt es einige Menschen in ihrem nahen Umfeld, die nicht verstehen, warum sie den Tod von Casey auch nach so langer Zeit nicht akzeptieren kann. Zwar erhält sie Rückendeckung von ihren Kindern und ihrer Schwester Dede, aber: »Es war schon erschreckend, feststellen zu müssen, dass von den Freunden, die ich vor dem Tod von Casey hatte, kaum einer übrig geblieben war.«

Im Mai 2007 erklärt sie daher zunächst ihren Abschied von der Antikriegsbewegung. Sie will sich nicht weiter für den Abzug der Truppen vom Persischen Golf engagieren. »Stattdessen wollte ich versuchen, vielleicht ein wenig von dem Leben zurückzuerlangen, das ich verloren hatte. Vor allem aber wollte ich mich um meine drei Kinder kümmern, die in den ganzen Monaten doch oft auf mich verzichten mussten. Ich war wenig für sie da.«

Sheehan bemüht sich, abzuschalten, doch sie kann die Nachrichten über den Irakkrieg und die Ignoranz von Präsident Bush nicht ganz verdrängen. Sie spürt, sie darf nicht aufgeben, darf ihren Kampf nicht einfach beenden. »Auch meine Kinder bemerkten, dass es in mir brodelt und ich nicht einfach loslassen kann. Ich habe ja den ganzen Tag über nichts anderes geredet. Ich bin meinen Kindern sehr dankbar dafür, dass sie mir deswegen keine Vorwürfe machen. Sie verstehen mich und das, was ich tue.«

Ende Juli 2007 erklärt Cindy Sheehan ihre Kandidatur als unabhängige Kandidatin für den Kongress. Unter Tränen wirft sie den Demokraten vor, nicht genug für ei-

nen Rückzug der Truppen aus dem Irak getan zu haben.
»Ich war mein Leben lang nicht wirklich politisch interessiert. Auch in unserer Familie war Politik kein Thema.
Erst die Anschläge im September 2001 haben uns wachgerüttelt. Auch Menschen wie der Filmemacher und
Bush-Gegner Michael Moore haben uns die Missstände
vor Augen geführt«, sagt Cindy Sheehan.

Gemeinsam mit Freunden und Freiwilligen und mit
ihrer Schwester Dede, die sie ebenfalls bei der Kandidatur unterstützt, richtet Sheehan ein kleines Büro »Cindy
for Congress« ein und versucht die Wähler für sich zu
gewinnen. Aber sie schafft es nicht. Als am 4. November
2008 Barack Obama die US-Wahlen für sich entscheidet,
unterliegt Cindy Sheehan in Kalifornien der demokratischen Kandidatin Nancy Pelosi. Auf ihrer Internetseite
verkündet Sheehan all ihren Unterstützern, Freunden
und Anhängern, dass sie sich dennoch nicht geschlagen
geben und erst recht nicht kapitulieren werde. Es liege
noch viel Arbeit vor ihr und der amerikanischen Bevölkerung, und der Kampf für Frieden und Gerechtigkeit sei
noch lange nicht beendet.

Trotz ihrer politischen Initiative, trotz aller Vorträge,
Besprechungen, beruflichen Auslandsreisen, Kundgebungen und neuen Buchprojekten versucht Cindy Sheehan seit einiger Zeit wieder, zumindest ein fast normales
Leben zu führen. Sie wohnt mit ihren zwei Katzen in San
Francisco; eine neue Beziehung hat sie nicht. »Aber vielleicht kommt die Zeit einmal wieder, abwarten.« Bis dahin genießt sie es so oft wie möglich, mit ihren Kindern
zusammen zu sein. Mit ihrer Tochter Carly ist sie für einige Tage nach New York gereist, um sich zu erholen,
und Jane hat ihre Mutter mit einem Enkelkind zur glück-

lichen Großmutter gemacht. »Ich verbringe heute sehr viel mehr Zeit mit meinen Kindern als früher, bevor Casey starb. Ich genieße das Beisammensein, sauge jede Minute in mich auf.«

Casey Austin Sheehan, ihr ältester Sohn, erhielt für seine Tapferkeit im Irakkrieg posthum den Orden Purple Heart und den Bronze Star. Beide Auszeichnungen werden für herausragende Leistungen im Kampfeinsatz verliehen. George W. Bush aber lehnt eine persönliche Begegnung mit Cindy Sheehan weiterhin ab.

# Anhang

# Bildnachweis

| | |
|---|---|
| S. 15 | ddp / Michael Urban |
| S. 29 | Davids |
| S. 47 | Laif / contrasto |
| S. 63 | Losang Mantö |
| S. 81 | action press / Rex Features Ltd. |
| S. 97 | AP Photo / AP / Seth Wenig |
| S. 111 | Privat |
| S. 129 | Corbis / Alessandra Benedetti |
| S. 151 | Privat |
| S. 165 | picture-alliance / Karlheinz Schindler |
| S. 187 | picture-alliance / Peter Endig |
| S. 203 | Sybille Fezer / medica mondiale |
| S. 221 | links: Süddeutsche Zeitung Photo / SZ Photo |
| S. 221 | Mitte: Graça Sarsfield |
| S. 221 | rechts: Corbis Sygma / James Andanson |
| S. 233 | picture-alliance / Schroewig / Mae |
| S. 251 | Ray Behringer |
| S. 267 | Privat |
| S. 281 | picture-alliance / dpa |
| S. 295 | laif / Eyedea Presse / Gamma / Alexis Duclos |
| S. 313 | picture-alliance / dpa |
| S. 329 | picture-alliance / dpa / dpaweb |
| S. 351 | imago / UPI Photo |

# Literatur- und
# Internetadressen

**Nicole Lüdeking und Jana Böttner**
http://region-mark-brandenburg.dgb.de/article/articleview/1958/
1/10/#nicole *(abgerufen am 5. August 2010)*

**Esther Mujawayo**
Esther Mujawayo/Souâd Belhaddad: *Ein Leben mehr. Wie ich der
Hölle Ruandas entkam.* Aus dem Französischen von Jutta Himmelreich, Berlin: Ullstein 2007
Assoziation der Witwen des Genozids an den Tutsi:
www.avega-ruanda.de.vu *(abgerufen am 5. August 2010)*

**Silvana Fucito**
»Ich habe keine Angst«, in: *Die Zeit,* 23. August 2007
»Silvana Fucito – die Frau, die Gennaro Rinaldi hinter Gitter
brachte«, in: *Hamburger Abendblatt,* 12. Oktober 2007

**Phuntsok Nyidron**
www.tibetfocus.com/ta/ta_online.html *(abgerufen am 4. November 2008)*

**Eve Ensler**
V Day: www.vday.org
»Theater; Today the Anatomy, Tomorrow the World«, in: *New
York Times,* 26. September 1999; query.nytimes.com/gst/fullpage.
html?res=9405E0DC163FF935A1575AC0A96F958260&sec=&sp
on=&pagewanted=all *(abgerufen am 5. August 2010)*
»V for Victory«, in: *People,* 12. Februar 2001; www.people.com/
people/archive/article/0,,20133629,00.htm *(abgerufen am 5. August 2010)*
»The Power and Mystery of Naming Things« in: National Public

Radio, 20. März 2006; www.npr.org/templates/story/story.php? storyId=5285531 *(abgerufen am 5. August 2010)*
»Activist has whole world chanting the V word«, in: *Time Magazine;* www.vday.org/node/1298 *(abgerufen am 5. August 2010)*
»Kann man lernen, Schönheit zu sehen?«, in: *Brigitte;* www.brigitte.de/mode/was-ist-schoenheit/schoenheit-interview-ensler/index.html *(abgerufen am 5. August 2010)*
»Rausschmiss wegen ›Vagina‹«, in: *Der Spiegel,* 7. März 2007; www.spiegel.de/schulspiegel/ausland/0,1518,470361,00.html *(abgerufen am 5. August 2010)*

## Hassiba Boulmerka

»Im Wettlauf gegen die Imame«, in: *Die Zeit,* 17. Januar 1992; www.zeit.de/1992/04/Im-Wettlauf-gegen-die-Ima me?page=all *(abgerufen am 5. August 2010)*
Artikel »Boulmerka, Hassiba«, in: encyclopedia.jrank.org/articles/pages/5619/Boulmerka-Hassiba-1968.html *(abgerufen am 5. August 2010)*
»Oben ohne«, in: *Focus* 34/1993; www.focus.de/sport/mehrsport/leichtathletik-1-oben ohne_aid_143286.html *(abgerufen am 5. August 2010)*
»Auf ewig verflucht«, in: *Der Spiegel* 35/1994; wissen.spiegel.de/wissen/dokument/dokument.html?id=13684970&top= SPIEGEL *(abgerufen am 5. August 2010)*
»Leichtathletik gegen Terror und Intoleranz«, in: *Neue Zürcher Zeitung,* 4. August 2002; www.nzz.ch/2002/08/04 /sp/article 89my0_1.413751.html *(abgerufen am 5. August 2010)*
»Hassiba Boulmerka : Des pistes des stades au monde des affaires«; www.algerie-femme.com/portraits-femmes-algerienne/hassiba-boulmerka/hassiba-boulmerka.php *(abgerufen am 5. August 2010)*

## Schwester Lea Ackermann

Lea Ackermann/Cornelia Filter: *Um Gottes willen, Lea! Mein Einsatz für Frauen in Not,* Freiburg: Herder 2005
Solwodi: Solidarity with women in distress – Solidarität mit Frauen in Not: www.solwodi.de

## Shirin Ebadi

Shirin Ebadi: *Mein Iran. Ein Leben zwischen Revolution und Hoffnung.* Aus dem Englischen von Ursula Pesch, München/Zürich: Pendo 2006

nobelprize.org/nobel_prizes/peace/laureates/2003/index.html *(abgerufen am 5. August 2010)*

Shirin Ebadi: »Dankesrede anlässlich der Verleihung des Toleranzpreises der Evangelischen Akademie Tutzing«, übersetzt von Aboulghasem Zamarkhan, Tutzing, 1. Oktober 2008

## Rosa Logar

Wiener Interventionsstelle gegen Gewalt in der Familie: www.interventionsstelle-wien.at

## Rebiya Kadeer

Rebiya Kadeer / Alexandra Cavelius: *Die Himmelsstürmerin. Chinas Staatsfeindin Nr. 1 erzählt aus ihrem Leben,* München: Heyne 2007

»Xinjiang – Das Land der Uiguren ist ein Spiegel Tibets«, in: *Epoch Times Online, Deutschland;* http://www.epochtimes.de/articles/2008/04/29/275955.html *(abgerufen am 5. August 2010)*

East Turkistan Information Center: www.uygur.org

## Anna Politkowskaja

»Die Unbestechliche«, in: *Stern* 1/2007; www.stern.de/politik/ausland/:Anna-Politkowskaja-Die-Unbestechliche/579758.html *(abgerufen am 5. August 2010)*

Norbert Schreiber (Hg.): *Anna Politkowskaja: Chronik eines angekündigten Mordes,* Klagenfurt u. a.: Wieser 2007

»Wer widerspricht, ist in Todesgefahr«, in: *Frankfurter Allgemeine Zeitung,* 5. Oktober 2007; www.faz.net/s/Rub475F682E3FC2486 8A8A5276D4FB916D7/Doc~EBC59E51AA56A4A5380AA5C76 14CE726D~ATpl~Ecommon~Scontent.html *(abgerufen am 5. August 2010)*

»Anna Politkowskaja, Persona non grata«, Österreichischer Rundfunk; oe1.orf.at/highlights/67066.html *(abgerufen am 5. August 2010)*

## Monika Hauser
Medica mondiale e.V.: www.medicamondiale.de

## Maria Isabel Barreno, Maria Teresa Horta, Maria Velho da Costa
Carla Batuca-Branco: *Autobiographisches Schreiben portugiesischer Autorinnen nach 1974*, Frankfurt am Main u. a.: Lang 2006
»The Case of The Three Marias«, in: *Time*, 23. Juli 1973; www.time.com/time/magazine/article/0,9171,878604,00.html *(abgerufen am 5. August 2010)*
»Verwirrend weiblich«, in: *Der Spiegel* 46/1976; www.spiegel.de/spiegel/print/d-41069415.html *(abgerufen am 5. August 2010)*

## Monira Rahman
Acid Survivors Foundation (ASF): www.acidsurvivors.org
Amnesty International: www.amnesty.de/umleitung/2005/deu07/074?lang=de%26mimetype%3dtext%2fhtml *(abgerufen am 5. August 2010)*
NETZ e.V.: www.bangladesch.org

## Kristina Bullert
Maxim Gorki Sekundarschule: www.sks-gorki-schoenebeck.bildung-lsa.de/start.html *(abgerufen am 5. August 2010)*
»Pretzien und die Brandstifter«, in: *Berliner Zeitung*, 7. Juli 2006; www.berlinonline.de/berliner-zeitung/archiv/.bin/dump.fcgi/2006/0707/politik/0008/index.html *(abgerufen am 5. August 2010)*
»Polizei wegen Fall Pretzien in der Kritik«, in: *tageszeitung*, 13. Juli 2006; www.taz.de/index.php?id=archivseite&dig=2006/07/13/a0083 *(abgerufen am 5. August 2010)*

## Rakiéta Poyga
Terre des Femmes e.V.: www.frauenrechte.de/tdf/index.php?option=com_content&task=view&id=110&Itemid=82 *(abgerufen am 5. August 2010)*

## Hebe de Bonafini

»Argentinien: Unbewältigter Terror«, in: *Die Zeit,* 28. Februar 1986; www.zeit.de/1986/10/Argentinien-Unbewaeltigter-Terror *(abgerufen am 5. August 2010)*

»Ich werde nie verzeihen«, in: *Die Weltwoche* 20/2007; www.welt woche.ch/artikel/?AssetID=16520 *(abgerufen am 5. August 2010)*

»Ich wäre lieber Hausfrau geblieben«, in: *Der Tagesspiegel,* 10. August 2007; www.tagesspiegel.de/politik/international/Hebe-de-Bo nafini-Menschenrechte-Argentinien;art123,2355439 *(abgerufen am 5. August 2010)*

»Wahrheit und Gerechtigkeit«, Bundeszentrale für politische Bildung; www.bpb.de/themen/ULYZJ1,0,Wahrheit_und_Gerechtig-keit.html *(abgerufen am 5. August 2010)*

»Immer im Kreis und doch am Ziel«, in: *tageszeitung,* 27. Januar 2006; www.taz.de/index.php?id=archivseite&dig=2006/01/27/a00 84 *(abgerufen am 5. August 2010)*

Amnesty International: www.amnesty.de/umleitung/2002/deu04/002?lang=de&mimetype=text/html&destination=node%2F2875 %3Fprint%3D1 *(abgerufen am 5. August 2010)*

## Yanar Mohammed

Organization of Women's Freedom in Iraq: www.equalityiniraq. com

## Tina Witkowski

Kahuza e.V.: www.kahuza.de

## Wangari Maathai

Wangari Maathai: *Afrika, mein Leben. Erinnerungen einer Unbeugsamen.* Aus dem Englischen von Ursula Wulfekamp, Köln: Dumont 2008

The Green Belt Movement: www.greenbeltmovement.org

## Cindy Sheehan

Cindy Sheehan: *Peace Mom. A Mother's Journey through Heartache to Activism,* New York: Atria 2006

# Kontaktadressen

**Phuntsok Nyidron**
Schweizer Tibethilfe
Postfach 82 51
CH-3001 Bern
Unterstützt weltweit tibetische Flüchtlinge
sowie Projekte in Tibet
*Spenden:*
Schweizer Tibethilfe, 3001 Bern
Postkonto 60-654786-7
IBAN CH20 0900 0000 60654786 7

**Eve Ensler**
V-Day Frankfurt am Main
Ingolstädter Str. 1
D-60316 Frankfurt am Main
*Spenden:*
www.vday.org

**Hassiba Boulmerka**
Terre des Femmes e. V.
Stichwort »Algerien«
Postfach 25 65
72015 Tübingen
*Spenden:*
Terre des Femmes e. V.
Kreissparkasse Tübingen
Kto.-Nr. 244299
BLZ 641 500 20
Stichwort »Algerien«

**Schwester Lea Ackermann**
SOLWODI Deutschland e. V.
Propsteistraße 2
D-56154 Boppard-Hirzenach
*Spenden:*
SOLWODI Deutschland e. V.
Landesbank Saar – Saarbrücken
Kto.-Nr. 2000 9999
BLZ 590 500 00


**Shirin Ebadi**
Internationale Gesellschaft für Menschenrechte (IGFM)
Deutsche Sektion e. V.
Stichwort »Gegen barbarische Strafen«
Borsigallee 9
D-60388 Frankfurt am Main
*Spenden:*
Internationale Gesellschaft für Menschenrechte (IGFM)
Taunussparkasse
Kto.-Nr. 23000725
BLZ 512 500 00
Stichwort »Gegen barbarische Strafen«


**Rosa Logar**
Wiener Interventionsstelle gegen Gewalt in der Familie
Amerlingstraße 1/6
A-1060 Wien
*Spenden:*
Verein Wiener Interventionsstelle gegen familiäre Gewalt
Bank Austria
BIC BKAUATWW
**IBAN AT65 1200 0006 1077 5702**

**Rebiya Kadeer**
Internationale Gesellschaft für Menschenrechte (IGFM)
Deutsche Sektion e. V.
Stichwort »Uigurenprojekt«
Borsigallee 9
D-60388 Frankfurt am Main
*Spenden:*
Internationale Gesellschaft für Menschenrechte (IGFM)
Taunussparkasse
Kto.-Nr. 23000725
BLZ 512 500 00
Stichwort »Uigurenprojekt«


**Anna Politkowskaja**
Über: Hammer Forum e. V.
Stichwort: »Tschetschenienhilfe«
Ostenallee 107
D-59071 Hamm
*Spenden:*
Hammer Forum e. V.
Sparkasse Hamm
Kto.-Nr. 4070181
BLZ 410 500 95
Stichwort »Tschetschenienhilfe«


**Monika Hauser**
medica mondiale e. V.
Hülchrather Str. 4
D-50670 Köln
*Spenden:*
medica mondiale e. V.
Sparkasse Köln-Bonn
Kto.-Nr. 45 000 163
BLZ 370 501 98

**Monira Rahman**
Über: UNICEF e. V.
Höninger Weg 104
D-50969 Köln
*Spenden:*
UNICEF
Bank für Sozialwirtschaft Köln
Kto.-Nr. 300000
BLZ 370 205 00
Stichwort »Bangladesch-Säureopfer«


**Rakiéta Poyga**
Über: Terre des Femmes e. V.
Stichwort »Burkina Faso«
Postfach 25 65
72015 Tübingen
*Spenden:*
Terre des Femmes e. V.
Kreissparkasse Tübingen
Kto.-Nr. 244299
BLZ 641 500 20
Stichwort »Burkina Faso«


**Hebe de Bonafini**
www.madres.org
*Spenden über:*
amnesty international Bank für Sozialwirtschaft Köln
Kto.-Nr. 8090100
BLZ 370 205 00


**Yanar Mohammed**
Spenden über die Organization of Women's Freedom in Iraq
(OWFI):
www.equalityiniraq.com

**Tina Witkowski**
KAHUZA e. V.
Heinrich-und-Thomas-Mann-Straße 11
D-06108 Halle (Saale)
*Spenden:*
KAHUZA e. V.
Sachsen Bank
Kto.-Nr. 7473501012
BLZ 600 501 01


**Wangari Maathai**
Green Belt Movement – Europe Office
Development House
56–64 Leonard Street
GB-London EC2A 4LT
*Spenden:*
www.greenbeltmovement.org


**Cindy Sheehan**
Spenden über die Gold Star Families für Peace:
www.gsfp.org

# Ingrid Betancourt

## *Kein Schweigen, das nicht endet*

### Sechs Jahre in der Gewalt der Guerilla

Präsidentin von Kolumbien wollte sie werden, ihr zerrissenes Land versöhnen, der Korruption hatte sie den Kampf angesagt: Ingrid Betancourt wurde zur Hoffnungsträgerin in ihrer Heimat, bis sie im Februar 2002 von der linksgerichteten Rebellen-Armee FARC entführt und in den Dschungel verschleppt wurde. In diesem »Gefängnis ohne Mauern« musste sie ausharren, unvorstellbare sechseinhalb Jahre lang der Willkür der Geiselnehmer ausgeliefert.

Nun legt sie Zeugnis ab über das, was ihr angetan wurde – auf dass die Welt endlich ihr Schweigen breche über die Zustände in Kolumbien. Ein aufrüttelndes Buch von großer literarischer Kraft.

Droemer Verlag

# Nojoud Ali
## *Ich, Nojoud, zehn Jahre, geschieden*

Ihre Geschichte sorgte weltweit für Aufsehen: Die zehn-jährige Nojoud wird gegen ihren Willen von ihrem Vater mit einem Mann verheiratet, der dreimal so alt ist wie sie. Damit beginnt für das Mädchen aus dem Jemen eine Zeit der Qual – schutzlos ist sie dem Willen ihres Ehemanns ausgeliefert. Doch Nojoud beschließt, sich zu wehren: Auf eigene Faust sucht sie Zuflucht im Gericht und be-gegnet dort der Anwältin Chadha Nasser. Mit deren Hil-fe gelingt ihr das Unvorstellbare: Sie erwirkt die Schei-dung ihrer Zwangsehe und darf endlich das Haus ihres Ehemanns verlassen.

»Ihre mutige Rebellion gegen das archaische Stammessystem ihres Landes fand weltweit Aufmerksamkeit.«
*Für Sie*

Knaur Taschenbuch